"十三五"江苏省高等学校重点教材（编号：2020-2-107）

教育部思政精品项目：新四军红色文化铸魂育人实践探索与创新（2018）

新四军铁军精神
融入思政课教学实践

主　编　张廷干

副主编（以姓氏笔画排序）

乔以明　孙宗一　杨日晨

顾栋栋　殷有敢　陶厚勇

曾凡云

南京大学出版社

图书在版编目(CIP)数据

新四军铁军精神融入思政课教学实践 / 张廷干主编.
— 南京：南京大学出版社，2021.6(2024.8 重印)
ISBN 978 - 7 - 305 - 23809 - 3

Ⅰ. ①新… Ⅱ. ①张… Ⅲ. ①高等学校—思想政治教育—教学研究—中国 Ⅳ. ①G641

中国版本图书馆 CIP 数据核字(2020)第 178280 号

出版发行 南京大学出版社
社　　址 南京市汉口路 22 号

书　　名 新四军铁军精神融入思政课教学实践
XINSIJUN TIEJUN JINGSHEN RONGRU SIZHENGKE JIAOXUE SHIJIAN
主　　编 张廷干
责任编辑 钱梦菊　　　　编辑热线 025 - 83686531

照　　排 南京开卷文化传媒有限公司
印　　刷 南京人民印刷厂有限责任公司
开　　本 787 mm×1092 mm 1/16 印张 12.5 字数 274 千
版　　次 2021 年 6 月第 1 版 2024 年 8 月第 5 次印刷
ISBN 978 - 7 - 305 - 23809 - 3
定　　价 32.00 元

网　　址：http://www.njupco.com
官方微博：http://weibo.com/njupco
官方微信号：njupress
销售咨询热线：025 - 83594756

前 言

2019年，习近平总书记在学校思想政治理论课教师座谈会上强调，推动思想政治理论课改革创新，要不断增强思政课的思想性、理论性和亲和力、针对性，并提出“八个相统一”的要求，为思政课改革创新提供了原则和方向。为进一步发挥思政课的育人价值，提升思政课的教学效果，思政课教师应不断创新教学模式、开发课程资源、启发学生思维。其中，案例教学就是一种有效的教学方式。在思政课教学中，案例教学就是教师根据课程教学目标和内容，设计与此相切合的典型案例，并设置启发引导式问题，组织学生在自主学习和合作探究中，深入理解知识体系，提升分析和解决问题的能力，增进政治认同、理论认同、思想认同和情感认同。

设计一套科学、典型的案例是开展思政课案例教学的前提和基础，案例选定和编制的质量直接决定了案例教学的效果。思政课教学案例丰富多样，有文史典故类案例、重要文献类案例、名人轶事类案例、时政热点类案例、学生实践类案例，等等。思政课教师应紧紧围绕课程教学大纲，结合本校和本地特色资源，发挥自身学术和专业特长，开发和设计旗帜鲜明、特色显著、内容丰富、形式新颖的优质案例。

《新四军铁军精神融入思政课教学实践》就是一部以立德树人为根本任务，以增强“四个意识”、坚定“四个自信”、做到“两个维护”为目的，以新四军铁军精神为主题，充分发挥地方红色文化资源优势，能够有效推动思政课育人目标实现的教学案例库。本书在案例选定和编制过程中力求做到以下三点：① 案例的导向性。思政课教学案例选编的首要宗旨就是政治导向明确，要用真理的强大力量引导学生。为此，本书从“党的领导”“初心使命”“廉政建设”“群众路线”“纪律担当”“艰苦奋斗”“统一战线”“文化建设”八个维度，深度挖掘展现新四军铁军精神的33个案例，主题鲜明、导向明确。② 案例的科学性。思政课要以透彻的学理分析回应学生，思政课教学案例应建立在坚实的学术研究基础之上。本书编写组坚持以科研支撑教学，参与编写的教师学术背景包括马克思主义理论研究、中国近现代史研究、新四军铁军精神研究、思想政治教育研究等，在编写过程中经过若干次集体研讨、校内外专家咨询、教学实践反馈等方式不断进行完善，以确保案例的科学性和学理性。③ 案例的启发性。思想政治教育要注重启发性教育，引导学生发现问题、分析问题、思考问题，在不断启发中让学生水到渠成得出结论。本书每个案例包括“案例呈现”“拓展讨论”“案例解析”“教学建议”“延伸阅读”五个板块，对每一则案例都提出了具有启发性、探究性的开放式思考题，拓展学生思维，培养学生独立思考和自主反思能力。

本书的适用范围包括：本科生“马克思主义基本原理概论”“毛泽东思想和中国特色社会主义理论体系概论”“中国近现代史纲要”“思想道德修养与法律基础”“形势与政策”；专科生“毛泽东思想和中国特色社会主义理论体系概论”“思想道德修养与法律基础”“形势与政策”；硕士研究生“中国特色社会主义理论与实践研究”等课程的教学。为进一步提高案例的使用效率，本书编者为每个案例都提供了教学建议，便于思政课教师有效开展案例教学。最后，我们衷心期待广大读者在阅读和使用本书的过程中，提出更好的建议和意见，提供更多精彩生动的案例，共同推动我国思想政治理论课的繁荣发展。

编　者

2021 年 4 月

目 录

第一篇　党的领导

在庆祝中国人民解放军建军90周年大会上，习近平总书记指出："党对军队绝对领导的根本原则和制度，发端于南昌起义，奠基于三湾改编，定型于古田会议，是人民军队完全区别于一切旧军队的政治特质和根本优势。"在党和军队的关系问题上，中国共产党经历了一个长期探索过程，最终确立起党对人民革命武装绝对领导的根本原则，这一原则是中国共产党建设人民军队的一条根本经验。党对军队绝对领导是中国特色社会主义的本质特征，是党和国家的重要政治优势，是人民军队的建军之本、强军之魂。我们党缔造和领导人民军队90多年来的伟大实践，始终坚持和加强党对军队的绝对领导，取得了丰富的理论成果、实践成果和制度成果，其本质内涵就是中国共产党是人民军队唯一的领导者和指挥者，人民军队必须完全地置于中国共产党的领导之下，最高领导权和指挥权属于党中央。进入新时代，习近平总书记抓住党对军队绝对领导这个关键，在党的十九大报告中将坚持党对人民军队的绝对领导，上升为新时代坚持和发展中国特色社会主义基本方略之一，坚持从政治上建设和掌握军队，这是新时代军队建设理论原则的与时俱进。必须牢固确立习近平强军思想在国防和军队建设中的指导地位，准确把握坚持和完善党对人民军队绝对领导制度的时代要求，不断创新完善党对人民军队绝对领导制度的实现形式，全面贯彻党领导人民军队的一系列根本原则和制度，把党对人民军队的绝对领导贯彻到军队建设各领域全过程。

1-1　八路军和新四军番号背后的领导权之争

案例呈现

1937年9月6日，陕西三原县石桥镇村外的田野上临时搭起了阅兵台，9 000多名红军将士在这里誓师出征，番号为"国民革命军第八路军第129师"。三原誓师后，129师和先前整编的115师、120师一起，直接开赴抗日前线。一个月后，国民政府宣布南方各省(琼崖除外)的红军和游击队改编为国民革命军陆军新编第四军。八路军、新四军就此诞生。

红军改编前的领导权之争

西安事变结束了10年内战,促成了第二次国共合作。第二次国共合作的实质是两党的军队合作抗日。1937年,抗日战争全面爆发后,国民政府迫于日军进攻上海,威胁南京,终于与中国共产党达成关于南方各省红军游击队组成一个军,于大江南北和闽浙两省开展抗日游击战争的协议。以毛泽东为首的党中央吸取了第一次国共合作的教训,确定了第二次国共合作中独立自主的方针。1937年8月1日,中共中央根据全国政治形势的变化,发出了《中央关于南方各游击区域工作的指示》,指示南方红军游击队在保存和巩固革命武装,保证共产党的绝对领导原则下,可与国民党地方当局进行谈判,"改变番号与编制以取得合法地位",壮大和发展人民武装。

红军要合法化,就要整编,整编就要有番号。而蒋介石却迟迟不愿给番号。因为与孙中山主动实行国共合作相比,蒋介石同意第二次国共合作是出于被逼。虽然西安事变中蒋介石接受了"停止剿共,联合红军抗日,共产党公开活动"等6项条件,但实质上,蒋介石消灭共产党的决心一直没变。他想通过"合作"实行军令、政令统一,剥夺共产党对军队的领导权(人事权),达到收编红军,进而消灭共产党的目的。

红军整编后的领导权问题,始终是国共两党合作抗日谈判的焦点。1937年2月中旬至3月上旬,周恩来等人赴西安,同国民党就红军改编和开赴抗日前线问题进行谈判,提出:红军改名为国民革命军,组成一路军,设总指挥部,配正副总司令,下辖4个军、12个师、36个旅、108个团,军官由延安派。而国民党却只给2个师、8个团的编制,不设军和总指挥部,除师长外,其他军官由南京配备,直属国民党军政委员会领导。双方围绕人员编制和领导权问题僵持不下。

此时,毛泽东致电周恩来:"只要蒋介石同意改编红军,就是我们的一大胜利。"中共再作让步。3月8日,谈判达成5条意见,上报蒋介石审批。其主要内容是:红军改编为国民革命军,服从国民政府及蒋介石统一指挥,其编制人员按国军同等待遇。编为3个师,计6个旅12个团及直属部队共4.5万人。设总指挥部,干部由中共推选,史称"三八协议"。但没想到这个由蒋介石指导下产生的协议,蒋又反悔,不同意了,谈判又回到了起点。

此后的第2次、第3次会谈,蒋介石依然从控制、取消共产党对红军的领导权出发,先是同意改编为3个师,设总部,军官由延安派,但总司令由蒋委派;后又提出红军师以上干部全部出洋,半年之后回国重新安排,师副职由国民党派。毛泽东、朱德离开红军到国民政府中"做事"。对此,中共坚决予以反对,并坚持对红军改编后的领导权,反对国民党派人到部队任职。就在国共谈判进行不下去的时候,卢沟桥事变爆发了。第二天,中共通电全国:"平津危急!华北危急!中华民族危急!只有全民族实行抗战,才是我们的出路!"当天,红军将领致电蒋介石请缨杀敌,"誓与日寇决一死战"。

蒋介石被迫同意改编

1937 年 7 月 17 日，周恩来到庐山同蒋介石举行第 4 次会谈。由于蒋介石幻想日本人不扩大事态和再次媾和，谈判无果。但全国的抗战形势使红军的整编不能再拖下去了。毛泽东一边命令部队集中做好自行整编准备，一边积极开展统战工作，他亲笔给蔡元培等 70 余名学者写信，通报两党会谈情况和红军急于上前线的决心。年近古稀的蔡元培赶赴南京，绝食静待 3 天，逼蒋介石答复红军改编。8 月上旬，周恩来到南京参加国防会议，并举行两党第 5 次谈判，期间拜会了冯玉祥等国民党地方实力派，阐明了共同抗日和改编红军的原则立场，使两党半年会谈的真相大白于天下。冯玉祥以辞副委员长之职相劝蒋介石同意红军编为 3 个师。蒋介石深知：不同意共产党的整编方案，红军上不了前线，自己罪责难逃；给了红军番号，让其名正言顺地抗日，又无异于放虎归山。在内外压力下，蒋介石表面上答应给红军番号，尽快让其改编，可肚子里仍然盘算着如何消灭共产党。

谈判伊始，国民党军政委员会部长黄绍竑和副参谋长白崇禧提出“黄白案”：将红军整编为 2 个师，一师到蔚县一带集中，一师到冀东开展游击战争。毛泽东认为，“黄白案”将红军分割出动，背后潜藏着不可告人的阴谋，理所当然地加以拒绝。谈判再被搁置。

8 月 13 日，日军大举进攻上海，一直断尾求生的蒋介石有点恐慌了。江浙是蒋介石发家之地，也是英美等国在华重要利益所在地，非东北、华北可比。日本人打上海，是要断后路。蒋介石再三权衡，终于放弃了“收编红军”的企图，国共会谈由此出现了转机。

于是，蒋介石在调动国军淞沪会战的同时，同意国共 3 月 8 日达成的协议。红军整编后的番号是桂系空出的第八路军，3 个师的番号则是吃败仗被撤销的东北军 115、120、129 师。

8 月 25 日，中共中央军委宣布红军改编为八路军，设总指挥部，朱德、彭德怀任正副总指挥，115 师师长林彪，120 师师长贺龙，129 师师长刘伯承，全军编制 4.5 万人。

为加强党对军队的绝对领导，成立前方军委分会，以朱德、彭德怀为正副书记。军委强调：“各师改编为国民革命军后，必须加强党的领导，保持和发扬十年斗争的光荣传统，坚决执行党中央与军委会的命令，保证红军在改编后成为共产党的党军，为党的路线和政策而斗争，完成中国革命之伟大使命。”

“新四军”番号的由来

1937 年 10 月 12 日，国民政府军事委员会正式宣布：南方 8 省 13 个地区（不包括琼崖红军游击队）的红军和游击队，改编为国民革命军陆军新编第四军，任命叶挺为军长。经由中共中央提名，经国民政府军事委员会核定，任命项英为副军长，张云逸为参谋长，袁国平为政治部主任，邓子恢为副主任。为加强对新四军的领导，中共中央决定成立中央军委新四军分会，以项英为书记，陈毅为副书记。

中共中央在针对八路军领导权的同时，对新四军整编中的领导权问题也同样重视。叶挺担任军长的过程和新四军番号的由来就说明了这一点。广州起义失败后，叶挺流亡国外，“九一八事变”后到澳门居住。“七七事变”后，他结束流亡，回到国内。“八一三事变”后，叶挺向蒋介石提出为了抵抗日本侵略，“让我来集合仍留在南方的红军和改编这些军队”的建议，并说改编后番号叫“新四军”。蒋介石接受了叶挺的建议，番号则得到了国共两党的认可。蒋介石认可“新四军”，是他任总司令的北伐军中有个第四军。毛泽东认可“新四军”，是他创建人民军队的第一个军是红四军。

第一次国共合作北伐，北伐的8个军中第四军共产党员最多、战斗力最强。共产党员叶挺任第四军直属独立团团长。1926年8月下旬，在进攻湖北重镇汀泗桥和贺胜桥战役中，面对吴佩孚3万余精锐主力，叶挺独立团的2 000多名勇士勇猛血战。1927年1月15日，武汉的粤侨联欢社将精心铸造的一巨型铁盾赠送给第四军将士。该盾正面中央铸有“铁军”两个竖写的大字，铁盾右上方题“国民革命军第四军全体同志伟鉴”。因铁军“独负盛名、战绩辉煌”，朱德、毛泽东井冈山会师后的第一支部队合编为“中国工农革命军第四军”，成为中共第一军。叶挺提议把红军游击队改编为新四军，就是希望继承“铁军”和红四军的优良传统。毛泽东虽认可“新四军”这个番号，但对叶挺改编南方红军游击队却不完全放心。因叶挺已不是共产党员，所以没有推选叶挺为军长人选，而中共推荐的其他人选，国民党反对。国民党随之提出由陈诚或张发奎指挥“新四军”，中共不同意。国共两党在南方红军游击队改编后由谁指挥这支抗日武装相持不下。9月28日，蒋介石突然单方面委任叶挺为新四军军长。在蒋介石看来，叶挺在国外过了10年流亡生活，已脱离共产党且失去了共产党的信任，想乘机把叶挺拉过去，通过叶挺把红军游击队抓在自己手里。

11月3日，叶挺到达延安，受到热情欢迎，毛泽东致辞：“我们今天为什么欢迎叶挺军长呢？因为他是大革命时代的北伐名将，因为他愿意担任我们新四军军长，因为他赞成我党的抗日民族统一战线的政策，所以我们欢迎他。”叶挺激动地说：“同志们欢迎我，实在不敢当，革命好比爬山，许多同志不怕山高，不怕路难，一直向上走。我有一段爬到半山腰又折回去，现在又跟上来。今后，一定遵照党所指示的道路走，在党和毛主席正确领导下，坚决抗战到底。”11月9日，叶挺告别延安，回到武汉。12月25日，新四军军部在汉口成立。1938年1月移驻南昌，2月部队开始集结整编。全军1.03万人，编为4个支队：第1支队司令员陈毅，第2支队司令员张鼎丞，第3支队司令员张云逸，第4支队司令员高敬亭。

改编结束后，新四军向皖南、皖中集结，整训后开赴华中敌后开展抗日游击战。叶挺怀揣蒋介石的委任状，身穿国民党的将军服，但一直“白皮红心”，对共产党忠贞不渝。皖南事变被俘后，蒋介石软硬兼施、威逼利诱。叶挺信念不改，出狱后的第一个要求是重新入党，受到毛泽东等中央领导的高度评价。

第一次国共合作，共产党员以个人身份参加国民党，两党共同组织北伐。北伐成功了，蒋介石却背叛革命，杀了共产党个措手不及，第一次大革命遭受失败。第二次国共合作中，共产党既坚持统一战线又坚持独立自主的原则，使党领导的人民军队——八路军、新四军合法生存发展。抗战胜利了，蒋介石又故技重演，妄图3个月消灭共产党，但毛泽东早有准备，蒋介石的阴谋失败了。红军改编为八路军、新四军，以抗击日寇为使命。在中国共产党的领导下，果断地实行由国内正规战争向抗日游击战争的军事战略转变，确定了新的军事战略方针，建立新的领导体制，加强和改进军队政治工作，创建和扩大华北、华中、华南、东北等抗日根据地，经过战略防守、战略相持和战略反攻三个阶段，最终取得了抗日战争的伟大胜利。抗日战争的伟大胜利，进一步彰显了我八路军、新四军人民军队的性质，进一步树立了我八路军、新四军人民军队的良好形象，进一步壮大了我八路军、新四军的队伍。

——摘自《解放军报》，2010年7月31日(http://www.hsdcw.com/html/2010-7-31/284309.htm)

拓展讨论

1. 运用唯物辩证法分析中国共产党建立抗日民族统一战线及其策略，并说明为什么要坚持抗日民族统一战线中的无产阶级领导权？

2. 试述中国共产党对军队绝对领导原则形成的历史过程是什么？结合中国共产党军队建设的历史，谈一谈如何维护和加强党对人民军队的领导权？

3. 在复杂艰苦的革命形势下，新四军为什么能够始终坚持正确的政治路线和政治方向？

案例解析

新四军是因抗日需要而建立，诞生于抗日高潮中。中国共产党的抗日民族统一战线政策催生了新四军。1935年，日本帝国主义继侵占中国东北后，又制造了“华北事变”，妄图把华北变成第二个“伪满洲国”。而国民党政府屈服于日本帝国主义的淫威，继续实行不抵抗政策，先后与日军签订了“秦土协定”和“何梅协定”，实际上把包括北平、天津在内的河北、察哈尔两省的大部分主权奉送给了日本。

与国民党不抵抗政策相对，中国共产党积极领导全国人民的抗日救亡运动。1935年8月1日，中共驻共产国际代表团根据共产国际第七次代表大会关于建立反法西斯人民统一战线的精神，起草了《为抗日救国告全体同胞书》(即《八一宣言》)。10月1日正式以中华苏维埃中央政府和中共中央的名义公开发表，提出“停止内战，一致抗日”的主张，建议组成统一的国防政府和在国防政府领导下的抗日联军。在此期间，长征中的中国工农红军于1935年10月胜利到达陕北。11月下旬，中共驻共产国际代表团所派代表张浩(林育英)回到陕北，向中共中央传达了共产国际关于建立广泛的反法西斯统一战线的精神。中华民族危机日益严重，抗日救亡运动高涨，迫切要求对国内革命形势进行正确深入的分析，制定党在新形势下的策略和政策。根据共产国际七大决议，中共中央于1935年12月17日至25日在陕北瓦窑堡召开政治局扩大会议，即“瓦窑堡会议”，通过了《中央关于目前政治形势与党的任务的决议》，确立了建立抗日民族统一战线的政策。1937年7月8日，卢沟桥事变发生后的第二天，中国共产党即向全国发出通电，再次要求同国民党合作，实行全民族抗战，15日向国民党发出《中国共产党为公布国共合作宣言》。9月23日，蒋介石发表谈话，承认中国共产党的合法地位，中共宣言和蒋介石谈话的发表，宣告第二次国共合作成立。

瓦窑堡会议是从土地革命战争时期到抗日战争时期中国共产党召开的一次极为重要的会议。一方面，总结两次国内革命战争的基本经验，批判了党内长期存在着的那种认为不可能争取民族资产阶级与中国工人、农民联合抗日的“左”倾关门主义的观点，解决了遵义会议没有来得及解决的党的政治路线与政治策略问题，制定了抗日民族统一战线的策略路线，有力地推动了全国抗日民主运动的发展；另一方面，警诫全党汲取大革命中无产阶级放弃领导权而导致革命失败的教训，从而使党在中国革命新的历史时期掌握了政治上的主动权。这表明，中国共产党在总结革命中的成功和失败的经验和教训的基础上，已经成熟起来，能够从中国的实际情况出发，创造性地进行工作，能够承担领导中国革命走向胜利的历史重任。

南方红军游击队的改编问题上，国民党允许中共派人到各边区传达党中央意见，并协助各边区传达改编，但国民党仍坚持由他们派人改编和领导南方的红军游击队，周恩来断然拒绝。可以说关于这支军队的领导权问题，尤其是军长的人选问题，僵局迟迟未能打破。对于军长的人选问题，毛泽东和周恩来都在意的最重要的标准就是“是否愿意完全接受党的领导”。叶挺被任命时表示完全接受共产党的领导，他千里迢迢赴延安聆听中共中央的指示，当即表示“今后一定遵照党所指示的道路，在党和毛主席的领导下，坚持抗战到底”；积极贯彻党中央作出的新四军东进北上向敌后发展的方针，坚决拥护中共中央关于新四军军部和皖南部队北移的决策，在皖南事变后身陷囹圄仍坚持革命原则和无产阶级立场，出狱后第二天即向中共中央要求重新入党，表现了他对共产党的坚定信念。

对于中国共产党在统一战线中的地位和作用，以及对于八路军和新四军的领导权问题，是整编过程中的一个核心问题。党对革命武装的绝对领导的根本原则是共产党建设人民军队的基本经验。在庆祝中国人民解放军建军90周年大会上，习近平总书记指出：“党对军队绝对领导的根本原则和制度，发端于南昌起义，奠基于三湾改编，定型于古田会议，是人民军队完全区别于一切旧军队的政治特质和根本优势。”在党和军队的关系问题上，中国共产党经历了一个长期探索过程。中共五大提出了“改组国民党军队”，但并没有明确提出对军队的领导权。1927年，三湾改编解决了军队内部建党问题，毛泽东在江西省永新县三湾村，领导了举世闻名的“三湾改编”，他创造性地确立了“支部建在连上”“官兵平等”等一整套崭新的治军方略。由南昌起义时的“支部建在团上”到三湾改编时的“支部建在连上”，不是一个简单的组织架构的下沉，而是对党的领导的加强，明确了党在军队中的组织架构、职权职责，树立了政治工作在部队的权威地位。1929 年，古田会议从理论和实践上解决了党对军队的领导权，会议通过的《古田会议决议》是中国共产党和人民军队建设的纲领性文献。它解决了如何将以农民为主要成分的军队建设成为党绝对领导下的新型人民军队这一重大问题。这些原则是中国共产党建设人民军队的根本原则，它对党在各个时期领导军队都有着重大而深远的影响。习近平总书记说："古田是我们党确立思想建党、政治建军原则的地方，是我军政治工作奠基的地方，是新型人民军队定型的地方。"这一根本原则由于各地军队状况存在差异以及对于问题的认识不同，因而在红军各部队中并未被完全深入地得以实施并制度化。直到抗战前夕的红军三大主力改编，通过建立政治委员制度，使党对军队的绝对领导在各部队得以贯彻落实，并建立了党的制度化领导。延安整风时期，党领导的八路军、新四军各部队重学古田会议精神，进一步在思想上巩固了这一制度。

新四军是在国共合作的条件下成立的，但不因为战区指挥关系而削弱或放弃共产党的领导，不因统一战线的环境而降低完全服从统一战线标准的部队，而是始终保持政治上、组织上在共产党绝对领导下的独立性，坚定不移地贯彻执行共产党的正确路线。新四军完全是共产党领导下的人民革命军队，创造性地执行了中国共产党抗日民族统一战线政策，为抗日民族统一战线的建立、巩固和发展作出了重要贡献。在新四军组建之前，留在南方的红军游击队，很长时间远离中央，他们凭着对党和革命事业的坚定信念，一直与国民党军队进行着艰苦卓绝的生死斗争。当时，斗争形势严峻残酷，主力红军撤离后，国民党军队迅速占领了原中央苏区的宁都、瑞金、于都、会昌等县域和交通要道，实行分区"清剿"，叫嚣着"掘地三尺""斩草除根"，妄图一举歼灭南方的红军游击队。据江西革命烈士纪念馆记载，在不到两年时间里，被屠杀的原中央苏区军民就有 70 多万人。南方红军游击队对国民党及其军队有着不共戴天的深仇大恨。但当我们党和国民党合作抗日后，他们坚决地服从党中央的决定，适时进行战略转变，高举团结抗日大旗，毫不迟疑地接受统一改编。中共中央为了指导谈判，曾发出《关于南方各游击区域工作的指示》，但由于南方各地的红军游击队仍然处于国民党的包围之中，未能及时得到中央的这个指示，后来通过各种渠道了解到国内政治局势的变化以及中央政策的转变，抗日民族统一战线正在逐步形成，便自觉地与国民党当局展开谈判。南方红军游击队同国民党当局达成停战和合作抗日协议，实现由国内革命战争向抗日民族解放战争的战略任务的转变，充分体现了中国共产党及其领导下的人民军队以国家民族利益为重，捐弃前嫌、共赴国难的博大胸怀，并且在政治上、思想上、组织上为红军游击队下山改编为新四军、奔赴抗日前线做好了准备，为在实质上实现全国军队合作抗日和抗日民族统一战线的形成作出了贡献。同时，新四军认真执行党的抗日民族统一战线，正确处理联合与斗争的关系，大力发展进步势力，争取中间势力，孤立顽固势力，为巩固和发展抗日民族统一战线作出积极贡献。

毛泽东非常重视抗日民族统一战线的政策和策略问题，在 1940 年先后写了《目前抗日统一战线中的策略问题》《放手发动抗日力量，抵抗反共顽固派的进攻》《论政策》等重要文献，总结抗战以来国共合作的经验，全面阐明党在抗日民族统一战线中的策略方针和基本政策。党的统一战线的根本指导原则是：又联合又斗争，以斗争求团结。在正确进行阶级分析的基础上，毛泽东提出了处理国内各阶级关系的基本政策：发展进步势力，争取中间势力，孤立顽固势力。刘少奇在中原局也特别强调抗日民族统一战线中既团结又斗争的方针的极端重要性。新四军创造性地贯彻执行党的抗日民族统一战线政策，以积极抗战的实际行动，表明合作抗日的诚意，毅然开赴华中敌后战场，消耗和牵制日军大量兵力，牵制了日军对国民党正面战场和太平洋战场的行动。在国民党遇到围困的险境时，新四军也主动慷慨驰援解围，充分显示出新四军维护国共合作和抗日民族统一战线的大局意识；在反摩擦斗争中，新四军认真执行有理、有利、有节的原则。抗日民族统一战线是带着阶级对抗的合作，以蒋介石集团为代表的大地主大资产阶级及抗日阵营内部的顽固势力，采取的是既抗日合作又摧残进步势力的反革命两面派政策。因此，共产党和新四军必须以革命的两面政策对付他们的反革命的两面政策，既坚持团结抗战，争取他们继续留在抗日阵营内，又要同他们的反动言行在思想上、政治上、组织上乃至军事上进行坚决的斗争。新四军始终坚持团结、进步、抗战的原则，既坚持同国民党合作抗日，又在反顽斗争中实行有理、有利、有节的原则，有力地挫败国民党的反共计划。新四军的反顽斗争成为坚持抗战的一种特殊斗争方式。新四军严格而灵活地执行了党的政策，这是铁军精神的灵魂。同时，积极团结争取中间势力，这是巩固和扩大抗日民族统一战线的中心环节，也是抗日民族统一战线中极其重要而复杂的任务。争取中间势力必须具备三个基本条件：一是共产党有充足的力量；二是尊重他们的利益；三是对顽固派作坚决斗争并取得胜利。

党的绝对领导是新四军铁军之魂。新四军之所以能够培育和发扬令敌人生畏、群众欢迎、友人赞赏的铁军精神，最根本原因在于：新四军是一支中国共产党领导的革命队伍。新四军自组建之后就始终坚持以党的旗帜为引领，绝对听从党的指挥并贯彻执行党的方针、政策和策略。为加强党的领导，1937 年 12 月 14 日，党中央决定成立中央军事委员会新四军分会，统率新四军中党的工作，部队各级均建立健全了党的组织领导机构，部队普遍恢复了政治委员和政治工作制度，加强思想政治教育，这是培育和发扬铁军精神的思想保证。新四军政治工作会议首先是加强党员教育，指出“持久的战争仅仅靠一时的热情是不够的，它需要每一个战士有远大的理想、坚定的意志和坚持为(实现)自己的理想牺牲一切、奋斗到底的决心，直到革命最后胜利”“培养每一个党员具备共产主义的思想和布尔什维克主义的党的组织观念，并教育党员深刻了解目前党的主张和策略路线，以及党员在军队中的责任和工作”。同时，重视加强党的基层组织建设。1939 年 7 月召开中共新四军第一次代表大会，确定党在新四军中的任务之一就是：进一步巩固和加强共产党的组织，提高共产党员的质量。1941 年 6 月，刘少奇在新四军军分会上指出：“现在我们部队党的工作就是发展党员，加强党性教育，实际上就是组织工作。所以这种工作要加强，支部工作也要加强。”

1938年10月，中共中央六届六中全会批判了王明的右倾投降主义路线，确立了以毛泽东为首的中央政治局的正确路线，为全党开展敌后斗争指明了方向。李先念在鄂豫边区积极传达贯彻六届六中全会精神，先后三次整合边区分散的武装，逐步统一了边区党政军群的领导，把边区组织人民抗日武装、开辟根据地的斗争推向了崭新发展阶段，最终建立了党在中原重镇武汉周围的抗日阵地，形成对武汉的战略包围。在鄂中区党委召开的扩大会议上，李先念、陈少敏传达了六届六中全会精神和中原局关于“目前鄂中党的中心任务，是在短期内创建一支5 000人以上的共产党直接领导的新四军，才有可能应付各种事变，确立共产党在鄂中之地位”的指示。在1939年12月至1940年3月，国民党在全国范围内发动了第一次反共高潮。为了反击国民党反动集团的进攻并遏制其投降倾向，中共中央指出：“对于顽固派的军事进攻，应在有理又有利的条件下坚决反击，极大地发挥自己的顽强性，绝不轻言退让。”为此，党中央和毛泽东制定了“发展进步势力，争取中间势力，孤立顽固势力”的总方针和有理有利有节的斗争原则，使边区军民在自卫反击中有了明确遵循的方针和原则。在这一严峻时刻，李先念遵照中共中央和中原局指示，成立鄂豫边区党委，统一管理豫南、鄂中、鄂东地区党的工作，并将三个地区的武装力量整编为新四军鄂豫挺进纵队，从此鄂豫边区完全实现了党政军群的统一领导和指挥，胜利进行了一系列反“扫荡”作战和反击顽军进攻的自卫斗争，使人民抗日武装和敌后抗日根据地得以迅速巩固和发展，从而确立了中国共产党在中原地区敌后抗战中的领导地位，形成了对武汉的战略包围，巩固了中原前哨的抗日阵地。新四军在复杂艰苦的革命形势下，始终坚持正确的政治路线和政治方向，在整个抗日战争中，始终坚决执行中共中央的战略方针和全面全民族抗战路线，坚持独立自主的游击战争，创建抗日根据地，广泛团结各阶层人士，充分动员、发动和组织群众，打击日本侵略者，直至取得抗战的最终胜利。

教学建议

本案例可以用于《马克思主义基本原理概论》第一章中“世界的物质统一性及其发展规律”“唯物辩证法总特征”“对立统一规律”“一切从实际出发，实事求是”原理的教学；《中国近现代史纲要》第六章“中华民族的抗日战争”中“抗日民族统一战线新政策”，批评党内长期存在的“左”倾冒险主义、关门主义的错误倾向，把握中国共产党如何在新的历史时期即将到来时掌握了政治上的主动权。对比第一次国共合作和第二次国共合作，结合其不同的历史背景以及第一次国共合作的失败，说明无产阶级对革命武装领导权的极端重要性，引导学生梳理党的绝对领导原则形成与确立的历史过程，以及维护领导权的策略原则，从而深入认识确立党对革命武装的领导权是中国共产党建设人民军队的根本原则，也是我党建设人民军队的基本经验，彰显了八路军、新四军人民军队的性质。用于《毛泽东思想和中国特色社会主义理论体系概论》第二章中“新民主主义革命理论”第二节“新民主主义革命的总路线和基本纲领”关于无产阶级领导权、第十二章中新时代人民军队建设等内容的教学。一方面，理解无产阶级领导权不是自然而然形成的。明确在无产阶级领导权问题上，必须反对两种错误倾向：一是右的和“左”的错误倾向。右的倾向是放弃无产阶级在民主革命中的领导权，陈独秀在领导权问题上的右倾错误，导致了国民大革命的失败。“左”的错误是把自己孤立起来，把整个队伍推出去，成了无兵司令。土地革命时期的三次“左”倾错误，尤其是王明“左”倾冒险主义给中国革命带来了灾难性的后果。二是无产阶级“天然领导权”观点。中共四大前后，党内有人认为，中国的资产阶级不敢出来做领导、打先锋，中国工人阶级天然是国民革命的领导者。这种观点承认中国工人阶级在民主革命中的领导地位。但是，它无视当时资产阶级右翼正在同工人阶级争夺领导权的严重事实，认为工人阶级的领导地位是“天然”的。无产阶级必须在同资产阶级的斗争中才能取得并实现革命的领导权。另一方面，党对人民军队的绝对领导是中国共产党运用马克思主义建军理论建设新型人民军队的伟大创造，是我军的建军根本原则和制度，对党在各个时期的军队建设都有着重大而深远的影响，也是我军永葆人民军队性质宗旨本色、不断从胜利走向胜利的根本保证。在中国特色社会主义新时代，要毫不动摇地坚持党对人民军队的绝对领导，把党对人民军队的绝对领导贯彻到军队建设各领域全过程。

延伸阅读

新四军铁军精神的核心灵魂

跟党举旗、听党指挥的铁的信念是新四军铁军精神的重要内涵。新四军始终坚持以党的旗帜为旗帜，绝对听从党的指挥。坚持党对军队绝对领导的原则，为新四军的成长壮大提供了政治上、组织上的坚强保证。新四军各级党组织都把思想政治建军摆在首要位置，保证了新四军始终遵循党的建军宗旨并沿着正确建军路线前进，确保新四军在训练和战斗中能够磨砺出一套良好作风。

改编工作开始后不久，中共中央发出《关于南方游击区域工作的指示》，明确指出，“在保存与巩固革命武装，保障党的绝对领导下”，与国民党驻军和地方政权进行谈判。当时，国民党地方当局囿于阶级集团的私利，或挟十年反共之偏见，除少数懂得民族大义、真正拥护国共合作者外，大部分对共产党持不友好的态度，甚至一些国民党地方当局通过政治谈判达到军事“清剿”未能达到的目的。他们或以谈判为名预设圈套，诱骗红军游击队下山，聚而歼之；或以功名利禄为诱饵，分化、瓦解、“收编”红军游击队，致使部分红军游击队放松警惕，遭到国民党军的暗算。由何鸣任大队长的闽粤边红军游击队，经谈判改编为福建省保安独立大队后，按照国民党地方当局的要求，到漳浦县城集中，结果被国民党军包围而解除武装。“何鸣事件”发生后，中共中央领导人毛泽东致电张云逸，要求国民党第十二集团军总司令余汉谋全部退回收缴的闽粤边红军游击队的枪支。中共中央再次指示南方红军游击队在谈判改编斗争中要提高警惕，不要上国民党的当，对国民党的挑衅进攻，必须坚决自卫；在改编中要坚持党和红军部队的独立性，拒绝国民党派人任职。由于中国共产党的据理力争，迫使国民党反动当局收起“共产党投诚了”“红军被收编了”等谣言，不得不把“投诚”改为接洽，把“收编”改为改编。遵照中共中央的指示精神，经过反复周旋和不懈斗争，南方各红军游击队至1937年11月底，与国民党地方军政当局达成的第一条原则，就是保持共产党组织和红军游击队的独立性，保持共产党对红军游击队的绝对领导，国民党不得派人干涉。至1938年1月8日，国民党最终核准共产党提出的新四军支队以上的领导干部人选，这就保证了共产党对新四军的绝对领导。

正是因为中国共产党的中流砥柱作用，新四军才能不断发展，直至取得抗战胜利。在新四军的每一个关键时刻，中共中央都发来明确指示，为军事斗争及整个敌后工作的全局指明方向。回顾新四军的历史，不难发现，哪里贯彻中央指示不够坚决甚至发生偏离，那里的斗争就出现失误，招致重大损失。新四军各部凡坚决贯彻中央指示的地方，都不断赢得发展。1938年9月至11月，中国共产党在延安召开扩大的六届六中全会。会议分析了敌后抗战形势，确立了“巩固华北、发展华中”的战略方针。新四军坚决贯彻执行了“发展华中”和据此确定的“向南巩固、向东作战、向北发展”的要求。1939年12月至1940年2月，中共中央中原局书记刘少奇三次主持召开中原局会议，分析华中敌后的形势，重点讨论了发展华中的战略突击方向问题。确定新四军江南主力北上，八路军一部南下，合力开辟苏北，使华北、华中抗日根据地连成一片。1940年10月，新四军在八路军一部的配合下，进行了具有战略意义的黄桥战役，改变了苏北的军事、政治力量对比，基本上完成了开辟苏北的战略任务，为新四军发展、坚持和巩固华中抗日根据地奠定了重要基础。试想，如果没有苏北抗日根据地的开辟，皖南事变后新四军就失去了基本的依托，其前途可想而知。跟党举旗、听党指挥的铁的信念，是新四军铁军精神的核心灵魂，新四军在抗日战争中的光辉战斗历史，就是跟党举旗、听党指挥的瑰丽史诗，就是坚定党性、忠贞不渝的昂扬壮歌。

——摘自：《初心永恒：江苏四种革命精神简明读本》，江苏人民出版社，2019年，第120—122页

党对军队的绝对领导，是共产党领导中国人民在进行民族独立、人民解放的伟大斗争中创立形成的建军原则。习近平总书记指出：“建设一支听党指挥、能打胜仗、作风优良的人民军队，是党在新形势下的强军目标。”为我们深刻认识党对军队绝对领导的极端重要性打开了新视野：一是军队只有听党指挥，才能成为人民民主专政的坚强柱石，才能成为捍卫社会主义祖国的钢铁长城，才能实现中华民族伟大复兴的强国梦想；二是军队听党指挥是党巩固执政地位、实现执政使命的重要保证；三是军队听党指挥是军队能永葆革命本色、作风优良、能打胜仗的可靠保证。2013年习近平总书记在沈阳军区视察时强调：“要始终扭住听党指挥这个强军之魂，以积极主动的工作占领部队思想阵地、文化阵地、舆论阵地，确保部队绝对忠诚、绝对纯洁、绝对可靠，任何时候

任何情况下都坚决听从党中央、中央军委指挥。”

习近平总书记强调的“三个绝对”，深刻阐明了强军之魂的本质内涵和要求，为人民军队听党指挥明确了根本原则。其一，绝对忠诚就是始终把党和人民的需要作为奋斗目标，视人民利益高于一切，就是在理想信念上忠贞不渝，爱党信党跟党走，就是要坚决贯彻党的基本理论、基本路线、基本纲领，做党的坚决拥护者、忠实捍卫者和模范实践者；其二，绝对纯洁是人民军队的本色所在，是坚决听党指挥的思想、组织和作风保证。抗战时期，新四军在党的领导下，始终保持思想坚定、道德纯洁、作风优良、团结统一，经受各种斗争和考验而本色不变。当前，确保绝对纯洁，就是要保持军队在思想上高度纯洁，听党指挥、信仰坚定；组织上高度纯洁，增强军队各级党组织的创造力、凝聚力和战斗力，保持党员和干部队伍的纯洁性；作风上要高度纯洁，做到求真务实、艰苦奋斗、斗志旺盛；其三，绝对可靠体现为在党和人民需要的时候靠得住、过得硬。当前，维护国家安全面临一些新情况、新问题，军事斗争准备任务艰巨，人民军队必须始终做到召之即来、来之能战、战之必胜，坚决维护国家主权、安全和发展利益。“三个绝对”要求人民军队任何时候、任何情况下，都坚决执行党中央、中央军委和习主席的命令，而听党指挥，就是检验“三个绝对”的试金石。

——胡志功《试论新四军军魂是听党指挥》，载《铁军纵横》，2018 年第 3 期

1－2 “江抗”东进抗日

案例呈现

“江抗”，全称“江南抗日义勇军”，是新四军江南指挥部领导的主力部队之一。1938 年，新四军第一、二支队挺进到江南敌后，广泛开展游击战争，沉重打击了日本侵略者，并在茅山地区建立了江南第一块抗日根据地。但是，国民党顽固派却千方百计阻挠新四军深入苏南敌后，他们不抗日，也不许别人抗日，他们给新四军划定了所谓“防区”。新四军东进纵队为了达到东进抗日的目的，避免国民党顽固派制造借口闹纠纷，便采取了变通的办法，不以新四军的名义出现，而把东进纵队改称为“江南抗日义勇军”，简称“江抗”。1938 年秋，新四军老二团东进到武进地区，梅光迪的部队改编为“江南抗日义勇军”第三路，梅光迪任司令员，何克希任副司令员，吕平任政治部主任，下辖三个连队。

“江抗三路”成立时，新四军一支队司令员陈毅同志亲自讲了话，勉励大家好好抗日，并派了一支队参谋长胡发坚同志来直接指挥这支部队。老二团像师傅带徒弟一样带着“江抗三路”一起行动、作战，培养与锻炼部队的战斗力，打仗的时候把好地形让给“江抗三路”同志，遇到危险又挺身而出，掩护“江抗三路”撤退，一直带到徒弟满师，能

够独立战斗了，老二团才回到茅山地区去。1939 年 2—3 月间，周恩来代表党中央到皖南新四军军部传达党的六届六中全会精神，要求项英贯彻中央向敌后发展的指示，确定新四军“向南巩固，向东作战，向北发展”的战略方针。4 月，陈毅从军部返回茅山，传达周恩来的指示精神，积极进行东进准备。他把东进任务交给了正在茅山地区活动的新四军老六团团长叶飞、副团长吴焜，明确要求老六团与江阴人民的子弟兵“江南抗日义勇军第三路军”会合。

5 月，东进到武进以东地区的新四军一支队六团(当时，经过陈毅等同志力争，军部派六团率两个营到苏南，归一支队指挥)，在武进会合了梅光迪、何克希领导的抗日游击队，部队统一整编，成立“江南抗日义勇军”总指挥部，由梅光迪任总指挥，叶飞、何克希、吴焜任副总指挥。老六团化为“江抗”二路，原“三路”番号不变。为加强部队和地方的统一领导，同时成立中共东路工作委员会，叶飞为书记，林枫、何克希为副书记。整编就绪，即刻挥师东进。5 月 5 日，1 000 多名“江抗”指战员从武南穿越锡澄公路，经花山、长寿、祝塘到达锡北，朱松寿率先组成一个连参加东进。

在东进战斗中，何克希率江阴子弟兵，由素有“江阴老虎”之称的副总指挥吴焜当先锋。5 月 31 日，“江抗”首战黄土塘，击毙从北涸前往锡北“扫荡”的日军 30 余名；6 月 24 日“江抗”夜袭京沪铁路的浒墅关车站，歼灭日军警备队 20 余人，破坏铁路一段，使铁路交通中断；7 月中下旬，“江抗”抵达青浦，营长廖政国在追击伪军时，乘胜袭击了日军虹桥机场。烧毁敌机 4 架，震动了日军，战士们作战士气也大为高涨。至 8 月份，“江抗”东进五个多月，部队由 1 000 多人发展到 5 000 多人，武器装备大大改善，每个班有一挺轻机枪，每个支队(营)有两挺重机枪，总指挥部还建立了两个重机枪连，调出支援新四军军部和兄弟部队的机枪近 200 挺。部队采取以老带新的办法，扩编为五路，不仅完成了争取“人枪款”的任务，而且帮助苏南东路各地建立健全了党组织，为发动组织人民群众抗日斗争奠定了良好基础。以叶飞为首的“江抗”东进抗日，威震淞沪地区，不仅日伪恐慌并准备对苏(州)常(熟)太(仓)地区进行大“扫荡”，而且也引起国民党顽固派的忌恨并蓄意制造摩擦。8 月下旬，“江抗”总指挥部决定结束东进回师，开辟澄、锡、虞边区，以便打通苏、常、太边区与镇(江)丹(阳)武(进)边区游击根据地的联系。

——摘自：石言等编写《新四军故事集》，江苏人民出版社 1981 年版，第 159—171 页(https://baike.so.com/doc/24318673-25121903.html)

拓展讨论

1. 分析“江抗”诞生的历史背景及其执行的战略方针。

2. “江抗”为什么能够迅速发展壮大而成为新四军领导的主力部队的重要组成部分?

案例解析

抗日战争期间，上海、南京等大城市失守后，此时的江南地区已经全部沦陷。苏南广大地区大好河山沦落为日本帝国主义重要的战略后方。人民群众在敌寇、汉奸、土匪、反共顽固派重重压迫蹂躏下，过着暗无天日的日子。1937 年 12 月江阴沦陷后不到三个月，乡间自发性的抗日自卫武装风起云涌，浦东、嘉定、江阴、无锡等地党领导的抗日游击队也纷纷成立。一些失去组织关系的共产党员和进步人士，也掌握了大小不等的抗日武装。他们受到日伪等反动势力的威胁袭扰，力量分散单薄，常常受到国民党反动武装“忠义救国军”的袭击，遭到流氓武装、地方封建势力的排挤，迫切希望找到党组织、接受党的组织领导。

1938 年 1 月，党在常熟梅李地区领导了 3 000 多人的武装起义，成立了“民抗”。由于部队新创，战斗力差，生活自由散漫，没有建立起严格的军事体系。为了使部队成长，党从上海派赵伯华同志来担任军事教员，立即开办起党的军事训练班，这个训练班虽然还遭到了许多危险，经历过一段曲折，但在党的坚强领导下，在同志们的积极努力下，终于培养了许多发展武装力量的骨干。到 1938 年秋，这些骨干就分散到了各个地区，并由杨浩庐、赵伯华同志率领十几个人、十几支枪，到梅李地区发展武装，很快就成立了“常熟人民抗日自卫队”，任天石同志任队长，杨浩庐同志任政治部主任，赵伯华同志任参谋长。新四军一支队六团东进到常熟与这支“民抗”会师，不久，“民抗”就编为“江抗五路”。1938 年 6 月，中央特科派何克希、吕平(李一平)、刘史明以“华东人民武装抗日会”的名义，到江阴西石桥梅光迪部工作，组成以何克希为书记的中共澄、锡、虞工作委员会，着手寻找早期革命后失去组织关系的老同志，恢复和重建党组织，开展敌后抗日武装斗争。1938 年 10 月上旬，陈毅由老二团副团长刘培善陪同，带一个特务连赶到江阴周庄定山湾江抗总部宣布成立“江抗”三路，任命梅光迪为司令，何克希为副司令(全面负责领导)，李一平为政治部主任。

“江抗三路”是在党抚育下成长起来的一支队伍。梅光迪在大革命时期曾加入党组织，在白色恐怖年代又变了节。抗战后，他开始组织游击队，党为了挽救他，争取他和他的游击队起来抗日，梅光迪害怕遭到国民党反动军队的排挤和并吞，也表示愿意接受党的领导。但他在生活上已经腐化堕落了，搞封建帮会、开香堂、收徒弟等，和地方反动会道门也有着密切的联系。党本着团结一切可以团结的力量共同抗日的原则，积极教育、帮助挽救他。开始，党派了何克希同志到梅光迪的部队里进行工作，首先从那个小小的青年训练班着手。训练班成员有以下几类:党在上海动员下乡抗战的工人;当地的青年农民;常州、江阴两地的青年学生;少数参加过土地革命的老同志。何克希和吕平两位同志直接领导，并每天亲自上课、亲自教操。上课内容涉及持久战、统一战线、民运工作、游击战术等。党对这个训练班非常重视，在这里的学员每一个都是能发芽生长的抗日种子，要使梅光迪的部队成长为真正的革命武装，也就必须依靠这一股新生的血液。因此，党的领导同志和学员们是一样的艰苦，晚上一起席地而睡，行军一同背背包赶路。训练班的民主气氛很好，有什么事情，大家来开会商谈，每一次都是何克希、吕平同志来主持会议，学员们畅所欲言，问题一一得到解决，直到人人心情愉快为止。这样，训练班的学员很快就分布到梅光迪部队的每个角落。

教学建议

本案例用于《马克思主义基本原理概论》第一章“世界的物质性及发展规律”中关于“唯物辩证法总特征”“一切从实际出发，实事求是”的教学；《毛泽东思想和中国特色社会主义理论体系概论》第十一章“四个全面”战略布局的“党的建设”特别是政治建设、思想建设的必要性和重要性等的教学；《中国近现代史纲要》第六章“中华民族的抗日战争”中“全面的全民族抗战路线”“敌后战场的开辟与游击战争的发展及其战略地位”“中国革命胜利的原因和基本经验”等内容的教学。

延伸阅读

救星来了，江抗回来了

新“江抗”在党的坚强领导下迅速成长壮大。“江抗”的业绩振奋了东路人民，却引起了反共顽固派的忌恨。1939 年 9 月下旬，“江抗”从常熟方向转移到江阴顾山南麓，遭到“忠义救国军”1 000 多人袭击。部队指战员不顾夜行军饥饿和疲劳，一鼓作气攻占山头，顽军很快溃逃。“江抗”在长泾附近遭到从北涸下乡的日伪军拦截，发生激烈战斗，毙伤日伪军十多人，向江阴继续西移。“忠义救国军”正副总指挥俞- 则、杨蔚率部从宜兴赶来，约 2 000 多兵力部署于澄锡一线。“江抗”奋起反击，和顽军在白丹山、鞋山一带鏖战，挫败了顽军挑衅。1939 年 9 月 24 日，“江抗”和“忠义救国军”增援部队在锡东白丹山展开师级规模战斗，互有伤亡。

正当“江抗”部队西返时，9 月 25 日晨在江阴顾山遭遇“忠救军”袁亚承、包汉生部伏击，吴焜亲自带领战士们发起反击，袁、包率残部仓皇向山北撤离。此役，毙伤敌军 30 多人，“江抗”牺牲 9 人，“江抗”总指挥部政治部主任刘飞、五路参谋长夏光等十余人负伤。紧接着，9 月 27 日下午，“江抗”副总指挥吴焜率二路一支队往北向江阴境内的马镇、湖塘里继续转移时，行至马镇湖塘里附近，突遭“忠救军”五支队章晓光部侧翼偷袭。吴焜率部反击，被章部冷枪击中头部，壮烈牺牲，年仅 29 岁。

吴焜同志牺牲，全军将士义愤填膺。“江抗”总指挥部决定以 3 个团的优势兵力给忠救军头子杨蔚、袁亚承等一个致命打击。作曲家何士德迅速谱了一首《反扫荡》歌：“反扫荡，反扫荡，延陵大捷血战繁昌。英勇牺牲的革命战士，壮烈殉国的吴副团长……”《反扫荡》歌唱遍了新四军部队。国民党第三战区顾祝同、冷欣一面继续诬告新四军“越界作战”，和重庆方面向新四军施加重重压力，一面加紧调兵遣将，由“忠救军”和土顽武装紧追“江抗”主力。在此关键时刻，王必成奉命率老二团驰援江阴。叶飞、王必成分析了形势，决心要在定山一线和“忠救军”打一仗。决战前夜，陈毅为顾全抗战大局，经与国民党三战区谈判后双方撤兵，电令叶飞停止进攻，集结待命，并告知即日来传达军部指示。“江抗”主力转移到了路西，留在路东的只有设在阳澄湖畔的一所后方医院和三十六个伤病员，路东失去了人民自己的抗日武装的保护，日伪军几乎天天下乡奸淫掳掠，横行无忌，土顽武装也肆无忌惮地四处抢劫，美丽的阳澄湖阴霾笼罩，人民日夜在盼望着：“江抗”回来啊！人民相信“江抗”会打回来的，他们准备了粮食、猪肉、蔬菜和军鞋，一心一意地准备着迎接自己的子弟兵。

随后不久，陈毅亲自前往江阴。他骑着一匹骏马，由老二团副团长刘培善陪同，带一个特务连从茅山出发，星夜赶赴“江抗”总部驻地江阴周庄定山湾，随即在定山的中庵召开“江抗”连以上干部军事会议，传达新四军军部的指示，部署主力西移扬中休整。第三天晚上，陈毅随“江抗”总部越过锡澄公路抵达西石桥，对队伍再次整编。

10 月 8 日，“江抗”在西石桥的街东戏楼广场召开军政人员大会，陈毅在会上做了有关“统一战线”“抗日根据地”等重大政策的长篇报告。宣布将“江抗”二路和五路合并为“江抗”一团，团长兼政委乔信明，参谋长廖政国；将“江抗”三路和四路合并为“江抗”二团，团长徐绪奎，政委何克希。抽调部分人枪编入新四军二团。“江抗”除每个班留下一挺机枪外，调出 200 挺轻重机枪给军部和兄弟部队。同时，在澄锡虞地区留下少数游击队与敌人周旋。

1939 年 10 月中旬，杨浩庐返回常熟，见到刘飞和因病在后方医院的六团作战参谋“江抗”五路司令夏光，传达上级指示：“江抗”主力为执行抗日统一战线，西移待命，留在东路的部队人员要配合地方党，重新组织武装，坚持原地斗争。当地党组织和军事人员举行会议，决定：成立“江抗”东路司令部（新“江抗”），由夏光任司令，杨浩庐任副司令兼政治处主任。为巩固统一战线，新“江抗”委任阳澄湖地区游杂部队头头胡肇汉为副司令，委任地方抗日人士周嘉禄为参谋长。会议还决定，恢复常熟“民抗”活动。11 月 6 日，新“江抗”在东塘市附近召开成立大会。到会约 60 人，除了常熟地区领导人和做民运工作的同志 20 多人之外，只有一个特务排，这个排是以刚出院的十多名伤病员为骨干组成的。

起初，新“江抗”虽然只有一个班，十几个人，但是他们都是久经锻炼的革命意志坚定的具有丰富战斗经验的共产党员、红军战士，是一个可以顶十个的老骨干，其中有两个连长，一个副连长，好几个排长和班长。他们组织的领导核心——党支部；担任连长的是老六团有名的“猛将”、身上打了十几个枪眼的吴立夏同志。这个班成立的第二天，他们就小试锋芒，在东塘墅和常熟城之间的八字桥进行伏击，一阵猛烈的射击，把从常熟城出动的一队日伪军打个措手不及，人仰马翻。新“江抗”开始战斗了，阳澄湖人民的愿望实现了，他们奔走相告：“救星来了，江抗回来了。”他们曾经用生命掩护了这三十多个伤病员，现在他们又以全部心血哺育着自己的子弟兵。经过短短三四个月的时间，新“江抗”又以一支军事上、政治上都很强大的抗日力量，屹立在阳澄湖畔。三十六颗革命火种，燃烧起了熊熊的抗日烽火。新“江抗”斗争的胜利捷报传到了上海地下党和皖南新四军总部，党从各方面调动力量来支援它、领导它。上海地下党指示张英同志和杨浩庐同志组织常熟中心县委，开办抗日干部训练班，着手建立抗日政权，支援抗日部队；上海地下党又源源不断输送大批工人、学生下乡参军。1940 年春天，党中央指派谭震林同志来领导路东抗日大业，谭震林化名林俊，随同前来的还有刘飞、张开荆、吴世莫、戴克林等领导同志。在与日伪军的一次战斗后，正式成立“江南人民抗日义勇军”，谭震林同志任司令员。党的路东特委和江南行政委员会也相继成立，部队进行了整编，编为六个支队（每个支队约一个营）。

这撒在阳澄湖畔的三十六颗革命火种，在人民的哺育下，在党的坚强领导下，迅速成长壮大了。有一首颂歌唱道：阳澄湖畔，虞山之麓，三十六个伤病员，背负着抗日重任。在暗影笼罩着的鱼米之乡，埋着头，流着血呀，流着汗，辛苦地耕耘着被野狗蹂躏的田野。路东人民的救星生长了！……你的威名震彻了江南，你的钢刀刺破了敌伪心房！啊！游击兵团，你是党的模范，啊！游击兵团，你是战胜日寇的怒潮。

——摘自：石言等编写《新四军故事集》，江苏人民出版社 1981 年版，第 273—276 页（https://baike.so.com/doc/24318673－25121903.html）

1－3　中国共产党应对皖南事变的策略

案例呈现

“皖南事变”发生后，全党全军义愤填膺，强烈要求反击国民党，为新四军死难将士报仇。1 月 14 日，中共中央指示，“在政治上军事上迅即准备作全面大反攻，救援新四军，粉碎反共高潮”，要求各地准备对付最严重事变。1 月 15 日，毛泽东致电周恩来、叶剑英：“中央决定发动政治上的全面反攻，军事上准备一切必要力量粉碎其进攻”“只有猛烈坚决地全面进攻，方能打退蒋介石的挑衅与进攻。必须不怕决裂，猛烈反击之，我们的温和态度须立即终结”。刘少奇收到中央电报后，分析了当前国内形势后，于 1 月 15 日致电毛泽东、朱德、王稼祥，建议“以在全国主要实行政治上全面大反攻，但在军事上除某些个别地区外，以暂时不实行反攻为妥”。这是刘少奇运用马克思主义唯物辩证法，分析第二次国共合作的特点，结合华中地区的斗争实际提出来的，因而具有很强的针对性。

1 月 7 日“皖南事变”发生后，刘少奇每天通宵达旦，随时为新四军军部和延安的联系收转电报，提出建议，以便更有效地援救新四军军部。为帮助皖南军部摆脱困境，刘少奇提出“围魏救赵”的策略：为救援新四军军部，建议山东八路军包围沈鸿烈，苏北新四军包围韩德勤，以此作为与国民党谈判的交换条件，即“请朱（瑞）、陈（光）、罗（荣桓）在山东准备包围沈鸿烈，苏北准备包围韩德勤，以与国民党交换”。1 月 13 日，中共中央采纳了建议，复电刘少奇、陈毅的意见，决定“苏北准备包围韩德勤，山东准备包围沈鸿烈，限电到 10 天内准备完毕，待命进攻，山东由朱、陈、罗负责，苏北由胡、陈负责，以答复蒋介石对我皖南 1 万人之聚歼计划”。并在政治上和军事上做好全面大反攻的准备。14 日，收到了新四军军部陷入绝境后的最后一封电报。毛泽东怒不可遏。15 日，他电告周恩来、叶剑英并告彭德怀、左权、刘少奇、陈毅等：“蒋介石一切仁义道德都是鬼话，千万不要置信……”

新四军的这一惨重损失成为中国抗战史上的“千古奇冤”。消息传到盐城，新四军指战员失声痛哭，群情激愤已达到极点，纷纷请缨反击。当此关键时刻，何去何从？刘少奇依据形势的急剧变化，冷静分析，反复权衡利弊得失，考虑到包围国民党军沈鸿烈、韩德勤所部已不可能成为交换的条件，为此，他于 1 月 15 日晚在盐城又致电中共中央，指出：在当前的形势下，国民党未投降，仍继续抗战，对国共合作仍不敢分裂，且怕影响对苏联的关系；在皖南消灭我军，蒋亦曾下令制止，即证明蒋生怕乱子闹大。在此时，我党亦不宜借皖南事件与国民党分裂。何应钦下令只说严防我军报复，未说借此在全国乘机进攻我军。另外，华中根据地很大，但兵力不够，不能巩固。盐阜区土匪亦蜂起，黄桥已被敌占，海安亦有被敌占领可能。我们部队尚须休整补充。故以华中来看，在半年、一年之内不发生大的战斗，肃清土匪，巩固现有地区，对我为有利。刘少奇在分析了实行军事反攻的不利之处后，提出了在政治上实行全面反攻的具体建议：向国民党提出严重抗议并发宣言和提出立即释放叶挺等条件；在全国全世界实行大的政治反攻，宣传抗议皖南事变，揭穿国民党分裂行为。“如此我在政治上有利，在军事上稳健，可能使蒋、何在半年至一年内，不敢再向我华中进攻，使我能巩固华中阵地，以待变化。”

这个从实际出发的建议，对中共中央作出处理“皖南事变”的正确决策起了重大作用，也充分体现了刘少奇高瞻远瞩的政治素养。中共中央和毛泽东根据当时的形势确定了“政治上取全面攻势，军事上取守势”的方针，对蒋介石继续采取“一打一拉”的政策，在全国展开猛烈的政治反击，深刻揭露蒋介石制造“皖南事变”的真相，强烈要求严惩肇事祸首。中国共产党的严正立场和有理有节的斗争得到了国内外舆论的广泛支持，各界进步人士和国际有识之士纷纷谴责国民党的行为，苏美英等国也对国民党表示极大的不满。蒋介石和国民党顽固派陷入了四面楚歌之中。蒋介石不得不在 3 月 1 日召开的第二届国民参政会上表示“以后再亦绝无剿共的军事”。至此，以皖南事变为顶点的第二次反共高潮实际上被打退了。“皖南事变”后，中国共产党依然牢牢掌握着政治斗争和军事斗争的主动权，不但打退了国民党的第二次反共高潮，而且迅速重建新四军军部。

1 月 18 日，中共中央发言人发表谈话，全面揭露国民党顽固派制造皖南事变、摧残抗日力量的罪恶行径。痛斥其 1 月 17 日的反动命令，呼吁全国一切爱国军民同胞，以民族国家命运为重，粉碎少数民族败类内战外和、投降卖国的无耻阴谋，严整抗日阵容，坚持抗战到底！面对国民党发动的反共高潮，刘少奇审时度势，深谋远虑，从全国抗日事业的大局出发，坚定地认为：中国的抗战不能没有新四军，华中敌后的抗战不能没有新四军！于是，在蒋介石发出撤销新四军番号的同一天，刘少奇在盐城又一次致电中共中央："此间干部提议以陈毅代理新四军军长，立在苏北成立军部，在队号召，可否望复。"第二天，刘少奇又同陈毅联名致电中央，再次提出"在苏北成立新四军，并以陈代军长"。

——杨春长主编《驰骋江南逞英豪》，二十一世纪出版社 2007 年版，第 104—106 页；柳莎《重整旗鼓再出发：记新四军重建军部》，载《铁军纵横》，2016 年第 1 期

拓展讨论

1. 分析"皖南事变"发生的历史背景及其对抗战形势的影响。

2. "皖南事变"后中国共产党为什么能够依然牢牢掌握着政治斗争和军事斗争的主动权？

3. 试分析在抗日民族统一战线问题上存在的一些不正确认识及其哲学根源。

4. 中国共产党建立和维护抗日民族统一战线的策略原则是什么？这一策略原则如何体现了中国革命战争的辩证法？

案例解析

抗日民族统一战线的主体是国共两大政党，同时有着广泛的群众和社会基础。国共两党分别代表着不同的阶级利益和社会发展方向。抗日战争时期，中日民族矛盾始终是基本的和主要的矛盾，国内阶级矛盾处于次要的和服从地位。然而，国内阶级矛盾有时还会以较为尖锐的形式表现出来。国共两党之间的斗争，是民族战争条件下的一种特殊形式的阶级斗争，这些形式主要有：政治斗争和军事摩擦。中国共产党领导的抗日武装是全心全意为人民谋利益的政党和军队，坚持抗战到底，把日本侵略者赶出中国，是全中国人民的最根本的也是最高的利益。党中央意识到，国共合作绝不能破裂，必须正确处理联合与斗争的关系，既坚持原则，反对国民党制造摩擦，又注意团结，争取共同抗日。

统一战线中的联合与斗争的辩证法，是中国共产党系统地深刻地研究中国革命的历史，总结党的实际经验，从各方面做出的哲学上的结论，是中国革命战争中的军事辩证法，也无疑将是马列主义哲学的新发展。延安时期这方面的创新主要是抗日民族统一战线的提出和建立。毛泽东、周恩来、刘少奇等党的领袖根据矛盾同一性和斗争性的辩证关系原理，科学地分析并纠正了当时严重存在投降主义和关门主义两种新的错误倾向，从"反蒋抗日"到"逼蒋抗日"再到"联蒋抗日"，创造性地提出了"又联合又斗争"的正确策略。

就国民党而言，他们是被迫暂时收起反共政策，与中国共产党达成了合作抗日的统一战线协议，但从根本上不能容忍共产党存在的国民党顽固派，在客观条件对其有利的情况下，仍然会破坏革命统一战线，彻底暴露其反共反人民的本质。1938 年 10 月武汉失守，中国的抗日战争进入以战略相持为特点的新阶段，日本侵略者、国民党军和共产党领导的八路军、新四军三支力量对比以及他们之间的相互关系都发生了重要变化。共产党领导的抗日武装力量得到很大发展，逐渐成为敌后抗击日军的主要力量；日本侵略者速战速决的企图被彻底打破，并暴露出其人力、物力、财力等不足的弱点，因而调整对华政策，对国民党实施诱降，以所谓“中日亲善”“共同反共”为诱饵，企图分裂抗日民族统一战线；国民党政府的内外政策也在发生变化，开始实行消极抗日，积极反共，将重点逐渐由抗日转到反共上来。秘密制定《限制共产党活动办法》《共党问题处理办法》等文件，确定了防共、限共、溶共、反共的方针。此后，不断制造军事摩擦，围攻新四军后方机关，残害新四军干部、医院伤病员、军属和当地革命群众。比如：1939 年国民党制造的“平江惨案”和“竹沟惨案”。同时，国民党顽固派还在安徽等地不断制造迫害、残杀共产党人的惨案。1940 年 2 月，李品仙部和江苏的韩德勤部在津浦路两侧进攻皖东新四军第四、第五支队，直逼中共中央中原局和新四军江北指挥部所在地，妄图割断新四军同八路军的联系，并把新四军逼迫到长江以南而伺机消灭。1940 年夏秋，国民党在华北发动第一次反共高潮遭遇失败后，华中成为其又一个反共中心。一方面在华中不断制造军事摩擦，妄图用武力消灭新四军；另一方面，企图通过谈判来限制人民抗日力量的发展，压迫八路军、新四军撤退到黄河以北。1940 年 10 月 19 日，何应钦、白崇禧以国民政府军事委员会的名义，强令黄河以南的新四军、八路军在一个月内撤到黄河以北。实际上，这是国民党顽固派发动第二次反共高潮的正式信号。

中国共产党从维护抗战大局出发，答应将皖南的新四军调离。周恩来和南方局的同志分析了当时的形势，提出了新四军行动问题的两个方案：第一是皖南新四军主力北移，让出江南，到江北坚持斗争；另一方案是皖南新四军一部分转苏南渡江，一部分就地打游击，但江北的部队无论怎样都要做应战的准备。毛泽东和周恩来经过多次电报交流，采纳了第一方案。1941 年 1 月 4 日，新四军军部及所属皖南支队 9 000 多人由云岭（今泾县云岭镇）出发绕道北移；6 日，行至皖南泾县茂林（今泾县茂林镇）时，遭到国民党军 7 个师 8 万多人的合围伏击。新四军奋战七昼夜，弹尽粮绝，除约 2 000 人突围外，大部分被俘或牺牲。军长叶挺与国民党军队谈判时被扣押，副军长项英、参谋长周子昆被叛徒杀害。此即震惊中外的“皖南事变”，这是抗日战争中共产党所遭受的最严重损失。

周恩来在《新华日报》上愤然写下“千古奇冤，江南一叶；同室操戈，相煎何急?!”的题词。5 000 份报纸被抢购一空，“皖南事变”真相大白于天下，气得蒋介石拍案大骂手下无能。周恩来、董必武和叶剑英在重庆广泛接触社会各界人士，将《新四军皖南部队惨被围歼真相》向社会各界广为散发，扩大了影响。国民党左派领袖宋庆龄、柳亚子、何香凝等联合致电蒋介石予以斥责；爱国华侨领袖陈嘉庚、国民党实力派人士冯玉祥，知识界巨擘侯外庐、翦伯赞等都表达了对共产党的同情和支持。英国大使卡尔也气愤地将“皖南事变”电告英国政府；苏联大使潘友新和武官崔可夫明确告诉蒋介石，进攻新四军有利于日本侵略者，对中国来说，内战将意味着灭亡；皖南事变的发生，使得美国起初对于统一战线中国民党的一些判断发生重要改变，美国政府经过分析驻华使领馆提供的情报认为，在蒋介石和国民党的总体抗战布局中解决中共问题是一个重要内容。据此美国政府对于国共关系的判断由乐观转为忧虑。美国政府同样担心，国共分裂的结果会削弱中国，使日本坐收渔翁之利。美国总统代表居里向蒋介石声明，美国在国共关系未解决前，无法大量援华……1942 年 11 月，国民党召开十中全会，美国对国民党政权的失望进一步加深，美国外交官员对大会通过的涉及国共关系的内部团结决议案极为不满，认为该案的出台完全旨在加强国民党的专制独裁，充分暴露了国民党的保守和缺乏远见，最后只能带来极权发展和社会停滞。周恩来以坚韧不拔的顽强作风打了一场漂亮的“政治仗”。基于此，中国共产党继续对蒋介石采取“一打一拉”的政策。国民党实行的反共政策使抗日民族统一战线不可避免地陷入分裂，令美国政府甚为反感。因为这不仅影响到国共关系，还波及整个远东地区的对日作战大势，而这恰好与美国的国家利益特别是美国试图“以最小的代价尽快地击败日本”的目标相悖。特别是在美国政府关心的军事领域，美方指责国民党造成的国共分裂不仅无益于抗日，反而将装备精良的军队调离抗日前线用于封锁中共根据地，从而加重美国对日作战负担。据此美方内部认为，“美国政府没有必要对蒋介石抱有幻想，因为他身边的人都是一些自私和腐败、无能力和起阻碍作用的家伙”，甚至蒋介石个人“也一直对美国奉行着哄骗、敲诈、讨价还价、虚张声势的机会主义政策”。与此同时，当时的中国经济正逐步走向崩溃，而国民党却一意孤行，不断丧失人民的信任，成为中共进行革命宣传的社会温床。事实上也产生了这样的效应，龙云、刘文辉和李济深等西南实力派对国民党之于中共的强力弹压深为不安，都对中共的遭遇深表同情或迅速拉近与中共的距离，公开称颂中共，与中共互动频繁。

同时，皖南事变发生后需要重建新四军军部，必须建立共产党领导下的正规化军队，而且，这次事变也促使毛泽东思考如何尽快改变与共产国际的关系，这也是延安整风运动的导火线。延安整风运动是马克思主义中国化史上一个极其重要的事件。开展一次全党的整风运动，从思想根源上破除将共产国际指示神圣化和把马克思主义教条化的氛围。这种教条主义是“左”、右倾错误的思想根源，表明我们党还没有把马克思主义与中国革命的具体实际很好地结合起来。因此，如何把马克思主义中国化，就成为摆在我们党面前的一项重大任务。而延安整风，正是解决这一问题的重要途径。除此之外，延安整风运动的原因还有：王明“左”倾教条主义给中国革命带来了严重危害，必须从思想路线上加以彻底解决，以及抗战初期王明推行的右倾错误一度引起党内思想混乱，必须予以肃清。这种右倾错误对于新四军的发展有着很深的不利影响。1937 年 12 月，新四军由南方 8 省 13 个地区的红军游击队 1.03 万人组成，“皖南事变”前的 3 年中，由于项英曾一度贯彻王明“一切服从统一战线，一切经过统一战线”的右倾路线，无法打破敌伪顽的夹击，发展缓慢，“皖南事变”时只有2.5万人。与此同时，八路军则已经由组建时的3万余人发展到50余万人。

教学建议

本案例可用于《中国近现代史纲要》第六章“中华民族的抗日战争”中“国民党与抗日的正面战场”的“战略相持阶段的正面战场”“中国共产党成为抗日战争的中流砥柱”的教学，结合战略相持阶段国民党、日本以及中国共产党三大力量变化对战争形势的判断以及与之相关的日本战略方针和国民党对内对外政策的重大变化，分析皖南事变发生的历史背景，共产党处理皖南事变这一事件的策略变化及其原因、对抗战形势的影响等，在此基础上，更为深入地把握中国共产党“坚持抗战、团结、进步的方针”，即“统一战线中独立自主原则”以及“坚持抗战、团结、进步，反对妥协、分裂、倒退”等原则、“巩固抗日民族统一战线的策略总方针”（发展进步势力，争取中间势力，孤立顽固势力）、“又联合又斗争”策略。《毛泽东思想和中国特色社会主义理论体系概论》第二章第二节的“新民主主义革命总路线”中的“无产阶级领导权”，第三节“新民主主义革命胜利的基本经验”等内容的教学；融合《马克思主义基本原理概论》和《中国近现代史纲要》，涉及统一战线问题上存在的“左”倾冒险主义、关门主义以及主张“一切经过统一战线”“一切服从统一战线”的右倾错误，其哲学认识论根源就是理论脱离实际、颠倒实践和认识关系而导致的主观主义、教条主义、经验主义，没有把马克思主义基本原理与中国实际以及研究革命的具体特点和规律等结合起来，由此深化对“马克思主义中国化”和加深党的实事求是思想路线的认识。

延伸阅读

重建军部后的新四军

“皖南事变”后，蒋介石诬蔑新四军为“叛军”，宣布撤销新四军的番号，并将叶挺交由军法审判。18日，刘少奇又同陈毅联名致电中央，发出《关于驳斥国民党顽固派发动“皖南事变”借口的通报》，运用大量具体事实，逐条驳斥国民党为取消新四军而制造的种种诬蔑，深刻揭露蒋介石制造“皖南事变”的真相，指出：所谓新四军“违抗命令，不听调动”，“不按指定路线由繁昌、铜陵一带北移，而经泾县南想袭击友军的言论，纯属捏造”。针对国民党反共高潮，毛泽东指出：“应把此次反共高潮看作我们奠定华中基础的机会，如同上次反共高潮奠定了华北基础那样。”刘少奇创造性地落实这一指示，抓住打退第二次反共高潮的时机，把“皖南事变”这一坏事变成了发展、扩大新四军和根据地的好事，奠定了共产党在华中的基础。

中共中央根据刘少奇和陈毅的建议，对组建新的新四军军部人选进行了慎重研究。1941 年 1 月 20 日，中共中央政治局召开会议，同意刘少奇关于重建新四军军部的建议，并将军部设在盐城。中央革命军事委员会发布命令："兹特任命陈毅为国民革命军新编第四军代理军长，张云逸为副军长，刘少奇为政治委员，赖传珠为参谋长，邓子恢为政治部主任。"从此，组建起了不可战胜的新四军。过去新四军的军长、副军长是蒋介石任命的，现在蒋介石撤销了新四军番号，中共中央重新任命了新四军的军师班子，完全脱离了蒋介石的控制，刘少奇把这看作天大的好事，抓住这个机会，把铁的新四军真正建成中国共产党的党军。

当晚，刘少奇在盐城召开新四军干部会议，传达了党中央的决定。1 月 23 日，陈毅、张云逸、刘少奇、赖传珠、邓子恢发表《新四军将领就职通电》。1 月 24 日，刘少奇在新四军干部会议上详细介绍"皖南事变"经过，并针对反蒋情绪明确指出：国际形势和国内形势对我们、对抗战的中国人民是完全有利的，而不利于反共顽固派与内战挑拨者。因此，我们要坚持统一战线的方针，坚持反对内战、反对分裂的方针，以挽救时局的危机，坚持抗战到底。这是刘少奇到华中后的第一次公开"亮相"并宣布了真实姓名，此前一直使用"胡服"的化名。1 月 25 日，新四军指战员和各界代表 1 000 多人，在盐城举行庆祝新四军军部成立大会，刘少奇公开宣读中共中央在盐城重建军部的命令并发表讲话，指出：新四军是真正的抗战的力量，是人民的军队，是根植于人民之中的。敌人的阴谋诡计虽然能给我们造成一时的损失，但想消灭我们却是痴心妄想。在这次大会上，陈毅向大家介绍：刘少奇是我们中国共产党的领导人之一，新四军直接在中共中央和刘少奇的领导下，政治方向就不会错，能依照党中央的政策做下去，就好像火车在铁轨上奔走，一定能够顺利到达目的地。新四军军部的重建，是全国抗战中的一件大事，尤其在华中抗战史上具有极其重要的意义。

为了整顿和统一新四军编制体制，1 月 26 日，刘少奇同陈毅致电中央："为整理与统一新四军编制，拟将新四军部队整编为 4 个师，以苏北部队为第一师，皖东为第二师，李先念部为第三师，苏南为第四师，在师以下设旅、团，均以三三制编制。"29 日，毛泽东等复电指示："应将彭雪枫部编为新四军，共编 5 个师。"整编重在统一思想。刘少奇针对"皖南事变"后出现的悲观失望情绪和部分八路军指战员不愿意改为新四军的问题进行了艰苦细致的思想工作。新四军全军最后共编为 7 个师，9.6 万余人，并重新划定活动区域。2 月 18 日，中央革命军事委员会任命粟裕为第 1 师师长，刘炎为政委；张云逸为第 2 师师长，郑位三为政治委员；黄克诚为第 3 师师长兼政治委员；彭雪枫为第 4 师师长兼政治委员；李先念为第 5 师师长兼政治委员；谭震林为第 6 师师长兼政治委员；张鼎丞为第 7 师师长，曾希圣为政治委员。整编过程中，配齐配强各级政工干部和政治机关，不但新四军、八路军新合编的部队强调政治工作的重要地位和作用，而且成建制整编为新四军的八路军老部队也进一步强调政治工作的重要地位和作用，很快形成全军政治上的一致，解决了各师发展不平衡的问题。

新四军统一整编后，部队迅速发展壮大，到抗日战争结束时已达到了 30 多万人，驻防范围北至陇海铁路，南至皖南和苏南，活动区域远远超出中共中原局的管辖，奠定了共产党在华中的基础。而中共东南局因项英遇难和情况变化已不能发挥作用，中共中央决定将东南局与中原局合并，组成华中局，相应地成立新四军军分会，刘少奇任华中局书记兼任新四军军分会书记，以加强新四军的政治工作。刘少奇通过写文章、发文件、讲话，反复宣传统一战线主要是国共两党的统一战线；党的抗日民族统一战线政策，是坚持独立自主，既坚持无产阶级领导权，又团结一切抗日力量和以斗争求团结的政策；批驳“一切经过统一战线，一切服从统一战线”口号，使广大干部战士认清皖南事变的惨重打击是放弃独立自主、以退让服从求合作的恶果，进而认识统一战线理论的正确性。5月下旬，日军发动了目标直指新四军军部的大“扫荡”。刘少奇同陈毅领导新四军3个师及地方部队互相配合，“以积极游击动作打击敌人，逼其撤退，并阻止其下乡‘扫荡’和建立据点”。通过“反扫荡”，新四军越战越强。解放战争时期，与八路军、东北抗日联军等一起改称中国人民解放军。

新四军军部的重建，粉碎了国民党顽固派瓦解新四军的反共分裂阴谋，打破了国民党顽固派的反共部署，标志着新四军彻底摆脱了国民党的种种限制，从此独立自主地肩负起华中敌后抗战的重任，也标志着新四军走上了健康发展的道路，成为华中抗战真正的指挥中心，成为华中抗战的主力军和中流砥柱。陈毅同志后来说，如果问：新四军从皖南事变的危害中摆脱出来，有什么宝贵的经验？那我们正面的回答是：最大一点，就是在最紧急的关头，能以自己的坚持抗战的团结精神，战胜了对方分裂投降的阴谋活动，绝不因别人的反共分裂行为，动摇自己对外抗战、对内团结的方针。……我们临危不乱的团结精神，虽然付出了巨大的牺牲和流血的代价，但终于克服了反共投降的危险，保证了抗战大业的继续前进。

——整理自：杨春长主编《驰骋江南逞英豪》，二十一世纪出版社2007年版，第104—106页；石言等编写《新四军故事集》，江苏人民出版社1981年版，第262—264页

1-4 开辟敌后战场与根据地建设

案例呈现

中国共产党领导的八路军、新四军等人民武装力量开辟敌后战场进行人民战争，对打击日本侵略者、夺取抗战胜利起了举足轻重的中坚作用，中国共产党始终坚持全面抗战路线进行人民战争，是发挥中坚作用的一大法宝。共产党领导的八路军、新四军等人民武装力量，始终坚持人民战争的全面抗战路线，深入敌后、广泛发动群众，在根据地内推进民主、改善民生、发展生产、普及文化教育，在自愿的民主的不脱离生产的原则下，将一切青壮年男女组织在自卫军中。其精干力量组织成民兵，形成地方部队，同主力部队一起，分别在所属战区参加作战，对国民党军队予以积极配合；或根据

实际情况，抓住有利战机，独立自主地进行作战，从而对抵抗日军的侵略起了重要作用。随着战局的扩大，战线的延长，到抗战中后期，尽管日军占领了大片中国领土，但侵略者及其培植的汉奸政权只能控制一些大中城市和主要交通线附近地区，广大农村则始终掌握在以八路军、新四军为主的中国军队手中，日本侵略者实际上只占领了中国领土的许多点和线，没有真正控制占领区的广大地域。正因为如此，在世界反法西斯战争胜利发展的形势下，共产党领导解放区军民最后承担了开展对日全面反攻作战的任务。这是共产党领导的人民武装力量能迅速接受日本侵略者投降的重要条件。

中国共产党领导人民军队开辟敌后根据地作为坚持人民战争、保存和发展自己的基地，是发挥中坚作用的又一法宝。抗战进入相持阶段后，随着抗日游击战争普遍展开，抗日根据地加强政权建设和经济社会秩序恢复后，得到进一步巩固和扩大，已经升格为抗日民主根据地。抗日游击战争和抗日民主根据地互为依存。没有游击战争，根据地无法存在和发展，但没有根据地的巩固和发展，游击战争就难以长期坚持。为了坚持敌后抗战，发展和巩固抗日根据地，1940 年 2 月，中共中央明确八路军、新四军的战略任务，是粉碎敌人“扫荡”，坚持游击战争，将华北、华中连接起来，争取时局好转。1942 年，日军对抗日根据地实行军事“扫荡”为主的毁灭性打击政策，敌后抗日根据地承受着空前巨大的军事压力，出现了严重困难局面。一方面，军事上战斗频繁，伤亡重，部队减员多，干部牺牲大；另一方面，根据地面积缩小，生产遭到严重破坏，财政经济状况极端困难，有些地方军民的吃穿等基本生活需要得不到保障。面对这样的困难局面，中共中央强调在新的残酷斗争中坚持独立自主、自力更生，充分发动群众，依靠根据地广大军民，正确处理各抗日阶级、阶层之间的关系，巩固和扩大抗日民族统一战线，努力战胜困难。对外，通过精兵强军，坚决进行反“扫荡”、反“蚕食”斗争，积极开展对日、伪军的分化瓦解工作；对内，加强政权建设和增进党政军民团结，深入贯彻减租减息政策，开展大生产运动和经济建设。经过一年多的艰苦奋斗，从 1943 年起，各抗日根据地困难局面先后扭转，一些地区专注对日、伪军的攻势。是年夏，人民武装力量基本打通从华北到华中的战略联系，两块大根据地连成一片。次年，共产党领导的敌后军民在华北、华中、华南地区，对日、伪军普遍发起局部反攻，部分沦陷区变成了根据地。在国民党军队正面战场遭遇 1944 年豫湘桂战役的溃败后，共产党领导的敌后抗战的战略作用更加凸显。各抗日根据地不仅得到完全恢复和巩固，而且八路军、新四军通过反攻不断开辟新的解放区。到 1945 年春，包括原有的抗日民主根据地在内，全国已有 18 个解放区，总面积约 95 万平方公里，人口 9 550 余万，八路军、新四军和其他人民军队发展到 91 万人，有民兵 220 万人。这为对日全面反攻、夺取抗日战争的最后胜利准备了重要条件。

——石仲泉《中国共产党与抗日战争的伟大胜利》，摘自《中共党史研究》，2016 年 7 月

拓展讨论

1. 为什么说“中国共产党始终坚持全面抗战路线进行人民战争，是发挥中坚作用的一大法宝”?

2. 运用所学哲学原理，说明开辟敌后战场、建立抗日根据地是符合中国革命的特点和规律的中国革命新道路。

3. 中国共产党在领导抗日游击战争中，如何把抗日根据地升格为抗日民主根据地，从而凸显共产党领导的敌后抗战的战略作用?

案例解析

1937 年 8 月洛川会议确定了在敌人后方放手发动群众，独立自主地广泛开展游击战争，使游击战争担负起配合国民党正面战场，开辟敌后战场，建立敌后抗日根据地的战略任务。会议通过了《关于目前形势与党的任务的决定》《抗日救国十大纲领》和毛泽东为此起草的宣传鼓动提纲《为动员一切力量争取抗战胜利而斗争》。

洛川会议正确地分析了抗战爆发后的政治形势，规定了党的中心任务是“动员一切力量争取抗战的胜利”。分析了国民党片面抗战路线的实质和危害，指出了争取抗战胜利的关键在于:使已经发动的抗战发展为全面的全民族的抗战;强调党对抗日战争的领导责任和坚持党在统一战线中的独立自主原则。毛泽东在报告中明确提出，统一战线中必须坚持独立自主，对国民党要保持警惕性，红军的活动主要由共产党决定。决定在敌人后方放手发动独立自主的游击战争，建立敌后抗日根据地。同时，强调党的工作重心是战区和敌后;决定以减租减息政策作为抗战时期解决农民问题的基本政策;在国民党统治区，放手发动抗日的群众运动，争取人民应有的政治经济权利。根据红军担负的创建敌后抗日根据地等战略任务，以及红军必须执行的独立自主的山地游击战的战略方针，明确红军必须实行军事战略转变，即由国内革命战争的正规战，向抗日民族解放战争的游击战转变。这样才能同敌情、友情、我情以及任务相符合。这一军事战略转变不仅关系着中国共产党和红军的前途，而且极大地关系着整个抗日战争的坚持、发展和胜利，关系着中国民族解放的命运。这次会议指出了国共两党两条不同的抗战路线的原则区别，确立了共产党在敌后放手发动独立自主的游击战争、利用游击战争配合正面战场、开辟敌后战场、建立敌后抗日根据地的战略任务，正确地指导了党和军队实行由国内战争到民族战争、由正规战到游击战的战略转变，为实现党对抗日战争的领导权和为争取抗日战争的胜利奠定了政治思想基础，确定了中国共产党的基本任务和各项具体政策，为中国共产党的发展和壮大指明了方向。

开辟敌后战场、建立敌后抗日根据地是毛泽东根据中国革命的特点和规律而提出的关于中国革命新道路理论，即“工农武装割据”理论的重要内容之一。“工农武装割据”是指在中国共产党领导下，以武装斗争为主要形式、以土地革命为中心内容、以农村革命根据地为战略阵地的三者密切结合。这一革命新道路理论是把马克思主义与中国革命的实际相结合的产物。中国革命中的“左”倾教条主义或右倾错误的认识论根源就是不能把马克思主义基本原理和中国实际结合，理论与实践相脱节。毛泽东在六届六中全会的《论新阶段》报告中，同时提出“全党亟待了解并亟待解决的问题”和“亟待解决并须着重致力才能解决的大问题”，毛泽东认为这两个问题关系到中国共产党和中华民族的前途命运，必须认真解决，从而一方面向全党发出了开展马克思主义学习运动的号召，另一方面明确提出了“马克思主义中国化”。对待马克思主义的科学态度应该是把马克思主义与研究外国经验、研究中国具体实际与历史文化、时代特征和周围环境的调查研究结合起来。因而，毛泽东在“学习”的标题下提出三方面的研究任务：一是研究马恩列斯的理论，二是研究我们民族的历史，三是研究当前运动的情况和趋势。中国共产党要领导中国革命走向胜利，必须运用马克思主义的思想方法去研究中国革命的特点和规律。

正是这种结合中国历史文化和中国革命特点规律去创造性地运用马克思主义，形成了马克思主义中国化的第一个理论成果“毛泽东思想”，不仅为铁军精神的形成和发展提供了重要的理论指导和巨大的精神支撑，而且对整个人民军队的政治、思想、作风建设以及军事素质的提升都有着极其重要的意义。1939 年春，周恩来到皖南新四军军部，传达了六届六中全会精神，与叶挺、项英等数次交谈并进行实地走访，听取意见。3 月 6 日，他在《目前形势和新四军的任务》的报告中，根据中央指示以及当时局势变化，为新四军团结国民党抗日、在敌后发展的方针提出了三条原则：一是哪个地方空虚，就向哪个地方发展；二是哪个地方危险，就到哪个地方去创造新的活动区域；三是哪个地方只有敌人伪军，友党友军较不注意，还没有去活动的，我们就向哪里发展。根据中共中央“巩固华北、发展华中”的战略方针，周恩来经过实地调研，与新四军领导人商定了“向北发展，向东作战，巩固现在阵地”的发展方针，被毛泽东完全采纳。1940 年 2 月 19 日，中共中央书记处在《对新四军发展方针的指示》中，根据周恩来概括的三句话，强调新四军要“向南巩固，向东作战，向北发展”。

新四军从深入华中敌后之日起，就把开辟根据地作为重要战略任务，从开辟抗日游击根据地到建立抗日民主根据地，经历了一个艰难地发动群众、组织群众、武装群众，军民共同抗击日本侵略者的过程。抗日民主根据地是否建成的重要标志就是，具有统一战线性质、以“三三制”为特征的政权组织，即抗日民主政府是否建成，抗日民主政府能否获得人民群众认同、支持和拥护，决定于这个政府有没有颁布一份能代表各阶层抗日民众共同利益的《施政纲领》。在中共中央华中局和新四军军部的领导下，各战略区先后建立了抗日民主政府，在苏中、苏北、苏南、淮南、淮北以及鄂皖浙等战略区建成了抗日民主根据地。

敌后抗日民主根据地当时承受着空前巨大的军事压力和严重困难局面。新四军为了扭转局势，一方面，坚持独立自主、自力更生，充分发动群众，依靠根据地广大军民，正确处理各抗日阶级、阶层之间的关系，巩固和扩大抗日民族统一战线。另一方面，对外积极开展对日、伪军的分化瓦解工作；对内加强政权建设和增进党政军民团结，深入贯彻减租减息政策，开展大生产运动和经济建设。从 1943 年起，各抗日根据地困难局面先后扭转，人民武装力量基本打通从华北到华中的战略联系。1944 年共产党领导的敌后军民在华北、华中、华南地区，对日、伪军普遍发起局部反攻，充分显示了共产党领导的敌后抗战的战略作用。

教学建议

本案例可用于《思想道德修养和法律基础》第二章中的理想信念、党的初心使命等教学。《马克思主义基本原理概论》第一章“世界的物质性及其发展规律”中唯物辩证法的总特征、三大规律、辩证思维方法是认识世界和改造世界的根本方法；第二章“实践与认识及其发展规律”中认识与实践的辩证运动及其规律，一切从实际出发、实事求是以及实现理论创新和实践创新的良性互动等，以及第三章“人类社会及其发展规律”等原理的教学。《中国近现代史纲要》中的第六章“中华民族的抗日战争”的抗日民族统一战线问题、两个战场和两种抗战路线的教学，理解中国共产党坚持统一战线中坚持独立自主的原则、“坚持抗战、团结、进步”的方针、“敌后战场的开辟与游击战争的发展及其战略地位”、“抗日民主根据地的建设”等问题，从而进一步认识中国共产党坚持工人阶级及其政党的领导权、人民战争的战略战术、“工农武装割据”理论、中国共产党成为抗日战争的中流砥柱等原理。同时，在史、论结合的基础上，深入把握《毛泽东思想和中国特色社会主义理论体系概论》“马克思主义中国化”“新民主主义革命的道路和基本经验”，深化对马克思主义基本原理和中国革命具体实际相结合形成的第一次理论飞跃的成果“毛泽东思想”的理解。

延伸阅读

刘少奇领导开辟苏北抗日根据地

1938 年 9 月 29 日至 11 月 6 日，中共中央召开了六届六中全会。会议肯定了刘少奇在华北独立自主进行抗日游击战争的正确领导，根据新形势，提出“巩固华北，发展华中”战略方针。为了从组织上保证这一战略方针的实现，全会决定撤销长江局，设立南方局和中原局以加强党对华中工作的领导。11 月 9 日，中央发出《关于中原局委员会的通知》：“兹特决定以胡服(即刘少奇)、朱瑞、朱理治、彭雪枫、郑位三为中原局委员，以胡服兼中原局书记。所有长江以北河南、湖北、安徽、江苏地区党的工作，概归中原局指导。”这就把发展华中的战略重任托付给了刘少奇。刘少奇的主要任务是打开华中敌后抗日游击战争新局面，这是一项艰巨任务。刘少奇不负重托，认真贯彻党的六届六中全会精神和党中央、中央军委指示，领导中原局和新四军八路军部队胜利地完成“开辟苏北，发展华中”的重要任务。

坚持“开辟苏北，发展华中”正确方略

刘少奇1938年11月27日到达河南渑池县，1942年3月19日回延安。其中，曾回延安半年时间（朱理治代理中原局书记），在华中实际工作2年10个月。他到华中后，首先深入进行了调查研究。通过听取汇报、座谈交流、个别谈话和实际观察了解，他感到华中和华北的形势特点不同，华北的经验不能简单地搬到华中来；华中与华北相比，条件还比较差，要自下而上坚持长期艰苦的工作。1939年1月，国民党确定了“溶共”“防共”“限共”的方针，陆续秘密颁发了《防止异党活动办法》《共党问题处置办法》等一系列反共文件，反共摩擦日趋严重，团结抗战的局面出现新的危机。

3月18日，刘少奇奉命返回延安。1939年8月下旬，中共中央政治局连续四天讨论新四军和东南局的工作，决定加快发展华中的步伐。9月21日，刘少奇再次南下到达竹沟，他一边了解情况、检查指导工作，一边不断思考如何贯彻“巩固华北，发展华中”的战略方针问题。10月下旬，他率中原局领导机关和干部300多人向皖东进发。11月4日，来到安徽涡阳以北的新兴镇，他感到形势有很大的改观，豫皖苏边区和新四军彭雪枫、李先念等部队都有了很大发展。同时，他与曾在江苏省委工作过的刘瑞龙等同志多次交谈，了解江苏的情况。11月11日，他在致中央书记处并朱德、彭德怀等电报中首次提出：“在一二月后，主力部队及省委干部抽一部即越过津浦路东去创造苏北根据地。”“在苏北我们活动的可能性更大，更可放手。”11月19日，中共中央书记处复电，完全同意刘少奇的意见，指出，整个江北的新四军应“广泛猛烈地向东发展，一直发展到海边上去，不到海边绝不应停止。一切有敌人而无国民党军队的地区，均应坚决地尽量地但是有计划有步骤地去发展”。1939年12月中旬，刘少奇主持召开了中原局第一次会议，着重讲清“开辟苏北”的重大意义，明确向东发展的战略方向。

首先，苏北全属敌后，日军虽控制了铁路、运河等交通要道和一些大中城市，但广大农村地区是开展游击战争的广阔战场。其次，新四军豫皖苏边和豫东北地区都背靠国民党统治区，如果向西发展，将同国民党第1、第5战区发生冲突，受到他们的限制，且不易取得中间势力的同情；而北上华北、南渡长江，难以打开新局面。其三，苏北地区虽有号称拥兵10万的韩德勤盘踞兴化、东台一带，但内部矛盾重重，又孤立无援，一贯保存实力，光收税、不抗日，还反共，人民群众十分痛恨。其四，苏北东濒黄海，南临长江，北接山东，西枕运河，北可与山东八路军打通联系，南可和江南新四军遥相呼应，战略地位重要；境内地域广阔，大有回旋余地，盛产粮、棉、油、盐等重要物资，可供军需，适宜于建立新四军的战略根据地。因此，“开辟苏北”是“发展华中”战略的突击方向，应集中最大力量向这方面发展。1940年1月19日，刘少奇在致电项英并中共中央时指出：“中央要我们在华中发展新四军之十万人枪，并需注意部队的巩固与筹措给

养,要我们发展到海边,不到海边一分钟也不要停止。我计划在半年内完成这个任务,这是我对华中一切工作计划与布置的中心思想,这也是我们决定一切的决定因素。”

打开了苏北抗战新局面

在刘少奇看来,“开辟苏北,发展华中”的方略举措,其基础和重点在于苏北的开辟。这是党的全局性大事,是新四军和八路军的共同任务。因此,他积极主动地请求中央抽调八路军主力“来华中作战”,并根据中央的指示,亲自领导和指挥华中新四军与八路军南下主力,决战决胜,打开了苏北抗战的新局面。

刘少奇原打算抽调新四军第4、5、6支队的部分兵力,再由江南派一两个团配合,完成开辟苏北的任务,由于各方面情况变化未能实现。1940年3月9日,刘少奇致电中央书记处,提出“华北八路军可否准备3个以上的主力团”“来华中作战”。这是他第一次向中共中央提出派八路军主力南下的问题。中共中央经过研究,进一步发展了这一设想,使之成为具有全局意义的开辟苏北抗日根据地的重大举措。3月16日,毛泽东在致彭德怀的电报中指出:“目前斗争重心应移至淮河流域,因李品仙现在派部队向雪枫、胡服两区压迫,蒋介石已注意该地,企图切断我军与新四军联系。我军将来出路实在中原,此时不争,将来更困难。故提议调344旅至陇海、淮河之间,协助彭雪枫创立根据地,并策应胡服,将来再调一部深入苏北,使八路军新四军打成一片。”

3月21日,中央军委确定:“八路军有坚决迅速援助新四军,打破李品仙的反动进攻,创立皖东、淮北、苏北抗日根据地,巩固新四军与八路军联系之紧急任务。”八路军总部确定,这一任务由太行的黄克诚部和山东的彭明治、朱涤新支队担任。随着国民党顽固派对外妥协和对内反共逆流的发展,解决苏北问题更加迫切。1940年3月29日,毛泽东、王稼祥致电朱德、彭德怀、胡服、项英:“华中之皖东、淮北、苏北成为顽方必争之地,目的在隔断我八路军新四军之联络,陷新四军于危境。”提出:“以淮河、淮南铁路为界,在此线以西避免武装斗争,在此线以东地区则应坚决控制在我手中,先肃清地方顽固派,对桂军力求缓和,对韩德勤部在有利有理条件下,即当其进到我军驻地时,坚决消灭之。将来八路军到达华中后,则应坚决争取全部苏北在我手中。”“陈毅部队,应当加紧向苏北发展。”

刘少奇总结了半塔集保卫战胜利的经验,认为要实现新四军八路军南北对进,解决苏北问题的基本设想,必须选择一支突击力量首先打开突破口。经过反复考虑,他电告中央:“这个任务须由叶(叶飞)部担任,其他部队暂时不能担任。”5月中旬,叶飞率部返回江北后,立即传达了刘少奇的指示,介绍了半塔集孤军固守待援经验和皖东地区建立抗日民主政权的做法,明确了挺进纵队在解决苏北问题中承担的重要任务。随后,又胜利地进行了郭村保卫战,揭开了建立苏北抗日根据地斗争的序幕。6月下旬,黄克诚率12 000多人到达豫皖苏边区,处于敌伪顽夹击中的彭雪枫,因兵力不足,希望黄克诚所部能留下来共同战斗。黄克诚因刚到华中,尚不了解情况,以为仍受八路军总部和北方局直接指导,也提出了向西发展的想法。经过刘少奇反复做工作,使他明确了中央的战略意图，决心遵照中原局的指示东进。同时，毛泽东也打电报指示黄克诚：“今后一切具体行动由胡服之命令实行之，克诚、雪枫、彭朱等均应服从胡之指挥。”黄克诚将两个团留下，加强彭雪枫部主力。自己率新2旅和344旅的687团等部队向皖东挺进，8月10月，赶到盱眙中原局驻地向刘少奇报到。

7月8日，粟裕率江南指挥部老2团、新6团渡江北上后，中共中央指示，将江南指挥部改为苏北指挥部。陈毅任指挥兼政委，粟裕任副指挥，部队改编为3个纵队、9个团，7 000余人。新四军江南主力北渡，实现了兵力集中，对下一步决战争取了主动。7月23日，部队东进黄桥，开辟抗日根据地。8月2日，刘少奇致电陈毅并报毛泽东、朱德、王稼祥，明确提出苏北各部队（包括八路军南下部队及渡河支援的四、五支队）由陈毅担任战役上的统一指挥。8月16日，为统一皖东地区的军事指挥，中原局宣布，根据中央指示，所有涡河以北、津浦路以东中国共产党领导的各部队统一编制和指挥，并属于中原局，合编为八路军第5纵队，黄克诚任司令员兼政治委员，辖三个支队，2万多人，并成立军政委员会，黄克诚为书记。至此，新四军、八路军南北对进，解决苏北问题的条件基本成熟了。

9月3日，韩德勤所部向陈毅部发动进攻，刘少奇立即致电陈毅、粟裕说：“韩德勤已开始向你们进攻，这已给了我们解决苏北问题的极大可能。现决以9个团参加，由苏北全部南下，配合你们解决韩之主力，完全占领盐城、东台、兴化、阜宁四点，这对我八路军新四军今后在华中之作战地位具有决定意义。”这时，中共中央从大局出发，拟争取通过谈判解决国共争端，毛泽东、王稼祥电令刘少奇，停止八路军继续南进，部队集结待命。9月30日，韩德勤不顾陈毅所部一再退让，集中3万多兵力进攻新四军黄桥根据地。中央确定了“韩不攻陈，黄不攻韩，韩若攻陈，黄必攻韩”的方针。10月4日，黄克诚率八路军第5纵队主力兼程南下，突破韩军的盐河、旧黄河防线，连克阜宁等城镇，直下盐城，切断了韩军的归路，威胁其大本营兴化，在战略上对韩军造成南北两面作战之势。陈毅、粟裕率所部独立作战，英勇顽强，机智果断，粉碎了韩军优势兵力的进攻，歼敌1.1万余人，取得了黄桥决战的重大胜利。10月10日，八路军第五纵队占领盐城，新四军陈毅所部进抵东台，两军先头部队在白驹镇狮子口胜利会师，基本上完成了“开辟苏北”的任务，初步形成了华中最大的一块抗日根据地。这一格局的形成具有十分重大的战略意义：打通了华北、华中的联系，粉碎了国民党顽固派企图把八路军新四军限死在黄河以北的阴谋，使华中敌后形势根本改观。此时，新四军八路军在华中的部队总计34个团，48 700余人。

为统一军事指挥，根据刘少奇建议和中共中央决定，11月17日，成立新四军八路军总指挥部，叶挺为总指挥，陈毅为副总指挥。叶挺未过江前，由陈毅代理总指挥。以胡服为政委，叶、陈、胡统一指挥所有陇海路以南之新四军与八路军。同时明确：“项英同志，在皖南部队移动事宜就绪，经重庆来延安参加七大。”这标志着华中抗日根据地领导核心的形成，为皖南事变后重建新四军军部奠定了基础。

——作者：刘苏闽（摘自：上观新闻，2018年11月18日，网址：https://www.jfdaily.com/news/detail? id=117073）

1-5 从战士到将军:“神行太保”罗炳辉

案例呈现

电影《从奴隶到将军》中主人公罗霄的原型就是罗炳辉,他是一位屡建战功的杰出军事家,为创建、巩固和扩大淮南抗日根据地作出了重要贡献,是我军一颗过早陨落的将星。中央军委赞誉他率领的红九军团为“战略轻骑”;毛泽东曾评价罗炳辉“正派耿直”“在滇军中是革命的”“战争经验丰富,有军事才能,很会打仗”;他是中共中央军委于1989年认定的解放军36个军事家之一;2011年纪念中国共产党成立90周年时,他被列为全国“双百人物”,是其中的优秀共产党员之一。他的一生充满着传奇色彩,美国著名记者埃德加·斯诺先生的前夫人尼姆·韦尔斯在《续西行漫记》一书中赞颂罗炳辉是“神行太保”、“传奇式英雄”、“智勇兼全”的人物;他是我军的高级将领,一生战功彪炳、“立功尤著”;他被毛泽东称为“一心追求真理的将军”,周恩来赞誉他是“人民功臣”。

大革命失败后的迷惘与彷徨

1927年春夏,在国共两党共同领导的北伐战争取得节节胜利的形势下,不断高涨的工农革命运动使地主资产阶级日益恐慌,代表其利益的国民党右派极力反对国共合作和工农群众运动,以蒋介石为首的新右派公开叛变革命,决定用暴力手段“清党”,于4月12日在上海发动反革命政变。4月18日,蒋介石在南京另立“国民政府”,形成了宁汉对立的局面。国民革命军第3军军长朱培德由于对蒋介石在北伐军占领南昌以后将其排斥在江西省军政权力核心以外不满,表态支持武汉国民政府声讨蒋介石,被武汉国民政府任命为江西省政府主席,并将其部队扩编为第五方面军,下辖第3、第9军(后改为第31军)。罗炳辉从第3军第9师第25团调至第9军第27师第79团第1营任营长。当蒋介石在宁汉对抗中逐渐占有上风之后,朱培德又倒向了蒋介石。5月29日,朱培德在南昌“礼送”第3军的142名中共党员出境,并在江西各地取缔工农革命组织,镇压革命运动。7月15日,汪精卫控制的武汉国民党中央召开“分共”会议,正式同共产党决裂,大肆屠杀共产党人和革命群众,持续3年多轰轰烈烈的大革命归于失败。面对政治风云的突变,罗炳辉陷入了深深的迷惘和两难选择之中。他对劳苦大众受压迫受剥削的处境有着切身的体会,由衷地支持工农革命运动,对北伐军中共产党员表现出的为国、为民、无私的政治品格和身先士卒、不怕牺牲的英勇气概深表敬佩。但是,当时他并不了解共产党的理论和政治主张,将工农运动特别是武装暴动中出现的烧杀等并非共产党政策的过火行为误认为是共产党的主张,对国民党右派污蔑、丑化共产党的宣传有几分相信；对仍然打着三民主义旗号的国民党抱有幻想，特别是对在他最困难的时候帮助、提携过他的朱培德、杨如轩、刘安华等滇军长官怀有很深的感激之情，相信他们是拥护三民主义的。因此，在国共决裂的历史时刻，他一时分辨不清政治方向，只是凭着"知恩图报"的个人信义，跟着朱培德等滇军长官走。

为反抗国民党的屠杀政策，挽救革命，中国共产党于 1927 年 8 月 1 日在南昌举行武装起义，开始了独立领导中国革命战争、创建人民军队和武装夺取政权的征程。在这次起义中，罗炳辉所在的部队在南昌城外小营盘驻地被起义部队缴械。此时，罗炳辉面临两种选择，是加入起义部队跟着共产党走革命的道路，还是继续追随自己熟悉的滇军将领留在国民党军队中？看重个人情义的他选择了后者。在起义部队撤离南昌后，朱培德任命罗炳辉为南昌留守部队营长，后仍为第 27 师第 79 团第 1 营营长。从 1927 年 9 月到 1928 年，蒋介石命朱培德所属各部到江西"围剿"红军。罗炳辉所在的第 9 军第 27 师在对井冈山革命根据地的四次"进剿"中均担任主力，连连遭到红军的重创，四次"进剿"都以失败而告终。曾在北伐中屡建战功的罗炳辉，在与红军的作战中却损兵折将，险些被俘。

这引起了他的思考，为什么同北洋军阀作战，虽然兵力、装备不占优势，却总是胜多败少，即使是败仗也没有这么惨；而同红军作战，总的兵力、装备、给养都强于红军，却一败再败？为什么北伐时军队所到之处都得到民众的拥护和支持，而"剿共"时老百姓却转而跟着红军跑？他开始有点醒悟：那时国共合作支持民众的革命运动，而现在取缔一切工农民众组织和运动，"三民主义"、公道、正义这些能够激发士气的东西，在现实中都看不见了。此时罗炳辉虽然对国民党军政当局有许多不满，但还没有完全认清其反动本质，因此并没有想同国民党决裂，只是想以自己的良心和能力，与那些欺压民众与士兵的人作斗争。

加入中国共产党

罗炳辉作战英勇、屡立战功，却因对军中腐败现象不满和对旧制度的刻骨仇恨，很快接受了进步思想，毅然与旧世界决裂。1927 年 3 月，罗炳辉参加在南昌举行的被国民党杀害的赣州总工会领导人赞坚的追悼会上，听到了已成为中国共产党人的朱德的讲话，很受启发。当时，朱德对他讲，要打倒军阀、土豪劣绅，工农兵要联合起来，只有革命成功了，大家才有工做、有田种、有饭吃，中国才有希望。之后，罗炳辉多次聆听朱德的讲课，在思想上受到了中国共产党的革命理念和理想信念的深刻影响。不久，1929 年 7 月上旬，罗炳辉收到中共江西省委选定做争取罗炳辉工作的赵醒吾的一封来信，信中说，从报载得知罗炳辉就任了吉安靖卫大队大队长，他很赞成，希望罗炳辉站在人民立场上办民团。强调说，民团练得好，就可以为国家民族、地方人民谋幸福；办得不好，就可能成为豪绅地主封建势力的帮凶，遗害国家民族人民的利益。还在信中介绍了一些国际国内的政治情形，最后提出希望和罗炳辉见面。罗炳辉接到了赵醒吾的第二封来信，信中主要介绍当时国内政治经济情形，如工人失业、农村经济破产，人民的生活之极端困难较之民国革命前有过之而无不及，有良知的人应该想一想原因究竟在哪里。信中提出的问题，也正是罗炳辉反复思考的问题，但一时还未有明确的答案，他后来的回忆对这一时期内心深处的思考和忧虑作了如下记述：在四乡又闹得紧急时，我亲率部队下乡“清剿”，总感觉“剿”不是根本问题，主要是政治问题，“三民主义、三大政策”早已付诸东流，重重黑幕压迫剥削，使人民痛苦不堪，贪污腐化有些胜过北洋军阀，政府军队已失去革命性了，中国革命非重新改革不可。但又回想到历代的革命，首先均是以人民利益为号召，各地人民纷纷响应，流血拼命推翻旧政权，一旦成功，又变成少数军阀官僚的天下，人民成了猫翻盆子替狗出力，自己反受危害。要得到彻底的平等自由，工农劳动大众得到幸福，全靠工农自己救自己。共产党的口号是工农自主，虽其内容究竟是怎样的我是不知的，但我已有倾向的思想了。

后来，赵醒吾约定到吉安和罗炳辉见面，到了吉安赵醒吾即前往靖卫大队大队部找罗炳辉。两个朋友相见，亲热极了，罗炳辉畅谈近两年的经历与感受，毫不掩饰地表达了对国民党军政当局的不满，对包括自己曾经十分推崇的朱培德等军政要人不抱任何希望。赵醒吾试探性地问：“你觉得今后应该怎么办？”罗炳辉说，自己位低权小，只能在自己分管范围内为老百姓做点事，还能有什么办法。赵醒吾说，其实只要每个人都尽自己的努力去抗争，这个世道是可以改变的，清朝皇帝、北洋军阀不是都被推翻了吗？罗炳辉点头表示赞同。

赵醒吾进一步引导说：“你是个带兵的人，明白枪杆子的重要性，枪杆子只有掌握在真正替老百姓说话的人手中，这个世道才能变好。那些过去高喊为三民主义奋斗如今大权在握的人，他们都在干些什么？孙总理的三大政策还要不要，救国救民的真正出路在哪里？怎样才能创造一个真正为工农大众谋利益的局面？我们都应该好好想一想。”第一次谈话之后，罗炳辉的思想受到很大触动，他反复思考着赵醒吾提出的问题，觉得他一针见血地指出了当今社会的问题所在，但自己应该怎么办，一时还想不明白。同时罗炳辉也敏锐地感觉到，赵醒吾这次来和自己见面，绝不是一般的朋友叙旧，而是有政治目的的，但对赵到底是为哪个党派说话还把握不准。好像是国民党改组派，但又有些帮共产党解释的地方。这使罗炳辉对赵醒吾之行的意图给予了强烈的关注。第三天他们继续就第一天的话题进行交谈，这时罗炳辉从赵醒吾的言论和立场中，大致确定他是共产党员。因此他问赵醒吾：“你是共产党吧？”

赵醒吾一怔，随即坦然承认是中共江西省委派来的，并笑着说：“我可是提着头来找你罗炳辉的，你这个靖卫大队的职责是‘剿共’的，现在我这个共产党员就坐在你面前，是生是死由你定夺了。”罗炳辉严肃地回答：“醒吾，你拿我当什么人看。如果我是卖友求荣的，用不着在这里了，你是清楚我的，只要稍微能应付一下，不要特别的讨人厌，那么旅长都当上了，最低限度十来万元是早就不成问题的。通过杀人、放火能谋得一官半职的不是罗炳辉所为的，必要时为你替命亦可做得到。”赵醒吾赶忙解释道：“我是和你这个老朋友开玩笑的，不了解你的为人，我就不来找你了。”他还告诉罗炳辉，共产党的组织也了解罗炳辉，认为罗炳辉在许多方面均是彻底革命的，只要把共产党主张弄清楚了，肯定会走上革命道路的。罗炳辉不解道："说共产党组织了解我恐怕是空话吧，我不但不是共产党员，而且是为'剿共'出力。共产党主张工农劳动大众的真正解放，我是同意的，但乱烧乱杀我是坚决反对的。"赵说："党是绝对反对乱烧乱杀的，这只是一部分暴动农民的报复行为。"接着他向罗炳辉介绍共产党的党纲理论。过去罗炳辉在国民党那里听得最多的是对共产党的攻击和诽谤，虽然在北伐军中和共产党员接触时留下的印象不错，也认为共产党的口号是对的，但并不了解共产党的党纲、理论，经赵醒吾一说，罗炳辉有一种自己心灵终于找到了归宿的感觉。

赵醒吾问罗炳辉："你觉得现在是哪个党的势力大？"罗炳辉不假思索地回答："当然是国民党大了，党政军经济一切权力在国民党的手里。但潜在的势力还是共产党大，广大的工农劳动大众都拥护共产党，一旦组织发动好了，就像挖墙脚，国民党是一座大洋房子，共产党把墙脚刨空了时，大房子就会倒下来。"赵醒吾对罗炳辉有如此认识非常高兴，就直截了当地问："那你愿意加入共产党去组织人民群众挖国民党这座大楼的墙脚吗？"罗炳辉坚定地表示："当然愿意！"两人一直交谈至深夜，都非常兴奋。离别时，赵醒吾告诉罗炳辉，这两天另外有人找你谈话。两天后，中共赣西特委书记刘士奇、中共江西省军委书记蔡升熙分别与罗炳辉进行了三四个小时的交谈，罗炳辉谈了自己的经历和对当今中国社会政治时局的看法，对他们的提问坦诚地说出自己的观点。谈话考察后，刘士奇和蔡升熙都认为罗炳辉立场是站在人民大众一边的，有鲜明的阶级立场和一定政治觉悟，而且很勇敢，一致同意吸收罗炳辉参加中国共产党。接着，赵醒吾给罗炳辉介绍了入党的手续和条件，在罗炳辉正式提出入党申请后，刘士奇让罗炳辉填写了入党申请表。刘士奇、蔡升熙、赵醒吾3人担任罗炳辉的入党介绍人，并主持了罗炳辉的入党仪式。罗炳辉在党内的化名为罗南煌。大约一星期后，赵醒吾告诉罗炳辉，中共江西省委批准他为正式党员。

三打来安城，点燃皖东抗日烽火

抗日战争爆发后，罗炳辉告别延安，奔赴华中抗日前线。1938年，罗炳辉被任命为皖南新四军第一支队副司令员，与司令员陈毅并肩战斗，协助陈毅巩固和扩大茅山根据地，打击日军。1939年任新四军第1支队副司令员、第5支队司令员。1939年4月，中央确定新四军"东进"方针，要求在华中建立独立自主的抗日民主根据地。1939年4月，为贯彻周恩来与新四军领导人商定的"向北发展，向东作战，巩固现在阵地"战略方针，罗炳辉等率新四军北渡长江，成立江北指挥部，任副总指挥。5月，罗炳辉奉调淮南，按中央命令，在蒋介石不承认的情况下独立组建新四军第五支队，他兼任司令员和江北指挥部副指挥。由于五支队是中共独立自主建立的武装，从成立之日起，就面临着同时与日、伪、国民党反共顽固派三方作战的严峻态势，罗炳辉率部向淮南津浦路东挺进，在日寇的"卧榻之侧"，点燃起抗日烽火，打击日伪军和汉奸政权，平定汉奸武装和匪患，回击顽军的摩擦。从1939年9月到1940年5月，三打来安城，最终取得开辟路东抗日根据地以来最大的胜利。从此，驻滁县、南京的日伪军再也不敢到来安城设据点了。同时,着力于安定民心、恢复发展生产、减租减息,使人民群众看到希望、受到鼓舞。他在工作中十分注意政策和策略,特别是民族政策和统战政策,他执行好、有成效。

半塔保卫战,创建淮南抗日民主根据地

半塔镇位于皖苏两省来安、天长、六合、盱眙等县市区交界处,是津浦路东抗日游击根据地中心。然而,以蒋介石为首的顽固派消极抗日,积极反共。1940 年 3 月,蒋介石命令国民党军队,从东西两面夹击在皖东苏皖边区的新四军部队。面对严峻形势,根据命令,罗炳辉率五支队到路西解围,3 月 11 日夜强攻滁县施集,全歼敌军。然后向西横扫,在大桥重创顽敌,并乘胜袭取定远城。五支队留守人员在邓子恢、周骏鸣等指挥下,在半塔民兵、老百姓的支持帮助下,激战七昼夜,守住了半塔。随后,罗炳辉率部星夜兼程东援,4 路追击,此役基本清除路东顽固派势力,巩固和扩大了皖东抗日根据地。陈毅评价说:“半塔保卫战是固守待援的范例,在华中先有半塔,后有郭村;有了半塔,才有黄桥。”半塔保卫战后,刘少奇、张云逸率中原局和新四军江北指挥部也迁到半塔集,淮南抗日根据地建设蓬勃开展。1940 年上半年,苏皖 13 个县级抗日民主政府先后成立,路东八县全部建立民主政府,路西各县民主政府也相继建立,淮南成为华中第一块稳固的抗日根据地。“皖南事变”后,淮南成为重建新四军第二师的根据地,罗炳辉任副师长,1942 年后任师长。1941 年 3 月起的一年多时间里,他与师长张云逸一道,多次粉碎了敌人的“扫荡”,完全控制了华中抗日根据地。

其间,日寇趁新四军整编之机,加紧向华中各根据地的军事“扫荡”,狂妄地叫嚣要“完成皖南事变未竟之功”;顽军李长江等部又公开投敌,一场艰苦而残酷的战争在华中展开。敌人以各据点为“点”,以公路、铁路、水路等交通连成“线”,实行“点”“线”结合的“囚笼政策”,从 1941 年春节开始,历时数月,日、伪、顽合流对淮南根据地进行疯狂的“扫荡”、清乡、蚕食和伪化。按上级指示,罗炳辉挥师北上,率五支队主力渡过三河,进军淮宝,打击敌顽,平息被敌顽收买的刀会之乱,开辟了淮宝根据地,建立淮宝县民主政府,使这个“鱼米之乡”回到人民手中;在日军大举进犯皖东时,罗炳辉率主力火速返回皖东,在根据地人民的支持下,运用“梅花战术”粉碎敌人一次又一次的进攻,歼敌数千,打破了敌人“点”“线”结合的罪恶计划,其中金牛山反击战尤为著名。日本军事专家精心设计为期一个月的大“扫荡”,只勉强支撑 12 天便草草收场,有力巩固了淮南抗日根据地。以来安半塔为中心的津浦路东抗日根据地,通过扩大成为连接苏皖和华中的枢纽,使淮南、皖东北和苏北抗日根据地连成一片。新四军在与日、伪、顽的较量中屡战屡胜,根据地的各项工作也开展得有声有色,又培养不少干部向军部和各师输送。

路西反顽军

1941 年 11 月,淮南以西的广西顽军为策应汤恩伯集团东犯,侵占津浦路西抗日

根据地广兴集、周坝岗和天桥等地，企图使新四军二师退出路西地区，形势一度紧张起来。罗炳辉奉命从路东赶到路西，指挥反顽作战。当时，桂顽 1 100 多人进犯定远大桥镇后，占据了有利地形。罗炳辉把夺取大桥的任务交给十一团，对团长吴华夺说："你们的对手是颗钉子，较难对付。要抓住敌人的致命点，狠狠地打。"16 日晚，十一团发起攻击，顽军凭借有利地形、坚固工事和精良武器顽固抵抗。十一团及时调整兵力部署，选准敌阵弱点，集中力量猛勇冲锋，终于突破了敌人封锁线。集聚在大庙内的敌人慌作一团，企图突围逃命。十一团用机枪封锁庙门，用掷弹筒向庙内发射炮弹。一阵手榴弹、炸药包爆炸声响后，挥动大刀、刺刀的新四军冲入敌阵，顽军除被击毙者外全成了俘虏。在 1942 年 3 月召开的华中局扩大会议上，刘少奇在报告中肯定了淮南根据地在华中各根据地的工作中"是最好的、最正规的""值得各师学习"，并强调指出，在华中"梅花战术"是首创，"罗炳辉同志在这方面的发明努力是一个模范"。陈毅代军长说"有这种求进步的创造精神的还是第一个"。

——资料来源：罗宝《罗炳辉：人民功臣　彪炳千秋》，摘自《安徽日报》，2015 年 7 月 30 日；谢正发《从奴隶到将军——人民功臣罗炳辉的故事》

拓展讨论

1. 罗炳辉为何能被称为"一心追求真理的将军"和"立功尤著"的"人民功臣"？

2. 罗炳辉将军能够出色地执行中央"向北发展，向东作战，巩固现在阵地"战略方针的原因是什么？

3. 罗炳辉戎马生涯中的成长历程体现了什么样的铁军精神？给了我们什么样的启示？

案例解析

罗炳辉的一生，展示了一个共产党员对党的忠诚担当、立党为公的崇高精神和革命为民的坚定信念。他把全天下穷人的贫苦当作自己的贫苦，直面苦难，为大多数人的幸福而抗争，执着地寻找正义之路。他忠勇、刚直、胆识、聪慧，总会站在大局的立场做出取舍，而不考虑个人的得失。1897 年 12 月 22 日，罗炳辉出生于云南彝良一个汉族贫苦家庭。1914 年，17 岁的罗炳辉考入滇军，开始了戎马生涯。

在党的革命目标和价值理念的影响下走上正确的革命道路。1929 年 4 月，罗炳辉任江西吉安县靖卫大队大队长。这时，毛泽东、朱德已在井冈山创立革命根据地，罗炳辉听到共产党在江西活动的消息后，就想组织一些人投奔朱、毛红军。7 月，罗炳辉接到一封信，这是大革命时他在滇军的同事赵醒吾寄来的。罗炳辉一向知道他是个头脑清醒的有为青年，是云南军队中少有的军事政治人才。信中赵醒吾谈了些国际和政治情况，劝罗炳辉为民族为人民办事才好。不久，赵醒吾又来到吉安，约见了罗炳辉。

知己相逢，一谈就谈了三天。后来，赵直接对罗炳辉说："我是共产党中央派来找你的，因为我们觉得你有继续参加革命的条件。"罗炳辉愉快地接受了赵醒吾的建议，决心参加共产党，走新的为人民、为国家奋斗的道路。几天后，中共赣西南特委书记刘士奇和省委军事巡视员蔡升熙和罗炳辉谈话，给罗炳辉秘密填了表，在党内改名为"罗南煌"。

也是在这一年秋，遵照党的指示，罗炳辉指挥以吉安为中心的赣西数县武装起义，巩固并扩大了赣西革命根据地，成为了中国工农红军独立第五团团长。1930 年 6 月，朱毛红军"汀州整编"为三个军，罗炳辉任红十二军副军长，次月升任军长。1932 年 2 月兼任福建军区总指挥，7 月任红二十二军军长。1933 年 12 月任红九军团军团长。红军时代，罗炳辉以善用奇兵、疑兵和行军神速而闻名。1934 年，第五次反围剿失败后，在红军长征途中，罗炳辉率红九军团突出重围，抢渡湘江，在毛泽东的指挥下，进入西南地区。次年，罗炳辉率领红九军团渡过金沙江，从西昌进入凉山彝区，由此彻底摆脱了国民党军队的围追堵截，实现了北上抗日的战略意图。在通过大渡河时，罗炳辉率领的红九军团为掩护主力红军立下奇功，中革军委专门通电嘉奖，并赞誉九军团为"战略轻骑"。美国作家哈里森所著的《长征——前所未闻的故事》中写的"四渡赤水出奇兵"中这支奇兵，就是长征时期罗炳辉率领的红九军团。长征时进入彝区，罗炳辉执行党的民族政策，与彝族同胞交朋友，取得了彝族兄弟的信任，使得沿途有不少彝族同胞积极参加红军。在彝族同胞的带领下，罗炳辉率领的红九军团顺利通过凉山彝族地区，与中央红军主力在将台堡、会宁城会师。

1937 年年底，中共中央调罗炳辉到八路军驻武汉办事处，以八路军副参谋长的名义，协助周恩来、叶剑英开展军事统战工作。1940 年 4 月 5 日，罗炳辉在取得半塔保卫战胜利以后，抵达天长县大通镇。中共天长县委书记周利人和县委干部徐速之听说后，便由铜城赶到大通镇去汇报工作。周利人等向罗炳辉汇报了筹建天长县抗日民主政权的情况。罗炳辉听后，又详细地询问了天长县的风土人情，还听取了"敌伪军的分布和活动情况、民众抗日的宣传和组织情况以及社会中上层各界人士及开明士绅的情况，每一个问题都了解得很细密"。他还就政权建设和抗日民族统一战线问题，组织民众、武装民众问题，军政团结、军地配合问题做了详细的指示。罗炳辉深知，要在此创建抗日根据地，必须团结各界力量。为了解除一些人的疑虑，罗炳辉率新四军部队进城后，吩咐民运工作队的同志上街宣传，解释我党的方针政策。罗炳辉侃侃谈起我党我军的宗旨和抗日统一战线政策。针对士绅、商人们的疑虑，罗炳辉开门见山地说："共产党领导的新四军，浴血奋战建立抗日民主根据地，坚持敌后抗战，是为了帮助人民，保卫家乡，实行民主政策。诸位都是通情达理、耳目聪灵的人士，我军所作所为，有目共睹，请诸位不要听信顽固派的谣言。抗日救国，匹夫有责。在这民族危亡之际，我党我军的一贯政策是团结一切可以团结的力量，一致抗日。政权建设实行'三三制'，即共产党员、左派进步人士、中间派和其他成分者各占三分之一。我们就要建立'三三'制民主政权，需要组织各种群众团体，欢迎诸位参加我们的工作！"同时，罗炳辉还提出取消国民党的一切苛捐杂税，深入浅出地讲解了征收公粮和税收等合理负担的经济政策。这一番话，直说得在场士绅、商人频频点头，疑虑也就此全都消释了。此后，大部分中小地主和开明士绅、商人纷纷参加了共产党人领导的抗战工作，天长县各阶层民众很快发动起来，工抗会、农抗会、青抗会、妇抗会、商抗会和儿童团等群众抗日团体迅速建立。

1946 年 4 月，蒋介石在美帝国主义帮助下开始向苏皖鲁各解放区进攻。罗炳辉被任命为新四军第二副军长兼山东地区副司令员，又带病出征了。他的高血压病、肠胃病等都没有好，在春天本想去疗养一下，并已经华东局批准。但他对中国人民解放事业的高度责任心，超过了他对自己身体的爱护，他抱着自我牺牲的决心，从病榻上起来，跨上了战马。临别时他对他的爱女说："我自从十六七岁离家以后，始终驰骋在战场上，为人民革命事业贡献我的一切。我受党长期的培养和爱护，这次重上前线，为党为人民捐躯，也是完全值得的……在我牺牲以前，誓必再打个胜仗，作为我对党的最后的一个献礼。"

教学建议

本案例可用于《思想道德修养和法律基础》第一章、第二章和第四章中的理想信念，世界观、人生观、价值观，确立正确的幸福观等内容的教学，正确认识个人成长与民族国家命运、个人利益和集体利益、价值实现与社会贡献之间的辩证关系，感悟崇高的理想信念，正确的世界观、人生观和价值观对于个人发展方向和成长路径选择的精神基础和精神支柱作用。罗炳辉所说的一段话有着深刻的启示意义："人生最快慰的是真正勇敢地牺牲个人的一切利益，最热诚努力地为民族独立、自由解放而斗争，尤其要为劳动大众的解放和利益，以真理、正义、公道为人类的幸福而斗争。"也可涉及《马克思主义基本原理概论》《毛泽东思想和中国特色社会主义理论体系概论》《中国近现代史纲要》等中的认识与实践的辩证关系、"群众路线"的教学。

延伸阅读

爱民师长铸军魂，炳辉精神世代传

1943 年，中央批准调整新四军第二师领导班子，罗炳辉任师长兼淮南军区司令员。1943 年 1 月，二师师部从盱眙黄花塘转移到大刘郢。从这时起，半塔镇便成为淮南抗日根据地的政治、经济、军事、文化中心，直至 1946 年二师主力北撤。位于半塔镇东北的大刘郢，北有山峦、南部开阔，易于屯兵，这里曾是新四军二师师部所在地。新四军二师烈士纪念林是在原二师直属医院附近烈士墓地扩建而成的，掩映在一大片树林之中，长眠于此的 300 多名烈士均是当年抗战中牺牲的英雄。

对于二师及罗炳辉师长在大刘郢的往事，当时抗战后方的村长吴佩钦的印象是他枪法准、训练严格、对百姓好。新四军干部跟老百姓特别热乎，罗炳辉、谭震林、方毅等领导吃过晚饭后常常到群众家里走访，问群众新四军官兵对老百姓好不好，借的东西还不还，损坏老百姓的东西赔不赔。其中，令他印象最深的还是罗炳辉还衣裳的事情。一天傍晚，罗炳辉把吴佩钦请来，让他向村民借 80 套衣服。吴佩钦回村后立即组织动员，分摊任务。老百姓听说是新四军为了打日军而借衣裳，纷纷支持，有的主动脱下身上的衣服送去，没到夜里 12 点，80 套衣裳就备齐了。衣裳送到后，罗炳辉叫人在每件衣襟里编个号码，然后才发给战士化装。战斗结束后，罗司令让战士把借来的衣裳都脱下来，悉数偿还。由于有伤亡，借来的衣裳少了 2 套，损坏了 5 件，罗司令又叫供给部按每套衣服 14 市尺上等军用平白布的标准给予赔偿。群众不肯要，都说战士是为大家才牺牲的。罗司令赔偿的布送不掉，最后还是村干部硬把布送到群众家里。“罗司令真正是体谅关心老百姓，全村人没有一个不夸的！也没有一个不拥护新四军的！”吴佩钦说。在战场上令敌人胆寒、在训练场上以严厉著称的罗炳辉，对老百姓却是一副菩萨心肠。还把行军中收养的一些孤儿留在司令部，成立一个“小鬼班”，教他们学习文化、军事训练。青黄不接时，战士们摘了群众家的榆树叶，罗炳辉就要求还回去；行军时战士们踩倒了群众的蚕豆苗，罗炳辉也要求把苗扶正；空闲的时候，他喜欢带领群众一起开荒搞生产；只要和群众在一起，他的肩上、怀里总会扒着一群孩子……

激情抗大八分校，炳辉精神世代传。铜城龙岗，古称“芙蓉冈”，因地貌形似一朵盛开的芙蓉而得名，中国人民抗日军政大学第八分校即坐落于此，1941 年 5 月以新四军江北军政干部学校为基础创办，直至 1945 年 8 月抗战胜利后结束。

抗大八分校共举办 4 期，培养 2 000 多名优秀的军政干部，为我党我军的发展壮大、为夺取抗日战争和全国解放战争的胜利发挥了重要作用，作出了卓越贡献，被称作“人民军队将才的摇篮”。抗大八分校校长由张云逸兼任，罗炳辉则兼任副校长。八分校在龙岗办学期间，正是敌后斗争十分艰苦之时，罗炳辉等校领导在当地政府和群众支持下，克服重重困难，使学校工作得以正常开展：没有教室，他们将镇上几座古庙设为课堂；没有宿舍，他们让学员散住在老乡家里；教材不足，他们想方设法自己编写、油印，粮食不足，他们自己动手，生产自给……罗炳辉先后撰写了《淮宝战役的战术诸问题》《指挥员熟用手册》《民兵战术》《关于三角式据点构筑和守备之要领》《碉堡作战》等小册子，还写了不少日记，提出“发挥火力，隐蔽身体”的十个要点；阐述了“如何做到百发百中”的七个要点；提出“冲锋时机”有“五冲”“五不冲”，对战略战术进行高度总结和概括，以指导作战和训练。八分校实行开放式办学，在教学内容上注重少而精，重视学用结合，并经常给学员提供实战锻炼的机会；在教学方法上，实行启发式、讨论式教育，从而使教学生动活泼、效果明显；文娱生活也十分丰富，处处洋溢着热烈的青春气息。罗炳辉对军事教学特别关心，抓得紧、要求严，提出在军事训练中必须精益求精，要使每位同志练出一身过硬本领。他要求教员和学员都要言行一致，说到做到；要有志气，有勇气，更要有骨气，敢于为实现真理挑重担。在抗大八分校期间，罗炳辉和天长人民结下了深厚的感情。1942 年，天长一带旱情严重，大通曾出现严重缺粮缺种的现象。

罗炳辉主动提出降低他的粮食菜金的标准，捐献出粮款来救济灾民，并在二师开展大生产运动，全年生产收入达两千万元、粮食一万三千余石。年底，二师拿出当年生产收获量的百分之二十捐献给灾民。1945 年 5 月的一个早晨，天长铜城镇龙岗群众发现家里家外干干净净的，水缸里的水也满满的，而住在自己家的抗大八分校师生却不见了，原来借给他们的东西都整齐地放在院子里，旁边还放着一张清单、一封感谢信。龙岗群众这才知道抗大师生全部悄悄地走了，只把美好的抗大作风永远留在了龙岗。

1945 年 8 月 15 日，日本投降的消息传到新四军中，躺在病床上听完毛泽东《对日寇的最后一战》声明的罗炳辉，不顾病魔缠身，坐上担架率领二师特务团向长江北岸六合进发。当时日军虽奉命开赴南京受降，但六合的伪军却凭借坚固工事顽抗。罗炳辉指挥特务团和六合支队包围了六合县城，随即展开政治攻势。可是，守城敌人无动于衷。于是，罗炳辉命令以县政府驻地为目标发射炮弹，劝告守敌出城投降。然而，城内依然未动。次日 3 时，罗炳辉指挥所部发起总攻，仅 1 小时就破城而入，至拂晓歼敌 700 余人，肃清城中残敌，同时争取了伪警第三师师长钟剑魂率部 2 000 余人在六合钟家集反正加入新四军。在这前后，罗炳辉指挥所部先后解放了定远、来安、盱眙、天长等县城。抗战胜利后，罗炳辉又率部北上鲁南，投入了新的战斗。入鲁以后，高血压等病严重困扰着罗炳辉，陈毅再三劝他治病休养，他却一再推辞，仍以顽强的毅力坚持前线指挥战斗，甚至曾晕倒在指挥阵地上。

1946 年 6 月 18 日，高血压复发的罗炳辉又患上了胃肠炎。21 日早饭后，罗炳辉乘大卡车赴临沂就医，中午行至苍山县三陵镇时，出现了虚脱症候，警卫员急向在峄县、临沂的领导报告。刚到峄县的陈毅立即率山东野战军指挥部及新四军二纵领导人赶赴兰陵镇探望。陈毅赶来时，罗炳辉已经难于用语言和肢体表达意愿了。新四军卫生部副部长宫乃泉急忙紧急施救，却已无力回天。罗炳辉逝世时年仅 49 岁。“人生最快慰的是真正勇敢地牺牲个人的一切利益，最热诚努力地为民族独立、自由解放而斗争，尤其要为劳动大众的解放和利益，以真理、正义、公道为人类的幸福而斗争。”陈毅将军主持了罗炳辉将军的安葬仪式，写下了长诗《悼罗炳辉将军》，痛悼与自己出生入死的战友。悼词是这样的：“四月八日事，历历在心目。何期君殂谢，我已无泪哭。戎马三十载，将军滇之雄。反袁到北伐，起义赣江红。抗日君迈进，饮马江南北。苏鲁驰劲旅，日伪告溃灭。六载苦纠缠，疾病多磨折。革命不自惜，一朝痛永诀。三军皆雨泣，临穴瞻遗容。立誓有五字，奋斗与君同。”

第二天，灵柩安抵临沂城，全城各单位下半旗志哀，群众及各机关公祭者络绎不绝。新四军军长陈毅在罗炳辉的墓前沉痛地说：“炳辉同志的一生都贡献给了人民，他为革命已经奋斗到了最后一口气！他离开我们了，他把责任交给我们了！……拭干我们的眼泪，继承先烈未竟的革命事业！学习炳辉同志对党、对人民革命事业的坚定忠贞和不屈不挠、英勇顽强的战斗精神！……当此内战威胁极端严重的今天，当国民党反动派派阴谋消灭我们的时候，我们谨向你墓前宣誓，我们誓必以解放战争的彻底胜利来纪念你……”在给罗炳辉将军的女儿罗镇涛的信中，他这样写道：“要记住，你爸爸是一个硬汉，从不向反革命低头，对人民则十分尽忠爱护，你不用学别人，就学你父亲。”

罗炳辉遗体安葬在临沂华东革命烈士陵园，墓碑上刻着周恩来、刘少奇、朱德、任弼时、陈毅等党和国家领导人的题词。1946 年，中皖边区政府将天长县改名为炳辉县(1959 年复用原名)。1947 年 3 月底，蒋介石发动对山东的重点进攻，国民党 138 师占领鲁南，他们掘墓移尸，对罗炳辉的遗体任其凌辱后丢到沂河沙滩上。新中国成立后，陈毅元帅亲自过问临沂烈士陵园的建造。将军遗体重新安葬，作为新四军第二副军长，陵墓规格在园中最高，墓壁上有四幅浮雕：(1) 运筹帷幄，制定作战方案；(2) 亲临前线指挥，英勇善战；(3) 搞好军政军民关系，亲如鱼水；(4) 爱兵如子，与指战员同甘苦共患难。墓旁还专建“瞻容思功”罗炳辉石像亭。1997 年，在新四军老战士和社会各界的倡导下，天长市创办炳辉中学。罗炳辉纪念馆坐落在依山傍水的彝良县城以北，1997 年 4 月，纪念馆被云南省委、省政府确定为省级爱国主义教育基地；2005 年 11 月，彝良罗炳辉陈列馆(罗炳辉将军纪念馆)被中宣部确定为第三批全国爱国主义教育示范基地，全年免费向社会各界开放，罗炳辉将军的精神代代相传。

——谢正发《从奴隶到将军——人民功臣罗炳辉的故事》

第二篇　初心使命

在庆祝中国共产党成立 95 周年大会上，习近平总书记发表重要讲话，指出："不忘初心、继续前进。""一切向前走，都不能忘记走过的路；走得再远、走到再光辉的未来，也不能忘记走过的过去，不能忘记为什么出发。"回顾中国共产党的发展历程，无论在民主革命、社会主义建设还是改革开放时期，为中国人民谋幸福，为中华民族谋复兴，一直是中国共产党人的初心和使命，是鞭策一代代共产党人砥砺奋进的力量源泉。正是在艰苦奋斗和不畏艰险中，中国共产党人的初心和使命得到不断传承和淬炼，成为实现站起来、富起来、强起来的根本动力。进入新时代，习近平总书记提出了党的建设总要求，决定"以县处级以上领导干部为重点，在全党开展'不忘初心、牢记使命'主题教育，用党的创新理论武装头脑，推动全党更加自觉地为实现新时代党的历史使命不懈奋斗"。这是新时代进行初心使命教育的重要方式。不忘初心、牢记使命已然成为新时代全体中国共产党人的价值准则和实践准绳，必须深入学习和探究习近平总书记关于不忘初心、牢记使命的系列重要讲话，正确认识和把握历史发展规律，从人民群众和国家整体利益出发，为实现中华民族伟大复兴中国梦奋力前进。

2－1　铁军精神的源远流长

案例呈现

中国共产党领导的新四军，于 1937 年 10 月成立，到 1947 年 1 月整编为华东野战军。八年全面抗战期间，新四军牵制和消耗了数十万日伪军的有生力量，创建了横跨七省的华中抗日根据地，成为华中抗战的中流砥柱，为民族的独立、人民的解放，建立了不朽战功。毛泽东誉之为"华中人民的长城"，陈毅称其是"铁的新四军"。人民给予了这支英勇顽强的军队以崇高的评价，誉之为"铁军"。这支队伍所体现的精神被称作铁军精神。

荣光背后是初心。从诞生的第一天起，无论面临多少艰难险阻，新四军始终坚持共产党人的初心，坚守共产党人的使命，为民族的独立解放、世界反法西斯战争的胜利，矗立起一座丰碑；为中华人民共和国的诞生和建设、人民军队的发展壮大，锻造了一批栋梁之材；为传承中华灿烂文化、丰富我军的优良传统，奉献了可贵的铁军精神！

铁军精神寄托着万千共产党人的初心与使命，承载着几代铁军将士的革命探索和实践，凝聚着无数革命先烈的家国情怀和热血牺牲，成就了战争史上的奇迹和中华民族的壮举，是党的光荣传统和优良作风的集中体现，是民族精神和时代精神的生动写照。

忠诚爱国、忠贞为民的铁的担当

新四军始终将国家和人民的利益放在第一位。新四军顾全大局、团结对敌的高尚情操，艰苦奋斗、英勇杀敌的浩然正气，都是为了实现这个目标——忠诚爱国、忠贞为民。有了这一条，新四军就赢得了敌后广大民众的欢迎和支持，也赢得了全国军民的敬佩和颂扬。有了这一条，新四军就抓住了由弱到强的发展机遇，在敌后站稳了脚跟，建立了巩固的根据地，30 余倍地发展了自己的队伍，最后赢得了抗日战争的光荣胜利。

在中国第二历史档案馆的档案中，有一份国民政府嘉奖电报。让国民政府不吝赞美的，正是新四军挺进江南的第一场胜利："叶军长，所属粟部，袭击韦岗，斩获颇多，殊荣嘉尚，仍希督饬，继续努力，达成任务。"1938 年 6 月 17 日，新四军先遣支队一部在粟裕指挥下，在镇句公路韦岗附近伏击日军运输车。经过半个小时激战，击毁日军汽车 4 辆，毙伤日军 20 余人，缴获长短枪十余支及日钞 7 000 余元。韦岗战斗是新四军挺进江南敌后抗击日本侵略者的第一仗。这一仗威震江南，打出了新四军的军威，粉碎了日军不可战胜的神话，振奋了中国民众抗战的信心和决心，为以后新四军千百次战斗和建立以茅山为中心的苏南抗日游击根据地揭开了序幕。新四军军部盛赞"先遣队的确起了先锋作用，奠定了我们在江南发展和胜利的基础"。陈毅在接到胜利的消息以后，当场写诗祝贺："故国旌旗到江南，终夜惊呼敌胆寒。镇江城下初遭遇，脱手斩得小楼兰。"

很少有人知道，韦岗战斗中，新四军先遣支队与日军进行的多是白刃格斗。粟裕率领的挺进苏南先遣支队，只有 2 挺轻机枪。新四军成立后，不但人少、枪少，武器质量也很差。正如《密勒氏评论报》所说："从军械的观点来说，新四军是中国军队最弱的一军。"尽管装备落后、腹背受敌，新四军却慨然为国赴难，依靠坚强意志、灵活打法，赢得一场又一场胜利，不断诠释铁军精神的爱国主义内涵。

新四军不但为人民而战，而且在十分困难的条件下，坚持为他们办实事、做好事。盐城地区地处黄海之滨，沿海百姓饱尝海啸之苦。为了防御海啸灾害，造福百姓，阜宁县抗日民主政府成立后决心重新修筑海堤。新四军三师师长黄克诚也多次强调："这是一件大事，再困难也要修筑，这不仅仅是修一道海堤，也是筑起共产党领导的人民军队、新政权同广大人民群众联系的坚不可摧的连心堤。"1941 年 5 月至 7 月，阜宁县首任民主政府县长宋乃德在新四军三师师长黄克诚的大力支持下，动员 3 万民工日夜突击，修筑了全长九十华里的拦海大堤。当地百姓为铭记抗日政府的恩德，将新海堤与当年范仲淹所修的范公堤相媲美，把它誉为“宋公堤”。从宋公堤到惠生堤，从新四沟到雪枫堤，华中大地遍布了新四军为民众修筑的水利工程。尽管这些工程大小不同、名称不同，有的没有刻碑，有的没有留下照片，但在人民群众心中，新四军永远地立起了一座座丰碑。部队还经常为群众治病。无锡吴家村贫农吴根和的妻子发高烧不退，无钱求医，谭震林得知后，即命军医前往看病，并说：“救人要紧，要什么药用了再说。”吴妻病愈后，一家人感激不尽。这样的事例很多，老百姓纷纷传说：“东洋人杀人，游劫队（土匪部队）抓人，新四军救人，共产党是亲人。”

爱国为民的家国情怀，是新四军的出发点和归宿。忠诚爱国、忠贞为民的铁的担当，是新四军的立军之本，是铁军发展的重要基石，是铁军精神的基础逻辑和核心要义。

令行禁止、秋毫无犯的铁的纪律

新四军素以纪律严明而著称。铁的纪律，一个重要的方面就是严格遵守群众纪律。1938 年 6 月，新四军军部在行军途中召开了全军政治工作会议，确定战时政治工作的方针、任务、制度与领导方式等基本问题，要求部队充分尊重群众意愿，坚决实行不拉夫、不收款、不扰民的“三不”政策，要将增强群众对新四军的信任作为发动和组织群众抗日的前提，提出“新四军江南化，江南新四军化”的目标。同时，军部还对红军时期的“三大纪律八项注意”进行了修改，制定了新的“三大纪律、六项要求和十项注意”，并颁布实施了《新四军十条军规》。1943 年 12 月，新四军政治部又制定了关于拥政爱民的方针，并公布《新四军拥政爱民十大公约》。各部队还运用连环画、宣传画和说唱等形式，不断地进行纪律教育。

据粟裕回忆，“我们初到江南的时候，群众不愿借房子给我们住，我们就完全在村外或者是田野里露营。在雨天的晚上，曾经遇到不肯开门借房子给我们住的事，我们也就站在门外和靠在屋檐下过夜，这样有过很多次。有些时候，群众不卖粮食给我们，我们也曾经饿过几顿饭和吃过很多次糜粮”。

三师师长黄克诚曾率部队趁黑夜越过敌人的封锁线，挺进苏北阜宁县益林镇东边的大王庄。刚进村，黄克诚就下令：“一不准敲群众家门，二不准动群众的一草一木，三不准大声喧哗、惊醒群众。”指战员们按班、排分散到群众房前屋后和草堆避风露宿。当时北风呼啸，天寒地冻，警卫员犯难了：师长身体不好，师长的妻子唐棣华还带着个不满周岁的孩子，冻出病来怎么办？警卫员向师长请示到一户人家借宿，遭到黄克诚的拒绝。警卫员只好找个草堆把唐棣华和孩子安顿下来。天亮了，河面结了一层厚厚的冰，战士们衣帽上全是霜花。村民们见此情景，都十分感动。“吃菜要吃白菜心，当兵要当新四军”的说法在华中抗日根据地人民中传为美谈。

一切行动听指挥，令行禁止，是军队纪律的集中体现和最高要求。从新四军的组建到挺进大江南北，从坚持敌后抗战到实施全面反攻，全军上下始终步调一致，令行禁止。抗战胜利之初，中共中央为使国共谈判取得成功，主动做出让步，决定长江以南的苏浙军区和第七师撤往苏北、皖北地区。指战员们虽然舍不得用鲜血换来的根据地，但他们坚决执行命令，7 天内，浙东 1.5 万人、第七师兼皖江军区 3 万余人胜利地完成北撤任务。由新四军第五师和八路军南下支队等组建起来的中原军区，在李先念、郑位三、王震、王树声的带领下，忠实地执行中共中央牵制国民党军的战略任务，以不足 5 万兵力牵制国民党 30 多万兵力长达半年之久，有力地支援了华北、华东和东北的斗争。1946 年 7 月 1 日，蒋介石向中原军区发起总攻，中原军区根据中央指示，各路部队密切配合，一举突出重围，从而粉碎了国民党蒋介石要在“三至六个月内”彻底打垮共产党领导的人民军队的梦呓。

令行禁止、秋毫无犯的铁的纪律，是新四军发展壮大、夺取胜利的重要因素，是培育和锻造铁军的坚强保证，是铁军精神的本色体现。

百折不挠、不怕牺牲的铁的意志

新四军之所以被誉为“铁军”，在于有种精神一直贯穿新四军所有的战斗历程，彰显出这支队伍像钢铁般坚硬、坚韧、坚强。这种精神就是勇往直前、敢打必胜的大无畏气魄，压倒一切敌人而绝不被敌人压倒的英雄气概，困难面前不退缩、危急关头不屈服的坚定意志，不怕流血牺牲、视死如归、前仆后继的精神风貌。

新四军忠实地践行着中国共产党全心全意为人民服务的宗旨。他们的每一次战斗，都是为了捍卫国家的领土和主权，也是为保卫人民利益而战。

1941 年 11 月下旬，第十六旅旅部和中共江南区党委、江南行政委员会等地方党政领导机关、医院、被服厂等后勤机关，以及旅部教导大队、特务连和第四十七团、四十八团各一个营等部队，共 1 000 余人，在第六师参谋长兼第十六旅旅长罗忠毅、旅政委兼政治部主任廖海涛的率领下，转移至溧阳县城西北地区，驻扎在塘马村及周围十余个村庄里休整，遭日伪军近 4 000 人袭击。血战终日，毙伤日伪军 500 余人，粉碎了敌人一举消灭我苏南党政军领导机关的阴谋，对我坚持和发展苏南抗日斗争没有造成重大危害。塘马战斗，我军遭受了重大损失，六师参谋长兼十六旅旅长罗忠毅、十六旅政委兼政治部主任廖海涛和黄兰弟等共 272 位烈士壮烈殉国，使抗日军民为之震悼，但部队打得英勇顽强、悲壮激烈，也为我军树立了殊死抗日、浴血奋战的光辉范例。

1943 年 3 月 18 日拂晓，驻在淮阴县刘老庄的新四军第三师七旅十九团四连，正准备转移，不料发现敌情。他们为了掩护部队和群众安全转移，毅然决定在极为不利的情况下，打一场防御战。经过一整天战斗，打退了 1 000 多名敌人的无数次冲锋，出色地完成了掩护任务，但全连 82 人全都壮烈牺牲。刘老庄地区群众深深地被他们的英雄事迹所感动，隆重举行了烈士葬礼，并选送 82 名子弟参军重组第四连。该连被命名为“刘老庄连”。

1944 年，世界反法西斯战争转入战略反攻阶段。中国共产党领导的新四军抓住有利时机，适时制定了由局部攻势作战转入战略反攻的对日作战部署，先后进行了车桥战役、高杨战役、陈家港战斗以及苏南攻势作战，逐步恢复和扩大了抗日根据地，并以江苏为基地，实施了西进豫皖苏和南下苏浙皖的战略任务，收复大片国土。1945 年 8 月，新四军又独立自主地发起全面反攻，赢得了江苏抗日战争的最后胜利。

1945 年 12 月 5 日，新成立的华中野战军以 15 个团的兵力，发起高邮战役。此战是中国人民抗日战争取得全面胜利后，由中国共产党领导的新四军对拒不投降的日伪军发动的最后一战。至 26 日凌晨，解放了高邮城，生俘日军 892 人、伪师长以下 3 493 人，拔除了残存在华中解放区的日伪军重要据点。至此，长江以北除南通、扬州等城市为国民党军队抢占外，其余地区均已为解放区军民所收复。

八年全面抗战，新四军几乎每日每时都在同日伪军进行着激烈的浴血奋战。总共作战 2.46 万余次，击毙日伪军 29.37 万余名，俘日伪军 12.42 万余名，还有 5.4 万余名日伪军官兵投诚、反正。新四军也付出了重大的牺牲，共伤亡指战员 8.2 万人，其中团级或相当于团级以上干部 328 人。在新四军英雄的画廊里，有着无数的英雄群像，上至叶挺军长，项英、袁国平、周子昆三烈士，罗炳辉副军长，彭雪枫师长，黄道、刘英、邓振询、罗忠毅、廖海涛、彭雄、田守尧、朱立文、巫恒通、鲁雨亭等坚毅顽强、睿智英勇的指挥员，下至以徐佳标、林心平、七女跳崖、九女投河为代表的英雄将士，以及后勤、军工、隐蔽等战线上的战斗员；还有许多革命英雄团体，如刘老庄连、老虎团、铁锤子团、大胡庄连、朱家岗英雄小鬼班、沙家浜连、浙东海防大队，皖南事变中上饶集中营里的英雄群体等，他们都以铁的意志为新四军的铁军传统写下英雄的篇章，成为革命战争历史上不朽的丰碑。

——摘自《江苏经济报》，2019 年 9 月 24 日

拓展讨论

1. 新时代大学生如何发扬铁军精神、争做时代新人？
2. 如何理解铁军精神是中国共产党人初心使命的生动写照？

案例解析

1937 年 7 月 7 日，日本帝国主义蓄意制造了卢沟桥事变，它是中华民族全面抗战的开始。卢沟桥事变的爆发，激发了全国人民的抗战热忱和爱国情怀。面对民族危机的日益加重，中国共产党人毅然抛弃个人恩怨、释放善意，坚决以挽救民族危亡为使命，主动与逼迫自身的国民党和平谈判，力求建立抗日民族统一战线。以 1937 年 8 月为起点，国共双方就南方红军游击队的整编问题进行了多次商谈。这个过程中，南方红军游击队晓以大义、顺应形势，在党的统一领导下，紧跟党的路线、方针和政策，也愿与国民党地方当局进行和平谈判。经过各方努力，1937 年 9 月 28 日，蒋介石决定任

命叶挺为国民革命军陆军新编第四军军长(简称新四军)。10月,国共两党谈判在南京达成协议,将散布于湘、赣、闽、粤、浙、鄂、豫、皖八省边界地区的红军游击队集中整编为新四军。

全面抗战期间,新四军不仅牵制和消灭了日本大量兵力,还创建了横跨七省的华中抗日根据地,成为中日抗战的先锋力量和中流砥柱,为实现中华民族解放和战胜法西斯势力作出了不可泯灭的贡献。回顾新四军的战斗历程,中国共产党领导的新四军传承并发扬了叶挺独立团和中国工农红军第四军英勇奋战的革命传统,在经过战火的磨炼和洗礼下,成为了一支不畏艰险、敢于牺牲、紧跟党走、忠于国家的人民军队,并得到了“铁军”称号,铁军精神就是这支队伍中信念感、责任感和使命感的凝聚体。

铁的信念是新四军铁军精神的核心。在抗战过程中,新四军始终坚持党的领导,坚决听从党的指挥和命令。组建之前,红军游击队凭着对党和革命事业的坚定信念,与国民党军队进行生死拼搏。面对严峻的抗日形势,他们又坚决服从党的决定,接受与国民党军队的统一改编。之后新四军也是在坚决贯彻落实党中央的部署要求的基础上,不断发展。铁的担当是新四军铁军精神的出发点。刘老庄战斗很好地体现了新四军敢于担当、一切为国家和人民的责任意识。在刘老庄战斗中,新四军第七旅第十九团四连为掩护党政机关和人民群众转移,遭到日军1 000余人合围,在敌人持续猛攻、自身弹药匮乏的情况下,他们把剩余武器全部拆除,与敌人进行了殊死拼搏,最后全连82人壮烈殉国。

新四军作战勇猛、团结对敌的这种情操,都源自对国家和人民的热爱。铁的纪律是新四军铁军精神的保障。新四军的可贵之处,在于严守政治纪律和政治规矩。“三大纪律、十项注意”是新四军必须遵守的信条。在群众当中,新四军坚决执行铁一般的纪律,不拿群众一丝一毫,不管在任何时候始终做到有借有还、损失赔偿、待人友善。铁的意志是新四军铁军精神的重点。新四军被称为“铁军”,在于这种精神贯穿其中。无论是在日伪军大扫荡战斗中,还是在刘老庄战斗、高邮战役以及世界反法西斯战争等战争中,新四军始终抱着视死如归、前仆后继的精神勇往直前。

教学建议

本案例可用于《思想道德修养与法律基础》第二章“坚定理想信念”中“中国特色社会主义是我们的共同理想”的教学。光荣背后展现着新四军的初心使命。在中国共产党的领导下,新四军成为当之无愧的铁军,也铸就了意义深刻的铁军精神。新四军铁军精神所代表和昭示的是听党指挥、忠于人民、勇于担当、开拓创新的真实体现,更是新四军全体将士内心深处的初心与使命所在。对于新四军来说,坚持为中国人民谋幸福、为中华民族谋复兴的初心使命不是一个阶段性课题,而是贯穿于整个革命斗争时期的永恒课题。从诞生之初,无论面对多少艰难险阻,新四军始终坚定共产主义远大理想和中国特色社会主义共同理想,把实现中华民族伟大复兴当成自身的最终目标,以铁的信念、铁的担当、铁的纪律、铁的意志诠释对革命的坚持、对党和人民的忠诚，最终实现了民族独立和解放，成就了中华民族的壮举。可以看出，新四军铁军精神正是践行党的初心使命的鲜明写照。

延伸阅读

人民的“铁军”爱人民

在艰苦卓绝的斗争环境里，新四军及其领导下的抗日民主政府始终牢记全心全意为人民服务的宗旨，把人民的利益看得高于一切，为人民的利益不惜牺牲自己的一切。当年流传的“吃菜要吃白菜心，当兵要当新四军”的民谣，正是拥军爱民的真实写照。这种鱼水深情，成为凝聚党心民心军心的坚强力量，成为新四军战胜艰难险阻的强大武器。

新四军作为党领导下的人民军队，在近十年的历史征程中，坚持一切为了人民，一切依靠人民，全心全意为着广大人民的利益，为着全民族的利益，成为党的初心的模范践行者。

擎起抗日重任，保障人民环境安定。日军占领长三角以后，烧杀抢掠、无恶不作；沦陷区的普通群众，人心惶惶、消极悲观；被日军击溃的国民党残余部队，毫无斗志，军纪涣散。为了解救人民于水火之中，新四军挺进敌后，义不容辞地擎起民族抗日的重任，带领各阶层人民群众保家卫国。全面抗战期间，新四军对日伪大小作战 2.46 万次，毙伤俘日伪军 41.79 万人(另有 5 万多日伪军投诚)，牵制了日军大量兵力，收复国土 25.3 万平方公里，解放人口 3 420 万人，开创了 8 块抗日民主根据地。新四军也得到迅猛发展，主力部队达到 21 万人，地方部队近 10 万人，民兵 96 万人。毛泽东在《新四军的胜利出击与中国的救国事业》一文中也高度评价新四军“已经成了华中人民的长城，成了华中人民血肉不可分离的一部分”。

关心群众疾苦，关注人民利益诉求。新四军和地方抗日民主政府总是把人民利益放在第一位，他们在对敌斗争的艰苦环境中，始终坚持以民为本，一手开展武装斗争，一手推进经济建设，努力解决民众迫切希望解决的难事、大事。如：20 世纪 40 年代黑热病在苏北地区流行，病死率极高，新四军三师医务人员冒着被传染的危险，积极投身黑热病防治工作，帮助苏北人民治愈近千名黑热病人。再比如：新四军和抗日民主政府帮助盐阜区人民修筑海堤，保障了沿海百姓的生命财产安全，根治了盐阜地区几百年来的海潮、海啸灾害。他们还领导根据地人民大力开展减租减息和军民大生产运动，倡导广大军政人员艰苦奋斗，与根据地人民同甘共苦。新四军指战员始终关注民生、爱惜民力、与民谋利、服务人民，他们用实际行动践行了为人民服务的宗旨，激发起根据地广大民众主动参与支持抗战的积极性，形成了军民团结一致抗战的巨大民族力量。

严明军规军纪，主动接受人民监督。新四军以严格的群众纪律取信于民，每到一地，都严格执行“三大纪律十项注意”。三大纪律中“爱护老百姓，不违反民众利益”是重要一条。“十项注意”内容为：上门板，捆稻草；地下扫净；说话要和气；买卖要公平；借物要送还；损失要赔偿；大便要找厕所；洗澡避开女人；进出要宣传；不杀害俘虏兵。此外，还有一些细节性的规定：如“东西不还不走，水缸不满不走，地不扫不走”的“三不走”规定，还有“一不准敲群众家门；二不准动群众一草一木；三不准大声喧哗，惊醒群众”的夜里行军“三不准”规定……新四军与各根据地还颁布一系列法纪法规，以此防范、打击公务人员的贪腐行为和赋予人民对政府的监督检举权。他们用铁的纪律，赢得了人民群众的信赖与拥护。

——摘自《中国社会科学网》，2018 年 7 月 23 日

2-2　金戈铁马——追忆新四军四师骑兵团

案例呈现

2007 年 9 月 9 日是彭雪枫将军诞辰 100 周年。彭雪枫将军是一位智勇双全、英明能干的军事家和政治家，是一个对党、对革命、对中国无产阶级和中国人民解放事业无限忠诚的共产主义战士。1944 年 9 月 11 日，在指挥新四军四师主力收复豫皖苏抗日根据地，在夏邑县八里庄战斗中，不幸壮烈牺牲，时年仅 37 岁。他孜孜求学、年少才俊，矢志不渝、追求真理，虚怀若谷、从善如流，理想信念无比坚定，对人民无限热爱。在 20 多年的战争生涯中，他身先士卒、披坚执锐，首登长沙城，喋血八角亭，夺取娄山关，直下遵义城，横渡金沙江，飞越大渡河，进军天全城，通过大草原，燃起抗日烽火，粉碎敌寇“扫荡”，他所指挥的部队屡为先锋，战绩卓著。这位文韬武略、才兼军政的帅才的英勇殉国，不仅是我党我军的重大损失，也是我中华民族的重大损失，但他的光辉形象一直活在我们的心中。

他担任新四军四师师长时创建了享誉中华大地的“三件宝”：一个拂晓剧团、一张《拂晓报》和一个骑兵团。抗战中，拂晓剧团作为根据地一支盛开的“部队之花”，以快编快演赞颂英雄事迹的剧目为主，对于鼓舞指战员们的斗志、提高战斗力、丰富部队和广大百姓的文化生活起到极为重要的作用，深受淮北大地人民的喜爱。《拂晓报》作为当时蜚声中外的最有特色、质量最好的油印报纸之一，是华中敌后抗日根据地不可缺少的精神食粮。被誉为“淮北铁骑”的骑兵团，纵横驰骋于广阔的淮北平原，令日本侵略者闻风丧胆，进行了上百次的激烈顽强战斗，为巩固和扩大淮北抗日根据地，夺取抗战的胜利，立下了汗马功劳。我曾经在彭师长亲自组建的骑兵团战斗、工作过。60 多年过去了，拂面遐思，往事历历，展现眼前。今天追忆彭师长呕心沥血亲手创建骑兵团艰辛而光辉的历程，以寄托对彭师长的无尽哀思。

创建背景

1937年,日本帝国主义在占领华北地区后开始进攻蚕食中原。1938年春夏之交,徐州、开封相继失守,豫东皖北沦陷,日寇烧杀抢掠,土匪盗贼蜂起,日军打通了津浦线,并控制了三条交通要道。党中央、毛主席指出:现时能够发展武装的地区,主要的只有山东和华中,要使全党干部明白,没有伟大的革命武装与伟大的革命根据地,抗日胜利是不可能的,并及时提出了向鄂豫苏皖四省敌后发展的战略方针。1938年9月,彭雪枫师长受命担任新四军游击支队司令兼政委,率指战员300余人,高举抗日大旗,从河南确山竹沟向豫东挺进,转战豫皖苏三省边界,点燃抗日烽火,部队在战斗中发展壮大,不到两年发展到17 000多人;并与张爱萍、张震、肖望东、吴芝圃等同志一起开创了豫皖苏边区抗日根据地。1941年1月,"皖南事变"发生后,蒋介石密令汤恩伯等9个师的兵力,向豫皖苏边区大举进攻。彭师长时任新四军四师师长兼政委,为打击国民党顽固派进攻,进行了艰苦卓绝的斗争。后为顾全抗日大局,将部队主力转移津浦路东,与邓子恢、张震、吴芝圃、刘子久、刘瑞龙等同志一起坚持敌后抗日斗争,巩固和发展了淮北抗日根据地。

1941年,在淮北平原上,由于当时新四军没有骑兵,机动作战能力不足,而涡河沿岸的国民党顽军骑兵第八师和西侧的骑二军骑三师,以及西北角上的商丘日军的骑兵旅,倚仗机动性快的优势,使我们多次作战都受到敌军骑兵的袭击,遭受不小甚而惨重的损失。为此,彭雪枫等领导深感忧虑,决心要建立自己的骑兵部队。1941年夏天,四师在仁和集召开了团以上干部会议,深刻总结了津浦路西反顽斗争中的经验教训。会议结束前,彭师长严肃而坚决地提出要组建一支机动性大、精干快速骑兵团的设想,这一设想得到了邓子恢政委、张震参谋长等与会领导的一致赞同。会后,由张震参谋长带领四师司令部研究了具体组建方案。

依据当时情况,组建骑兵团的原因主要有三条:第一,当时的根据地敌伪据点林立,我们的大部队展不开,小部队有时又解决不了问题,要在这些据点中来回穿插、捕捉战机,最现实的就是搞一支骑兵。在淮北平原上作战,骑兵的确能发挥其他兵种所不能替代的作用。南宋名将岳飞有一句军事名言:"步利险阻,骑利平地。"古今中外以骑兵制胜的战例也有很多。如元朝的成吉思汗就是以骑兵"来如天坠,去如电逝"的威力所向披靡;俄国十月革命后,打了3年内战,他们在顿河大草原上,主要是使用大队骑兵打垮白匪军的。第二,当时的师部、特务团和三十二团各有一骑兵连,还有其他旅团也编配有骑兵排,组建骑兵团已经有了一定的基础。同时,在根据地能买到马,洪泽湖边上草料丰富,饲养条件有利。第三,我们搞好津浦路东后,还可以利用这支铁骑打回路西,收复三年前忍痛撤出的路西根据地。彭师长曾经说:"路西顽军有骑兵,我们也要组建一支骑兵,搞一支行动快、战斗力强的骑兵部队,打突围、追击、奔袭以及侦察、警卫、通信等,都有用处……严格地说,这是敌人逼出来的!我们要搞一支精干的红色哥萨克,来对付敌人的骑兵。"

艰难组建

1941年8月1日，四师在苏北洪泽县的岔河集，召开了骑兵团成立大会。彭雪枫师长因有事未能亲自参加，就委托张震参谋长代他宣布骑兵团成立的命令。会上，张震参谋长从分析当时国内国际形势，讲到苏北根据地的抗战局面，又着重阐述了组建骑兵团的意义和任务。在讲话结束时，他慷慨激昂地说："现在骑兵团的人马虽然不多，但一定会很快发展壮大起来！你们都是这支骑兵的骨干力量，要为建设自己的红色铁骑而努力！为彻底消灭日本侵略者和一切反动派而战斗！"

为此，广大指战员深受鼓舞，个个都跃跃欲试，都急着要多消灭日寇、伪军，报仇雪恨。与此同时，彭师长亲自找当时的四师十一旅政治部主任黎同新先后谈了三次话，并点将让他担任骑兵团的团长兼政委，因为黎同新曾经在陕北担任过骑兵团政治处主任，对骑兵训练作战的一套具有一定的实际经验。然后又从各旅团部队抽调了一批从新疆过来的有过骑兵经历的红军干部，分别任骑兵团的大队长、区队长。

组建初始，战士们大都是从步兵团队调过来的战斗骨干，虽然过去打仗时个个都很精干勇猛、作风顽强，但对骑兵战术的特点与规律并不熟悉，一出发打仗，问题就充分暴露出来了。马匹也严重不足，有的还不善奔跑，只能驮载、拉车，为了解决燃眉之急，当时除了从当地购买和缴获外，就用那些不适合骑兵用的马，贴钱与老百姓交换使用。路东根据地的群众，听说新四军建立骑兵团需要战马，纷纷将自己适合作战的耕马或驮马送往骑兵团。还有马具、马缰和马蹬也各色各样，破旧不齐。尤其缺少的是马刀，大部分同志没有配备，只有几把从日本鬼子和国民党骑兵那里缴获的洋刀和马刀，少数人背着步兵使用的宽而短的"鬼头刀"。为此，团领导让各大队把缴获来的各种马刀集中在一起，通过比较分析，博采众长，设计了一种比日军马刀长5公分，比国民党骑兵使用的长10公分的马刀，并取名为"雪枫刀"。战士们配发后爱不释手，连睡觉都放在枕头下面。俗话说"一寸长，一寸强"，这种马刀在每次的战斗中都发挥出了明显的优势。有一个名叫王开一的指导员随口说起快板：

"雪枫刀，明晃晃，千锤百炼是好钢。一马扑到两阵前，势如破竹谁敢挡。"

俗话说：万事开头难。在当时骑兵来源不足、缺少马匹以及马装具、马刀等重重困难的情况下，为了把骑兵团建设成为一支骁勇善战的红色铁骑，彭雪枫不辞辛劳，日夜思考。首先为解决马匹问题，他下令把师部及各单位通讯用的战马全部集中起来，号召师、旅、团领导干部把自己的坐骑交给骑兵团。他带头最先把自己心爱的坐骑——绰号为"火车头"的青白马送到骑兵团。他还在当时根据地经济极端困难的情况下，给骑兵团特批了3万元淮北币，作为买马和打制装具的经费。那时，每人每天的伙食费大致是淮北币两角，3万元淮北币相当于全师半年的伙食费，可见彭师长建设骑兵团的决心之大。

由于骑兵团的装具种类比较繁多，饲养马匹粮食、草料消耗量大，供给量大致相当于七八个步兵团的总量，无形中加大了部队和驻地群众的负担。为落实四师政委邓子恢的“不与民争食，不与民争草”的指示精神，我们在洪泽湖边进行了运盐和割草的生产自给，经常利用训练和战斗间隙组织干部战士到海边运盐，开垦荒地种粮食，下到湖里割草。用生产自给换来的银圆买回来七八十匹马，并添置了一些装具。同时，在当地人民的有力支持下，骑兵团的马匹逐渐增多，部队也随之扩大起来。

严格训练

骑兵团组建不久，由于没有经过严格的整训，在几次小的战斗中，暴露出不少问题。黎同新团长兼政委深感光靠他一个人带这支骑兵还不行，于是向师领导提出调一个内行的副团长协助他，在当时专门领导地方武装的淮北军区副司令饶子健向彭师长的推荐下，周纯麟担任了骑兵团副团长，专门负责抓骑兵的训练工作。周纯麟是个机智勇猛的战将，忠诚憨厚，接受任务，无论多么艰巨，从不打折扣，革命战争时期在鄂豫皖红军担任过通信队队长，长征到达新疆时担任过喀什第四十八团骑兵连的连长。后来黎同新因参加华中局党校学习，由周纯麟接任团长，师民运部长康步云接任政委。

根据师领导的决定，骑兵团离开了洪泽县的岔河集水网地带，集中到了泗阳县界头集、大江庄一带，进行短期的突击训练和纪律整顿。1941 年冬天，寒风凛冽，残雪未溶，指战员不畏寒冷，投入到紧张艰苦的训练之中。开始，不少战士不会骑马，有的干部不会喊口令，许多人见马撒野毫无办法。马也同新的骑手一样，没有经过训练，跑不快也跳不高，更不要说作战隐蔽、越障、冲阵了。为此，团里首先办了一个干部集训班，周纯麟等几名团领导亲自轮流上课。对干部从喊口令教起，进行骑兵队列，马上劈刺、射击演示，逐项进行马术演练。同时，还讲授了马匹饲养及防疫常识。

周纯麟团长面对这支初建待整的队伍，看在眼里，急在心头，充分发挥自己所长，既当指挥员，又当教练员。他对指战员们说：练马术，一是要胆大勇猛，二是要有体力，三是要不怕摔；一名优秀的骑士，必先是一名勇士，野马一旦驯服了就成了一匹为你驾驭的烈马；平时多流汗，战时才能少流血。以此，不断激励大家驯马的热情。

在后来的紧张训练中，骑兵们吃了不少苦头。训练循序渐进，先练上马和下马，而后练行军，战士们一次次被马撂倒摔在地上，有的跌得鼻青脸肿，夜间腰酸腿痛，第二天又照常训练。常言道：步兵的腿，骑兵的马，驯马首先要爱马。行军宿营下来，人不休息先要让马休息好。冬天，马跑了一身汗，战士们宁愿自己挨冻，也把大衣甚至被子披在马身上。夏天，战士们拿出自己不多的津贴费，买西瓜、绿豆给马吃，有的马瘦了，战士们还买些鸡蛋等营养品补养马。指战员们天天刷马，不使马身上有半点灰尘，既干净卫生，又防止马患病。大家都说：“马身上的灰尘，就是战士脸上的污点！”战士们给每匹马都起了名字，有的叫“小花”“小红”“小豺”，有的叫“草上飞”“一阵飞”。还有许多战士把自己的姓加在马的名字前，如战士姓张，战马就叫“张小花”，使一匹匹战马都有了灵性。

在抓骑兵团建设的同时，彭师长还谆谆教导指战员们时刻不要忘记自己是人民的军队，并用严明的纪律约束部队。在他的教导下，骑兵团和附近老百姓结下了深厚的鱼水之情，老百姓争着帮助战士们铡马草、挑水、饮马、遛马。针对骑兵容易违反群众纪律的特点，彭师长亲自给部队上了纪律课。他说："我们是人民的骑兵，在敌人面前我们永远是猛虎，在人民面前我们永远是绵羊。没有群众的支持，我们就打不了胜仗！"由于他的言传身教，不光是我们骑兵团，整个新四军第四师的群众纪律是最严格的，军政、军民关系是最好的，四师在豫皖苏边区被群众称赞为"天下文明第一军"。彭师长坚持军政、军民一致原则，给骑兵团的建设指明了方向。

骑兵团经过训练和纪律整顿后，投入战场，风靡淮北，冲阵杀敌，打了许多漂亮精彩的仗，使新四军四师如虎添翼，成为彭将军除拂晓剧团、《拂晓报》之外的"三件宝"之一。于是，威武的骑兵战士在马上唱道：逐鹿中原飞骏马，心中豪气贯长虹。长驱直入冲敌阵，不灭日寇誓不还。

在淮北平原上，新四军四师骑兵团的威武，在人民群众中，甚至在敌人据点里到处流传。有的说，只要看见天边扬起一阵黄沙，一眨眼骑兵就冲到眼前了。有的说，新四军骑兵来去一阵风，骑在马上的不是人，都是眼明手快的"猴子兵"。有的还说，骑兵团是一条龙，行动起来一二十里，龙尾一卷，就把敌人全部卷去了。有的简直把骑兵团说成神了，说骑兵团的马都是神马，逢山越山，遇水过水，奔驰起来四个蹄子不沾地，还能在荷叶上飞跑……

辉煌战绩

1942 年初夏，淮北平原上的麦浪滚滚，丰收在望。可是在泗县东北归集仁以西的刘泉村，冒出一群来自屏山、黑塔据点的抢粮匪军。获悉这一敌情后，经过严格训练和整顿的骑兵团指战员个个精神抖擞，奋勇出击。杀得敌人措手不及，血肉横飞，只用了约半小时，共消灭、俘虏抢粮敌人 300 余人。保卫夏收初战告捷，极大地鼓舞了我军将士的士气。我们趁初战胜利，在整个麦收期间，积极配合兄弟部队，又进行了多次战斗，仗仗都取得了胜利，泗灵睢根据地的局面完全打开了。接着在萧铜地区，全歼伪淮海省"剿匪"第一支队司令胡泽普的 1 000 多人。接连打了两个大胜仗，指战员们虽然非常劳累，但心里却充满喜悦。大家亲身体会到在平原地区骑兵快速作战的威力，也完全证实了彭师长组建骑兵团的决心是十分英明果断的。

从整个形势上看，日寇在太平洋战场上节节败退，它为了巩固侵华占领区，1944 年 4 月，发动了打通平汉路的战役，向河南中部和南部进攻。驻守在河南的国民党反动派汤恩伯的 40 万大军不战而溃，37 天丢失了 38 座城池，郑州、洛阳、许昌、郾城等城市相继沦陷。中共中央决定向河南敌后进军，收复失地，拯救中原人民于水火苦难之中。彭雪枫奉命西征。1944 年 8 月，在彭师长的亲自率领和指挥下，骑兵团在萧县的小朱庄打了一场硬仗，除劈死敌纵队司令王传绶外，还活捉了敌副司令王忠鼎等，全歼守敌 1 000 余人。这次胜利震撼了津浦路西的众多顽敌。重返淮北津浦路西的大门就此打开了。

我骑兵团乘胜追击，1944 年 9 月上旬，在夏邑八里庄战斗中大获全胜，活捉了敌支队司令李光明、副司令李良玉等527人,无一漏网,其部属黄遵德营300余人战场起义。不幸的是,彭雪枫师长在战斗即将结束时被一颗流弹击中,英勇殉国,时年37岁。同年10月12日,华中局、新四军政治部做出纪念彭雪枫的决定:永城县改为雪枫县;抗大四分校改为雪枫军政大学;将彭雪枫光荣奋斗事迹写成传略公布,作为新四军各师教材。1945年2月7日,中共中央在延安隆重举行追悼大会,毛泽东、朱德等中央负责同志及各界代表千余人参加。中共中央的挽词是:为民族,为群众,二十年奋斗出生入死,功垂祖国;打日本,打汉奸,千百万同胞自由平等,泽被长淮。

区党委书记兼新四军四师政委邓子恢发表墓前演说,四师师长张爱萍代表四师全体指战员致悼词,参谋长张震宣读祭文。在追悼会上,军民齐声呼唤彭师长,声震淮北。从半城到大王庄,两公里的路边上,群众自发地摆了128处祭桌。每个祭桌上都放着一柱香、一碗水和一面镜子,以此颂扬彭师长为官清如水、明如镜。在彭师长的灵柩运往墓地时,老百姓成群结队地跟在后边,哭声一路。不少年迈的老人,拄着拐杖,在子孙的搀扶下,也跟着送葬。棺材下葬后,淮北根据地各县干部群众还络绎不绝地到墓地祭拜。中共中央华中局代表曾山,看到这些情景感慨地说:一个领导同志牺牲后,出现这样动人的情景,过去很少有。可见彭师长在人们心目中的高大。

新中国成立后,根据中共中央的决定,在他的家乡河南南阳镇平县,专门修建了彭雪枫纪念馆,李一氓亲笔题写匾额:"半壁河山留战绩,两淮风雨慰忠魂。"1994年,在诺曼底登陆50周年之际,英国女王批准将"威尔克圣宝剑"转赠给彭雪枫陵园,以纪念他在世界反法西斯战争中为民族解放作出的卓越贡献。1988年10月,中央军委确定彭雪枫为共和国33位军事家之一。

彭师长牺牲后,中央军委任命张爱萍同志接任新四军四师师长,韦国清同志任副师长,并组成新的路西前线指挥部,继续领导完成彭师长3年前立下的"要全面收复路西失地"的遗愿。1944年10月,在河南永城和安徽涡阳的交界处,骑兵团指战员们怀着为彭师长复仇的满腔怒火,奋勇追击顽军骑八师,一追就是100多里,沿途敌骑八师一部分被我歼灭,一部分逃散,一部分逃过涡河去,但当年威风凛凛的顽军已是残兵败将,溃不成军了。这是骑兵团打得非常精彩的一仗。

1946年9月,在华中野战军粟裕司令员的指示下,在河北边莽牛区的李二圩据点,骑兵团为解救被8倍于己的敌人围困的民兵和地方武装人员,闪速驰骋,尘土飞扬,战马嘶鸣,共歼、俘敌800余人,击毙敌返乡团长潘汉搂,缴获机枪和长短枪500多支。

这支曾被彭师长称为"红色哥萨克"和被华中野战军粟裕司令员誉为"闪速纵队和猛利之剑"的铁骑部队,在后来的解放战争中,所到之处亦令敌人闻风丧胆,愈战愈勇,屡建奇功。

光荣接见

我们骑兵团曾先后4次护送过新四军军长陈毅。第一次是1941年秋天,我们骑兵团由彭师长带队,从淮北越过运河线,在当时的淮海区泗阳、沭阳间,迎接陈毅军长。

第二次是护送陈老总，在途中他嘱咐道：你们爱护马匹要像爱护自己的脚一样……爱惜马就是保障部队的战斗力。第三次是1943年春，奉命迎接他从淮南来到淮北，他兴致勃勃地观看了我们的马术表演，觉得进步很快，夸奖我们“艺高人胆大”。第四次是1943年11月，护送他到延安参加党的第七次代表大会，陈毅军长为此赋诗一首：半规残月照，铁骑送长征。百里吠村犬，穿插敌伪惊。

我们先后还为陈毅军长、罗炳辉副军长、二师政委谭震林和七师师长曾希圣等领导以及江淮大学的师生表演过马术，让从敌占区来的民主人士和青年学生亲眼看到新四军骑兵的精彩表演，看到了人民军队的威力。

新中国成立后，骑兵团的大部改编为坦克部队。这支部队以后多次受到党和国家领导人的检阅，并且有不少外国元首和贵宾前来参观。在这支部队里，还珍贵地保存着她的前身——骑兵团战史和军史，上面记载着这支队伍怎样由小到大、由弱到强，怎样度过艰难的岁月，历尽千辛万苦，在抗日战争和解放战争中，驰骋于京汉铁路到东海之滨，大小数百战，歼敌逾万，为革命战争作出了自己的贡献。这支部队现隶属于北京军区第三十八集团军坦克六师二十一团。

回顾60多年前的战斗历程，胜利真是来之不易啊！我们永远缅怀着为创建、培植、指挥和教导这支部队付出无数心血的彭雪枫等革命先辈，牢记那些为争取民族解放而用自己的鲜血浇灌祖国大地的先烈们！

最后，我想借用南宋词人辛弃疾《永遇乐》中的名句来结束这篇回忆文章：“想当年，金戈铁马，气吞万里如虎。”时代在进步，社会在发展，军事变革如火如荼，如今这支部队已朝信息化的征程迈进：看今朝，披甲飞驰，向往灿烂前途。

——摘自《新四军人物纪念》，2012年10月22日

拓展讨论

1. 彭雪枫将军是如何让新四军骑兵团从无到有、从有到精的？
2. 拂晓剧团、《拂晓报》、骑兵团有什么共同特点？体现出彭雪枫将军怎样的初心？

案例解析

新四军骑兵团是彭雪枫治军建军的法宝之一。彭雪枫作为新四军杰出的军事家、共产党人的好榜样，全面抗战时期在与国民党骑兵部队的交锋中，感受到骑兵部队的威力和杀伤力，便在新四军中创建了属于共产党人的第一支骑兵团。在彭雪枫的领导下，这支骑兵团在抗日战场上进行了上百次的激烈战斗，令敌人闻风丧胆，成为驰骋淮北平原的精锐之师，为扩大淮北抗日根据地、夺取抗战胜利立下了汗马功劳。

骑兵团是在新四军游击支队的基础上组建的。1940年6月1日，新四军游击支队在涡阳县新兴集召开纪念“五卅”运动大会时，遭到日伪军的袭击。这次战斗，虽然

打退了装备精良的敌人的进攻，但身为指挥员的彭雪枫感到，我军弱点已暴露出来，即步兵担当警戒任务已不能适应战争需要，他认为建立一支骑兵部队迫在眉睫，这一想法得到了邓子恢和张震的一致赞同。1941 年 8 月 1 日，参谋长张震正式宣布成立骑兵团。骑兵团建立之初，装备极其简陋，马匹和马具严重不足，缺少军装和武器，而且由步兵团调过来的战斗骨干对骑兵战术的特点与规律也并不熟悉。几次不大的战斗，就暴露了不少问题。1941 年冬天，彭雪枫决定拿出 3 万元淮北币给骑兵团买装备、购马匹，不少群众也纷纷将自己适合作战的耕马或驮马送往骑兵团。在人民群众的支持下，骑兵队伍逐渐扩大，马匹也逐渐增多。同时，彭雪枫对骑兵团进行严格训练，还时时教导战员们时刻不要忘记自己是人民的军队，并用严明的纪律约束部队。骑兵团成立后，除了着手加强自身建设，还积极开创淮泗和泗阳地区的抗战新局面，与日伪展开了一系列战斗。1942 年春，丰收在即的淮北平原出现一批抢粮的敌人，骑兵团奉命奋勇杀敌，用了半个小时歼灭、俘虏抢粮匪军 300 余人。1944 年 4 月，在彭师长率领下，骑兵团在萧县的小朱庄活捉了敌副司令王忠鼎，歼敌 1 000 余人。同年 9 月，骑兵团在夏邑八里庄战斗中大获全胜，生擒了敌支队司令李光明、副司令李良玉等 527 人。

骑兵团是在彭雪枫亲自关怀和领导下组建和成长的，这一队伍可以说是新四军的王牌战队。在中国共产党的正确领导和指挥下，在各个队伍的相互配合下，在广大人民群众的热情帮助和全力支持下，骑兵团在抗日战争和解放战争中参加了大小上千次的战斗，在战斗中发挥着不可磨灭的作用，为中华民族的生存和建立新中国立下了卓越功勋。

教学建议

本案例可用于《思想道德修养与法律基础》第三章“弘扬中国精神”中“做忠诚爱国者”的教学。骑兵团在战斗中表现出的决绝赴死的精神，是一种无畏的英雄气概，更是一种崇高的爱国情怀，他们为革命牺牲自我的精神是共产党人初心不改、使命坚守的生动实践。回顾骑兵团的抗战历史，是一部用初心赢得群众、靠使命赢得胜利的历史。骑兵精神是在血与火的考验中孕育而生，蕴含着丰富的红色基因，是党的初心使命在骑兵团革命斗争中的传承，党的初心使命是骑兵精神的逻辑起点和动力源泉。在党的初心和使命引领下，骑兵团表现出严守群众纪律的根本特征和忠诚担当的政治品格。当前，中国特色社会主义迈入了新时代，习近平总书记指出，红色基因需要传承，新时代要继续弘扬骑兵精神，牢记党的革命理想和革命宗旨。站在新的历史方位，骑兵团书写的爱国意识、英勇奋斗、不怕牺牲和敢于胜利的精神不会消失，而且会愈加发扬光大和激励后人，我们要学会从骑兵团的产生发展过程中探寻共产党人的初心和使命，从骑兵团的光荣历史和优良传统中汲取营养。

延伸阅读

彭雪枫同志的建军“三宝”

彭雪枫将军是我党我军优秀的军事家和革命家。提起建军“三宝”，抗日战争期间，在豫皖苏和淮北抗日根据地，可以说是妇孺皆知，有口皆碑。所谓的“三宝”就是“拂晓报”“拂晓剧团”和“骑兵团”。这“三宝”无不倾注了雪枫同志的心血和汗水，在雪枫同志的直接领导下，雪枫“三宝”誉满大江南北，为取得民族解放战争的胜利，作出了巨大的贡献。

我们先来看一下《拂晓报》。

1938年9月29日，彭雪枫率部从竹沟出发东征时创办了《拂晓报》。他亲自为该报撰写了发刊词:《拂晓报——我的良友》，又挥毫写下了“拂晓报”三字潇洒的报头。该报刚创办时，条件差、人员少，雪枫经常鼓励大家要战胜困难，并率先垂范，参与报纸的编辑、审核、校对等工作。无论是在艰苦行军的路上，或是在枪林弹雨的战场，他都经常为该报撰写社论、通讯，七年如一日为党的新闻、文化事业呕心沥血。自《拂晓报》创刊的第一天起，他就养成一个习惯，每期印出的第一张报样，都要让报社送去两份，认真地通读一遍，把写得好的或有错误的稿件用红笔画出来，然后抽空去报社发表他对报纸的意见。发现缺点与重大原则性错误的文章、标题，马上派秘书或警卫员把批过的报纸送给报社，进行改过再印或整版整张重刻重印。

在彭雪枫将军的亲切关怀和扶植下，《拂晓报》从油印到铅印逐步发展壮大。她就像一把战斗的号角，吹响在全师干部战士的心头，把全师指战员的思想统一到了党中央的领导下，毛泽东称该报是“办得好”的地方报之一，亲自题词:“坚持游击战争”。该报1943年还在法国巴黎参加过国际报纸展览，在国际上产生了极大影响。现成为安徽宿州地区党报之一。

拂晓剧团作为《拂晓报》的“孪生姊妹”也是由彭雪枫精心培育起来的。

雪枫同志很注意运用文艺这个有力的武器，担负起团结人民、教育人民、打击敌人、瓦解敌人的任务。1938年11月东征的途中招收了一批十三四岁的青年学生，并以他们为骨干，创办了拂晓剧团。由于经费来源十分困难，演员们就用锅灰画眉毛，红药水抹脸蛋，棉花沾胡子，没有幕布就用床单代替，许多服装、道具都是向战士和群众借来的，雪枫同志知道后，总是尽可能帮助解决剧团的各种困难。此外，雪枫同志对小演员的思想、学习和生活更是关怀备至。经常给他们上政治课、文化课，并请老师给他们上艺术课、指导基本功，使拂晓剧团的演艺水平有很大提高。他还经常利用工作之余，亲自到剧团讲形势、出题目，研究工作，带着剧团下连队慰问演出，以艺术形式教育官兵。

一九四〇年春，开封孩子剧团来到了四师与拂晓剧团合并起来，壮大了拂晓剧团，从此剧团能演出较大的节目了。拂晓剧团演出的《军民一家》《傻小子打游击》《游击队的母亲》等多种题材的戏剧、歌剧、话剧、街头剧等，受到了军民的热烈欢迎，极大地丰富了边区群众的文化生活。当地群众自豪地称拂晓剧团是咱们的“彭家班”，是开放在华中抗日战场上的一支文艺轻骑兵。新中国成立前夕，拂晓剧团的一些同志们，随着百万雄师下江南，在南京的雨花台旁，在上海的黄浦江畔，都能听到他们进军腰鼓的咚咚之声。这惊天动地的鼓声向人民展示了：在华中敌后开放的这支拂晓之花，已经结出丰硕的果实。

骑兵团，是1941年8月1日在淮宝县岔河镇成立的。彭雪枫根据平原作战的特点和敌后游击战的经验教训，亲自组建了我军第一支骑兵团。为建设骑兵团，他最先把自己那匹叫“火车头”的青白马送到骑兵团来。在雪枫同志的带领下，各部队的领导同志都纷纷把自己的马也送去。骑兵团在三个月内迅速发展为三个大队，五百多匹战马。雪枫同志对骑兵团的要求是非常严格的，在他的指导下，骑兵团战士们迅速提高了骑射技术，不仅能马上劈刀、马上射击，还能蹬里藏身、超越障碍。在1942年洪泽湖地区沙山集一战中，彭雪枫的骑兵团仅用9分钟即将300余名日军砍倒大半，吓得日军不战而逃。

骑兵团的故事在群众中间，甚至在敌人的据点里到处流传。他们说，彭雪枫的骑兵团都是眼灵手快的“猴子兵”，只要看见天边扬起一阵黄沙，一眨眼，骑兵就冲到跟前了。那些马呀，都是神马，跑起来四个蹄子不沾地，还能在荷叶上面飞跑哩！这些，虽然是人们的传说，却也反映了骑兵团的神威！这支骑兵团战功卓著，威震敌胆，曾被称誉为“机械化部队”。雪枫同志亲自为骑兵团题词“念年戎马苦生活”。

“三宝”是彭雪枫战斗生涯中的三件有力武器。他曾说：“如果让我凭兴趣挑选工作的话，我愿意做拂晓剧团团长、骑兵团团长、拂晓报社的编辑和记者。”由此看出这三件宝在军事家彭雪枫心目中的地位。

如今，将军离开我们已经60多年了。但是，在全面建设小康社会的今天，我们更应学习他忠于党、忠于革命事业的精神，与时俱进，开拓创新！

雪枫精神，永垂不朽！

——摘自《中红网》，2012年11月8日

2-3　新四军是如何教育战士遵守群众纪律的

案例呈现

“七七事变”后，国共合作抗日，经过艰苦曲折的谈判，国民党同意将红军主力长征后留在南方八省坚持三年游击战争的红军游击队改编为新四军。新四军在江淮大地

的敌后战场上神出鬼没，痛击日伪军，保护百姓，获得广大人民群众的信任和拥护。老百姓把新四军称作“四老爷”，用民歌歌颂新四军：“不是四老爷来，乡下人哪里敢上街。”桐城地区的童谣唱道：“四老爷到蒋塘，又分田来又分粮。四老爷到王屋，泥糊腿子当主席。四老爷到罗岭，地主恶霸趁地滚。四老爷到花山，鬼子汉奸一扫光。”华中的伪军士兵，也尊称新四军为“四老爷”，甚至比之为“赵子龙”(三国名将赵云)，他们常常对着自己的枪说：“枪呀，这是替四老爷保存的。”

由于新四军在群众中口碑好，很多有志抗日的青年都想参加新四军。

古人云：“教妇初来，教儿婴孩。”意思是说：教育媳妇要从刚娶进门时就开始，教育子女要从婴孩时期开始。如果去掉其中重男轻女、压迫妇女的思想，这句谚语中所蕴含的“扣好人生第一粒扣子”的劝诫，确实是很好的经验总结。抗战时期，新四军也是这样教育战士遵守群众纪律的。

(一)

1942年初夏，江苏靖江一名刚满17岁的农村青年苏忠武加入了新四军联防队。同年秋天，该联防队经过整编升格为太和区游击队，苏忠武被分配在队部当通信员。到区队报到的那天晚上，指导员廖永昌就与他进行了一次亲切严肃的谈话：“从现在起，你就是区队的一个战士了。我们区队是一支受县独立团领导和指挥的人民军队。我们每个战士都是为人民的利益而战斗的，而决不能丝毫损害人民的利益。你是这支军队中的一名通信员，更要严格要求自己，为战士们做个好的样子。”

当时的靖江属于新四军第1师师长粟裕领导的苏中抗日根据地。苏中地区临近南京、上海，盛产粮、棉、油、盐等重要战略物资，商业兴盛，财源丰足，历来是江浙财团的重要原料基地和工业品销售市场，沦陷后又成为日军的重要后方和战争资源供应基地。苏中重要的战略地位使得粟裕领导的苏中抗日根据地成为日军的眼中钉、肉中刺。日军除对苏中频繁进行“扫荡”和“清剿”外，还进行惨无人道的“清乡”运动，企图困死和消灭苏中抗日军民。日伪军在靖江一带十分嚣张，他们用毛竹修建了竹篱笆封锁圈，每隔一定距离就构筑碉堡、瞭望哨，开挖壕沟，筑起篱障，推行伪化。夜间只要哪里出现犬吠声，日伪军立马就跟踪追击，包抄合围。这给新四军开展敌后游击战争带来很大困难。为了打破日伪军的“清乡”运动，新四军针锋相对地发动广大群众开展破竹篱、打狗子、拆桥破路、改造地形等一系列斗争，得到大多数群众的积极响应。

1943年年初，苏忠武所在的区队开到了靖西的务本乡。一天早上，他和司务长朱显明、战士汪干堂一道外出为部队买菜。当他们走进一个村子时，意外看见有一户人家门口蹲着一条肥大的黑狗。游击队员夜晚行动时最怕遇到犬吠，一旦犬吠就等于向日伪军暴露了行踪和目标。于是汪干堂提议：“听说这一带狗已打光了，怎么这户人家还养着？走，把它干掉。”他们一致赞同，汪干堂马上摘下身上的步枪去打狗。

没想到那条狗警惕性特别高，还没等汪干堂推上子弹，它就溜进大门，等汪干堂他们追到门里，它又钻进房间。他们干脆一不做二不休，跑到房门口，对着躲在床下的黑狗开了枪。不料黑狗中弹后挣扎个不停，突然蹦到床后，撞碎了一只坛子，坛子里的苏中特产全都泼了出来，和狗血混合在一起。

年轻的战士们没想到打狗却闯了祸，一下子六神无主，情急之中赶紧拖起黑狗就想走。可他们还没迈出房门，就被这户人家的老太太和儿媳妇给揪住了，要他们赔坛子，赔狗子。苏忠武他们第一次遇到这样的情况，手足无措，不知如何是好。

幸好乡里的农民抗日救国会会长闻讯及时前来解围，他对老太太讲道理说："人家打狗子是对的。狗子就是日本鬼子和伪军的情报员，就是'汉奸'。你把它养在家里不打，他们给打了，你们还要拖住他们，世上哪有这样的理啊！"由于落了一个"理"字，老太太被说得哑口无言。可儿媳妇并不服气："我这一坛子呢？"农抗会会长说："这能怪谁呢？狗子是你家养的，坛子是你家狗子撞碎的，要算账只能跟你自己去算。"虽然老太太和儿媳妇对这种处理方式并不满意，但也只能自认倒霉，把苏忠武他们放了回去。

他们把狗带回区队驻地，炊事员立刻做成了香喷喷的狗肉。当大家大快朵颐时，苏忠武却咽不下去。他是穷苦人家出身，知道老百姓生活不容易，一坛子特产也是很宝贵的。这个十七八岁的淳朴青年，回想起打狗的情景，联想到指导员平时对他的教育，越想越觉得他们做了对不起群众、损害群众利益的事情。为了抗日，打狗虽然是对的，但狗把坛子撞破了，群众毕竟受了经济损失。农抗会会长帮忙说话，那是出于对人民军队的爱护，但绝不等于他们就没有责任。他既想对指导员坦白，又怕挨批评受处分，心里非常矛盾，因此吃饭时目光游移不定，说话支支吾吾。

（二）

指导员廖永昌善于做战士们的思想政治工作，也善于及时发现战士们存在的思想问题。他看到苏忠武支支吾吾的样子，完全不像平时那样干脆利索，就说："你大概有什么思想问题，吃过饭跟我谈谈。"

苏忠武趁指导员饭后洗脸的空当，就把打狗的事如实报告了。指导员听了以后，紧锁双眉。当得知苏忠武他们既没有赔人家损失，也没有向人家道歉检讨时，指导员生气了，把毛巾重重地摔在脸盆里："这怎么行呢？你说，你们还像不像个新四军战士？"但作为有领导经验的基层干部，他压住火气，用比较缓和的语气教育苏忠武："同志啊，你刚来报到的那天，我就跟你说过，我们是人民的军队，一时一刻不能脱离人民。而你们呢，做了对不起群众的事，连个招呼也不打，这会给群众留下什么印象？带来什么后果？"

一经点醒，苏忠武对于指导员的批评口服心服。指导员问苏忠武："你说这事该怎么办？"苏忠武这时不再犹豫躲闪了："上门赔钱、检讨。"指导员很欣慰："对，你去把汪干堂、朱显明找来，我们现在就去！"

不久，指导员带领他们来到养狗的那户人家。老太太和儿媳妇正在忙家务，突然看见一个背盒子枪的长官领着三名战士到自家门口，不由得脸色一变，眼睛里露出惊恐的神色，以为新四军找事来了。

这也难怪。无论是清朝的八旗绿营、北洋军阀和其他地方军阀部队，还是国民党军，哪一个不是欺压老百姓的？更不用说日军和伪军了！老百姓被当兵的欺负多了，对当兵的自然而然产生畏惧心理。

可是还没等她们说话，指导员已经一脸笑容地说明来意："大娘，大嫂子，我们的战士违反了群众纪律，特地向你们检讨来了。"

热情的笑脸、和善的言语，立即化解了老太太的恐惧感。老太太完全没有料到新四军是来道歉的，急忙对儿媳妇说："你站着干什么？快去烧茶。"又把指导员一个劲地朝屋里拉。

苏忠武他们跟着进了屋子。指导员跟老太太聊起家常，在谈到打狗时，他主动承担责任："战士犯了错误，都怪我平时工作没做好，希望大娘对我提出批评。人民的子弟兵一定要接受人民的监督，才能为群众办好事。今后如果发现战士有不到之处，欢迎大家向我们部队反映。"最后，指导员掏出五角钱抗币，要老太太收下。

指导员恳切的态度和坦诚的话语使老太太深受感动，她连连说："我也有不是，不该把狗子关在家里不打。"她说什么也不肯收下钱，可是指导员比她更坚决："损坏东西要赔，这是人民军队一条铁的纪律，我们已经犯了一次错误，不能再犯第二次错误。"最后，老太太才勉强收下了钱。

问题圆满解决。当指导员带领苏忠武他们向老太太告别时，她儿媳妇突然从灶屋里追出来，硬是要塞给他们一碗熟鸡蛋，他们坚决推掉了。

第二天上午，指导员召开全队大会，把苏忠武他们这件事作为典型，向全体战士进行群众纪律教育，并责令苏忠武三人当众作检讨。

这是苏忠武刚参加区游击队后接受的第一课，也是他终生难忘的一课。

（三）

由于新四军善于教育战士们切实遵守群众纪律，老百姓都把新四军视为自己的子弟兵。苏南人民自发地把"好铁不打钉，好男不当兵"的民谣，改为"吃菜要吃白菜心，当兵要当新四军"，积极支持子弟参加新四军。1937 年新四军组建时才 1 万余人，由于不断发展壮大，尽管抗战期间伤亡了 8.2 万名官兵，但到 1945 年抗战胜利时，主力部队已发展到 21 万余人，地方武装发展到 9.7 万余人，民兵自卫队更是多达 96 万余人，成为华中抗日战场的中流砥柱。

这一切可以说正是新四军严格遵守群众纪律、始终维护群众利益的结果。

新四军对战士们进行严格的群众纪律教育也给今人以深刻启迪。很多落马贪官在忏悔时，都说到当初他们开始当干部的时候，很少有人对他们进行严格的纪律教育，身上开始出现一些问题的苗头时，很多时候并没有受到严厉的批评教育；当他们手里的权力越来越大甚至位高权重时，虽然身上的问题也随着权力变大而变大，但已经没有人敢监督他们，更不要说严厉的批评教育了。于是，他们愈加肆无忌惮，问题自然也愈演愈烈，最终从党培养的干部沦为阶下囚。如果当初他们一违反纪律就受到批评处罚，也就不会发展到触犯刑律了。

——摘自《党史博览》，2019 年第 8 期

拓展讨论

1. 新四军的群众纪律教育是怎样促进新四军与老百姓的军民情谊的？
2. 如何理解新四军群众纪律与坚持“以人民为中心”的逻辑关系？

案例解析

在抗日战争的硝烟中，新四军在斗争环境极为恶劣的华中地区，始终牢记全心全意为人民服务的宗旨，以人民利益为根本出发点，秉持相信群众、依靠群众、发动群众、服务群众的为民理念，和人民群众众志成城、共同抗战，赢得了人民群众的真心拥护和抗战的最终胜利。当年流传的“吃菜要吃白菜心，当兵要当新四军”的民谣，正是老百姓拥护新四军的生动诠释。新四军与老百姓血脉相连，这种鱼水情深的关系作为一种坚不可摧的力量，成为新四军战胜艰难险阻、取得战争胜利的坚强保障。

群众路线是新四军抗战的制胜法宝。作为党领导下的人民军队——新四军，在抗日战争和解放战争中，坚持一切为了人民，一切依靠人民，取得了重大发展和伟大成就，这与新四军坚持走群众路线密不可分。

一是牢固树立群众观念，把群众纪律当作自己最主要的纪律。新四军进入华中抗日前线后，根据抗战实际，制定出了新的三大纪律和十项注意。三大纪律中“爱护老百姓，不违反民众利益”是重要一条。十项注意内容为：(1) 上门板捆铺草；(2) 地下扫净；(3) 说话要和气；(4) 买卖要公平；(5) 借物要送还；(6) 损失要赔偿；(7) 大便要找厕所；(8) 洗澡避开女人；(9) 进出要宣传；(10) 不杀俘虏兵。这些实质上说的就是群众纪律。从群众本位出发是新四军坚持群众路线的根本体现。比如，新四军在夜里行军路过群众村庄时，哪怕遭到风雨吹打，只要没得到人民群众的同意，他们宁愿露宿荒野也不进村庄，更不进群众屋子；在群众村庄停息时，经常帮群众挑水种菜、垦田开荒、照顾老人，向百姓借的东西一定归还，损坏百姓物品时一定赔偿，切实做到尊重百姓、爱护百姓，对百姓秋毫不犯。二是切实解决群众难题，真心实意为百姓谋利益。1938 年，新四军军部进驻云岭东麓罗里村，为方便群众出行，在叶子河上修建了木质结构桥。在新四军的帮助下，盐阜地区修筑了全长 45 公里，可以根治海潮海啸灾害的海堤，切实保障了沿海百姓的生命财产安全。根据抗日形势发展，新四军通过开展精兵简政和拥政爱民运动，巩固了军政军民关系。1942 年 9 月 26 日，华中局、新四军军分会发出了《关于精兵简政的通知》；1943 年 12 月，军政治部发布了《关于拥政爱民运动

的指示》。这些拥政爱民活动使百姓对新四军更加拥护。三是担负起民族抗日的重任,组织和教育群众,激活和聚拢全民抗日的凝聚力。新四军在所到之处,均要发表布告或宣言传单,内容包括宣传和解释三民主义,唤起群众共同抗日的责任与担当以及天下兴亡、匹夫有责等。同时,新四军在敌后还深入组织开展减租减息运动,极大地改善了广大人民群众的生产、生活条件。四是加强自身建设,反对贪污浪费和脱离群众现象,自觉接受群众监督。新四军坚决要求各级领导干部发挥先锋模范作用,以身作则,着力抓好自身建设。在日常训练和学习教育上,新四军在全军开展整风运动,通过批评与自我批评,解决贪污腐败等突出问题。

教学建议

本案例可用于《思想道德修养与法律基础》第六章"尊法学法守法用法"中"坚持人民主体地位"的教学。新四军自建立以来,不论是在抗日战争年代还是解放战争时期,一直把人民放在心中。新四军与老百姓生死相依、患难与共,群众路线始终是新四军克敌制胜的法宝,为抗日战争的胜利打下了坚实基础。新四军的抗日实践证明:人民群众是革命战争的力量源泉,不依靠人民群众,革命就不可能成功。新时代,习近平总书记强调,群众路线是我们党的生命线和根本工作路线,是我们党永葆青春活力和战斗力的重要传家宝。坚守初心使命,必须深入践行群众路线。在革命斗争时期,新四军严守群众纪律,尊重群众主体地位,关注群众发展诉求,切实以人民群众利益为根本指向。新四军在抗战过程中所折射出的共产党人信念坚定、心系群众、主动作为、清正廉洁的情怀和品质,正是心中有民、走群众路线的集中体现,是新时代坚持走群众路线、践行党的初心和使命的典型榜样。

延伸阅读

"蒋家楼子会议"中的军民情谊

蒋家楼子,位于大别山西端的湖北省大悟县白云山,形似"燕子窝"的一块福地,居住着 16 户人家。楼子四周群山拱卫,山上森林密布、古木参天,山下溪流潺潺、清澈湛蓝。向南翻越陡峭的山峰,可以直达大悟山下的白果树塆。这里是鄂豫边区党委和新四军第五师司令部驻地,是鄂豫皖抗日指挥中心,享有中原"小延安"之称。

翻阅《李先念传》,李先念曾评价"蒋家楼子会议"在新四军第五师和鄂豫边区抗日民主根据地发展史上,是具有里程碑意义的会议,这次会议见证了新四军第五师与老百姓的军民鱼水情深。

1943 年 2 月,大悟山区又是一个大雪纷飞的季节。鄂豫边区 8 个中心县的县委书记,66 个县的县长、政委,新四军第五师团级以上干部等党政军负责人齐聚在蒋家楼子参加大会。据当地老百姓回忆，参加会议的战马沿着峡谷系了足有2里路长。由于突降大雪，进出山路封堵，寒风刺骨，寒气逼人。一个小山村一下子容纳上百人的军事会议，他们只能用柴草开地铺，用人体相互取暖。老百姓看在眼里，急在心上，纷纷将自己的卧房腾出来，拿出棉衣棉被让他们御寒保暖。李先念说："我们回到大悟山，有乡亲们的支援，没有克服不了的困难，抗日的底气更足了。"

2月4日，是中国传统春节，除夕之夜，李先念、陈少敏、任质斌等同志商量，老百姓待我们亲如兄妹，我们该如何感谢他们呢？经过一番议论，想出一个奇妙的贺岁形式。新年凌晨，待老百姓守岁刚刚入睡后，部队给16户老百姓每户送上一捆木柴，斜靠在门上，用红纸包上一块银元放在柴草上。大年初一，老百姓把门一开，木柴和银元滚进门里，寓意"开门进财，财源滚滚"。招财后的老百姓简直高兴得不得了，他们奔走相告，喜得合不拢嘴。然后，李先念又带领边区党委和五师领导挨家挨户给老百姓拜年。老百姓东家煮鸡蛋，西家下肉糆。将自家的腊肉、糍粑、红苕、花生送到部队战士手中，真是鱼水情深一家亲啦。浓浓的年味驱散了寒气，深深的亲情温暖了人心。

新四军第五师严明的组织纪律，更加深刻地诠释了新四军第五师是人民的五师。有一天，发报员感到发报时噪声很大，怕影响住户的休息，就把发报机搬到二楼的阁楼上，发完报后，忽然看到墙上挂着一只闹元宵的狮子头。为了逗趣好玩，便拿下来戴在头上往楼下走，一个只有4岁的小女孩蒋桂珍见到后，吓得大哭大叫起来。虽然这是一件小事，首长知道后，便狠狠批评发报员，发报员当众向小孩及家长道歉，主动为住户挑了7天水。

从正月初一到元宵节，新四军第五师将士同老百姓组织军民大联欢，编扎采莲船到周边村塆欢庆新年，自编自演宣传五师抗战方针、军民团结情谊深等内容。通过宣传政策，发动群众，动员青年，参军参战，使新四军第五师在大别山不断发展壮大。元宵过后，新四军第五师利用会议空隙，组织将士帮助老百姓挖塘、修堰、积肥、备耕，密切了军政军民关系。殷殷之情，溢于言表。

蒋家楼子会议，是在边区逐步实现党的一元化领导的基础上召开的。中共中央决定李先念任区党委书记兼五师师长兼政委，陈少敏为区党委副书记，任质斌为五师副政委。会议提出要加强抗日根据地领导的统一，"一切服从战争"是统一领导的最高原则。五师作为一个独立的战略单位，必须完成发展到四五万人枪的战略任务，不断提高部队的作战能力和指挥能力。保证共产党的绝对领导，保持良好的军民关系。

1943年3月，蒋家楼子会后，边区军民团结一心，亲如一家，相继在鄂豫边区开展了轰轰烈烈的"拥政爱民，千塘百坝"大生产和减租运动，在大别山这片血染的大地上谱写出拥军爱民的篇章，飘扬着军民鱼水情深的旗帜。

1988年4月18日，刚刚接任全国政协主席的李先念，回到阔别40多年的大悟县，站在自己亲自题写的"大山寺保卫战"纪念碑前，注目遥望蒋家楼子而喃喃感叹：大悟人民好啊，大悟人民真好啊！

——摘自《湖北党史》，2018年10月22日

2－4　大将粟裕的军事智慧和人格魅力

案例呈现

粟裕的军事智慧

三次抗日先遣战，铸就粟裕成为青年游击战术家

“九一八”事变后，日本帝国主义侵占了我国东北三省，国内局势发生了很大的变化，中共中央曾多次发出指示、通知、命令，号召全国军民团结起来，抗击日本侵略军。中国共产党领导的人民军队曾三次组织抗日先遣队北上，粟裕都亲率出征，并发动人民群众团结一致抗击日本侵略军。

粟裕第一次参加红军北上抗日先遣队。1934 年 7 月，中央命令红七军组成红军北上抗日先遣队，粟裕任参谋长，奉命向闽、浙、皖、赣等省挺进，宣传党的主张，坚持游击战争。这支部队从江西瑞金出发，先后进行了樟湖坂、福州、桃源、罗源、宁德、庆元、清湖、大陈、分水、旌德、谭家桥等 30 多次战斗，歼灭和击溃敌军万余人，一度震惊了四省的敌人，并在皖南创建苏维埃根据地，在浙闽边建立了战略支撑点，为推动抗日运动的发展作出了杰出的贡献。

1934 年 11 月初，这支部队和闽浙赣苏区的红十军合编，组成红十军团。这种把游击部队集中起来，企图打大仗的“左倾”错误做法，其后果，正如朱德在评论红十军团的教训时所指出的：“不编不跨，一编正规战打不成，游击战打不成。”为此，粟裕提出部队要避免被动，必须迅速实现两个“转变”：由正规军转变为游击队，由正规战转变为游击战。这一思想在 1935 年 4 月怀玉山红十军团主力失利后又一次得到印证。

红军抗日游击队历时六个月，征战近三千公里，他以自己的军事天才和智慧，使这支部队避免了很多失误，为革命保留了一批骨干，为游击战争理论增添了光辉的一页。在此期间，他走一路，思考一路，总结一路，提出了许多创造性的建议和战略措施。不幸的是由于当时“左倾”错误的领导，绝大部分意见没有被采纳。

1935 年 2 月，中共中央决定，以先遣队突围部队为基础，组建中国工农红军挺进师，粟裕任师长，开展游击战争，创建苏维埃根据地。在浙南三年游击战期间，他总结了先遣队失利的教训，适时实行了“两个转变”，粉碎了敌人的第一次“围剿”，创造了“你打你的，我打我的，实行敌进我退的方针”，即一部分部队就地坚持，主力部队则快速跳出包围圈，跃进到敌人的后方去，吸引、调动、打击敌人，开辟和建立新的根据地。在“隐蔽精干、保存力量同机动灵活、积极作战相统一”的指导思想下，粉碎了敌人的多

次“进剿”“围剿”。这套新经验有：游击战术的“六条原则”、游击战袭击的“三类主要对象”、作战的“五条要领”、行动的“八条方式”等。这些新的经验是在最艰苦、最险恶、作战最频繁的游击战中总结出来的，它保障了红军在浙南这一重要战略支撑点的稳固。

从北上抗日先遣队到浙南三年游击战争，标志着粟裕成长为人民军队的军事家、战术家的一个重要历史阶段。

粟裕第二次率领抗日先遣队北上。“七七事变”“八一三”事变爆发后，全民族抗战开始。10 月，挺进师改编为抗日游击队，粟裕任司令员，奉命率队北上，于 1938 年 4 月到达皖南岩寺，加入新四军序列，粟裕任二支队副司令员。4 月下旬，新四军抽调官兵组成抗日先遣支队，粟裕任司令员，执行深入日军控制的腹心地区进行战略侦察活动。先遣支队按照粟裕的要求，在政治上，部队走到哪里，就把宣传工作做到那里，召开群众大会，接见各界知名人士，宣传党的抗日救国纲领、持久战战略方针、抗日民族统一战线，使先遣支队成为一支宣传队，指战员个个都是宣传员；在军事上，侦察了解日军、伪军情况，特别是敌人的薄弱环节，了解国民党军队的情况；在社情上，了解江南平原的地形地貌及风俗民情、群众条件等。经过一系列宣传教育，乡亲们把新四军当作自己家里人，协助部队送信、带路、打探消息、捕捉敌探、破坏敌人交通，还出现了牺牲自己救护新四军伤员的感人事迹。先遣支队战略侦察 20 天，为后来开进的部队创造和准备了条件，在新四军抗日战争的历史上写下了光辉的一章。

1938 年 6 月韦岗伏击战，8 月的小丹阳反“扫荡”，1939 年 1 月奇袭官陡门，都取得了奇兵出击的效果，激发了人民群众的抗日热情，鼓舞部队的胜利斗志。《实战经验录》，就是他与参谋长罗忠毅对游击战的协同、原则、战法、打击对象、目标选择、战术动作、组织战斗以及战前侦察等一系列游击战问题的阐述，体现了他认识和思维的超前及视野的开阔，体现了他对战争规律和特点的科学把握，体现了他善于学习、勤于思考，调查研究、善于总结，虽身处局部、却从全局着眼的战略军事家的风范。

皖南事变后，中共中央重建新四军，粟裕为一师师长，成为苏中战略地的主要领导人之一，他在组织姜（堰）泰（州）战役等各次战役中，在春秋冬季的反“扫荡”、反“蚕食”、反“清乡”的武装斗争中，在建设抗日民主根据地的各项工作中，不仅适时地实行了由城镇到农村、由正规战到游击战的战略性转变，还创造了改造地形、改进战法的平原水网地带游击战的新战法，使武装斗争与非武装斗争相结合，军事斗争与经济、政治、文化斗争相结合，公开工作与秘密工作相结合，集中打击主要的敌人势力。1944 年 2 月，他提出了“在战略相持阶段，争取有利时机，推进局部的战略反攻”。在这个具有重要军事理论的战略思想指导下，全师干部认清了华中敌后战场实行局部反攻的时机已经成熟，取得了车桥战役和南坎战役的重大胜利，标志着抗日斗争形势的大转折。

粟裕第三次率队抗日先遣。1944 年 9 月，中央指示：“我军为了准备战略反攻，造成配合盟军的条件，对苏浙地区应有新的发展部署，特别是浙江的工作，应视为主要发展方向。”新四军为执行党中央的指示，再次组成抗日先遣队，粟裕又一次担纲跨江南下、发展东南的重任。这时，世界反法西斯战争形势越来越好，中国的形势也发生了很大的变化，扩大解放区、缩小沦陷区成为我们的战略任务。粟裕率部近万人首先要偷渡长江，之后还要跨铁路、渡运河、过公路，穿越敌人的几道封锁线，打开浙西局面，保障苏南工作的开展和浙东发展。

江浙是日伪统治中心所在的腹心地区，又具有中美日国际斗争背景的复杂色彩。粟裕率部挺进天目山地区时，于1945年3月至6月，遭到国民党顽军三次大规模的进攻，先遣部队也取得了三次重大胜利，从而在苏浙地区争取了主动地位。天目山战役的胜利实践，展示了粟裕勇于创新，因时而变、因地而变、因敌而变、因情而变的新战法，从而实现了从平原水网作战到山地作战的转变，苏浙军区的部队在全军也率先实现了从游击战向大兵团运动战的战略转变，苏浙地区革命形势呈现了新的发展。

粟裕三次率领部队深入敌后执行先遣任务，在一个独立的战略方向上领导游击战争，形成了一整套敌后作战的指导理论，丰富了毛泽东人民战争战略战术思想。

赤胆忠诚续新篇，铸就粟裕成为伟大军事战略家

抗日战争胜利后，中国存在着两种命运、两个前途的斗争，一个是人民得到解放的光明的新中国，一个是贫困、落后、分裂的旧中国。在两种命运两个前途的激烈搏斗中，粟裕谱写了他军事生涯中大放异彩的新篇章。从自卫作战开始，他从大兵团作战需要出发，组织和训练部队，及时总结每次作战的经验，探索解放战争的特点和规律，以夺取和把握战争的主动权。特别值得大书特书的是，这一时期他有过多次“斗胆直陈”的建议，展现了粟裕军事理论和战略思想的天才。

粟裕第一次使用“斗胆直陈”一词是1946年夏。蒋介石把193个整编旅158万人，调集到内战前线，全面内战迫在眉睫。粟裕经过10个月的探索，基本认识到这场全面内战初期的特点和规律是：敌强我弱，我必须充分发挥人民战争的优势和潜力，变被动为主动，以消灭敌人有生力量而不是保守地方为主的战略方针；由小到大，是集中兵力打歼灭战的发展过程；主战场由解放区前部向纵深转移，要把握转移时机和布局，为进一步集中兵力打歼灭战创造条件。

6月24日，蒋介石撕下了假面具，随即调动了30万军队围攻我中原部队，打响了全面内战的第一枪。26日，中央指示华中野战军西出津浦作战。粟裕分析情况，权衡利弊后，提出了在苏中先打一仗再西移的建议。粟裕坚持内线作战方针，三次建议“淮南主力（五旅）大部东移苏中参战”。他认为这样做的结果是，苏中局面打开则淮南形势可能逐渐改善，而后我再主力西移，打开淮南局面。这个建议基于以下三点认识的基础上：战争是长期的，在敌强我弱的形势下，以消灭敌人有生力量为主；作战方向应以内线歼敌为有利，各战区不宜过早作战役性的配合；从军力、地理、气候等实际情况看，在苏中打歼灭战较淮南更有利。

中央采纳了粟裕的建议。从7月3日至8月12日，华中野战军连续进行了宣泰、如南、海安、李堡四战，歼敌3万余人，打破了蒋介石3个星期解决苏中的梦想。苏中

局势的变化证明，粟裕的战略构想、主要作战方针的判断，以及对战争发展趋势的预测，完全符合解放战争初期华中战场的情况，这种立足战区局部，通观战争全局，从战略全局上权衡利弊，适时提出战略性的建议，创造性地贯彻中央的意图，是我军的光辉典范。

第二次使用"斗胆直陈"的子养电。1948 年人民革命战争进入了一个新的历史转折点：二十多年反革命统治和一百多年以来帝国主义在中国的统治由发展到消灭的转折点。谁想统治中国，谁就要控制中原。这时全国关注的焦点集中在中原地区。粟裕分析了战争发展的趋势，认为随着敌我力量的消长，人民解放军只有高度集中更大的兵力，我军的歼灭战才能进一步更大规模地发展，只有逐次消灭蒋军主力，才能改变中原战局，发展战略进攻，最后夺取全国胜利。1 月 22 日，粟裕这一战略构想以及建议报告中央军委和刘邓首长。虽然在这个子养电之前，他提出的关系战略全局的重要建议有十多次，而这样直接、全面对全国的战局和全军建设的建议还是第一次。这种善于把握战局的发展变化，选择作战地区和歼击目标，转换与确定主要作战形式，量敌用兵，又用于最关键的时机和最关键的方向上，是一种独具特色的超群胆识。

第三次使用"斗胆直陈"的措辞。中央十二月会议后作出了"打倒蒋介石，解放全中国"的战略部署，并决定由粟裕率华野 3 个纵队渡江南进，执行宽大机动作战任务。中央决定的战略行动意图是，迫敌改变集中强大兵力于中原的战略部署，把战争引向敌人的深远后方。粟裕一方面积极执行中央军委的命令，制订部队渡江时机、路线和方法的计划；一方面进一步研究"子养电"的观点和建议。2 月 11 日，中央军委复电，批准粟裕提出的渡江作战方案，粟裕一方面利用休整时间开展新式整军运动，一方面从江南实际情况出发，对部队进行了水网地带行军、巷战、攻坚战为主要内容的军事训练，部队军政素质得到了很大的提高。同时，粟裕仍在思考：是分兵渡江作战有利，还是集中兵力在中原作战有利，他对渡江南进与留在中原作战的各种可能出现的情况进行了分析对比，并把研究结果先后报陈毅、刘伯承和邓小平，征求他们的意见，并于 4 月 18 日再次向中央提出自己的建议。粟裕这次"斗胆直陈"的报告，在城南庄会议上有了结果。会议作出了决定：在既定战略方针不变的前提下，同意华野 3 个纵队暂缓渡江南进，留在中原黄淮地区大量歼敌。这一个重大的战略决策，构成了以后"淮海战役设想的最初蓝图"。

这种处理战略、战区、战役转折与战争全局的关系，有目标有计划地把战争从一个阶段引向另一个阶段的指挥艺术，为我军作战指挥理论增添了瑰宝。

粟裕一生致力于战争指导规律的探索与研究，关注科技进步对未来战争形态和作战指导的影响，他的丰富军事理论遗产，特别是他的实事求是，一切从实际出发，主观指导与客观实际相统一的辩证唯物主义的思想路线，为全党全军提供了宝贵的借鉴和启示。

粟裕的人格魅力

恭谦礼让，品德高尚是我军的楷模

粟裕一生从人民利益出发，顾全大局，光明磊落，虚怀若谷，功勋卓著，却从不居功自傲，总是把功劳归于党、归于人民，“二让司令、一让帅”在全党全军全国人民中传为美谈，这种共产党人的高风亮节，永远值得我们学习。

粟裕一让司令员。抗战胜利后不久，中央作出重大战略决策，提出“向北发展，向南防御“的方针，并指示新四军江南主力部队立即转移到江北，以让步去换取全国人民需要的和平与民主。同时，中央调整战略布局，在原华中地区组建华中局和华中军区，并决定由华中局提出主要领导成员名单。

华中局上报中央的方案中提议粟裕任苏皖(后改称华中)军区司令。中央同意粟裕留华中任司令员，并又决定由刚从延安返回华中的张鼎丞任副司令员。这时，粟裕还不知道华中局和中央的决定。当接到通知要他参加华中分局和华中军区的筹建、到达淮安时，粟裕才看到了中央的电报。他说，张鼎丞同志是我的老上级，我当他的副手，更有利于工作，有利于团结。当即向华中局领导提出请求，建议任命张鼎丞为司令员，自己改任副职。华中局领导没有同意他的建议，并向部队转发中央决定的电报。他知道后说：“这份电报先不要发出去，我还要向中央提出我的意见。”第二天，粟裕的建议电报发给中央。中央当时没有采纳这一建议，10 月 24 日中央批复是：粟裕担任华中军区司令员是适当的。中央的决定传达到华中局的当天，粟裕连夜再次发出了请求改任副职的建议电。28 日，中央收到了粟裕电报，当天就进行了研究，认为粟裕的提议是有理由的，并于 29 日复电：同意张鼎丞为华中军区司令员，粟裕为副司令员并兼任华中野战军司令员。

粟裕二让司令员。1948 年 4 月底，在城南庄举行中央书记处会议，这是部署夺取全国胜利的一次重要会议。会议在毛泽东“军队向前进，生产长一寸，加强组织性”的三条方针指导下进行。会议还讨论了“陈粟兵团的行动问题”。与此同时，中央还采取了一项重要组织措施，决定调华野司令兼政委陈毅到中原军区、中原野战军工作，粟裕挑起华野的重担。粟裕知道中央决定后，非常着急，他深感华野全盘工作的责任重大，有陈毅主持全局，他才能集中精力搞好战役指挥。因此，他再三请求中央陈毅仍回华野。当他知道中央已经作出了决定后，于是提出了最后的请求：陈毅在华野的司令兼政委职务继续保留。最后，中央同意了粟裕的建议，“陈毅在华野党政军职务由粟裕代理”，并又任命粟裕为华野副政委。从此以后，粟裕就以华野代司令和代政委职务，担负起领导和指挥的重任。

粟裕一而再、再而三地向中央提出建议，我认为这不能简单地理解为谦逊。他是基于从全国革命大局出发，从革命全局利益考虑，也是他一贯的大公无私、品德高尚的集中表现。

粟裕的第三让。1955年，粟裕被授予大将军衔，位居十大将军之首。粟裕是战功卓著的军事家、战略家，得到毛泽东等中央领导的赞赏，也为许多中外人士所倾倒。据毛泽东身边的工作人员回忆，中央在中南海颐年堂讨论军队高级将领军衔问题，在谈到粟裕军衔时，毛泽东是要给粟裕授元帅的，他说："论功、论历、论才、论德，粟裕可以授元帅衔。在解放战争中，谁人不晓得华东粟裕呀！"周恩来说："可是粟裕已经请求辞帅呢。"毛泽东说："难得粟裕！壮哉粟裕！竞三次辞帅。1945年让了华中军区司令员，1948年让了华东野战军司令员，现在又让了元帅衔，比起那些要争要闹军衔的人，强千倍么。"周恩来接着说："粟裕二让司令又让帅，人才难得，大将还是妥当的。"毛泽东又补充说："是第一大将。我们先这样定下来，十大将十元帅。"

粟裕的谦让，是从党的事业发展出发，是从革命全局利益出发，是从团结军队和内部关系出发，展示了他高尚的品德和人格魅力，为全党全军树立了光辉榜样。

节俭简朴，以普通一兵自律

粟裕对自己，一贯保持着艰苦朴素、廉洁奉公的革命本色。在红军游击战争时期，1933年硝石战斗负伤后，仅靠一只手坚持工作，身为军团参谋长，即使在部队行军休整时，他也难以休息；部队紧急行动时候，他经常自己背干粮等物品，以减轻挑夫的负担。1934年8—9月间，在浙赣边的一次战斗中，粟裕右臂负伤。这是他自南昌起义以来的第五次负伤。当时医疗条件很差，战斗行军频繁，伤口久未愈合，他与战士一起挖野菜、吃草根，忍着伤痛，指挥部队行军作战。1935年9月，他率挺进师翻越九龙山时，穿一双破布鞋，鞋底已经磨破，就扎了几片棕叶，走在部队的前面。1936年在坚持浙南游击战中，他第六次负伤，当时没有药，就用苦菜叶子贴在伤口上。挺进师长以这样的形象，鼓励着部队坚持游击战争。不论在抗日战争和解放战争期间，粟裕从不以权谋私，都始终如一地过着简朴的生活，以身作则，率先垂范。

新中国成立后，粟裕成为我党我军的高级干部，仍保持着普通一兵的本色。他生活简朴，每天伙食按标准规定一荤一素一汤，他交代炊事员，每餐吃剩的饭菜留到下一餐再吃，决不许扔掉。他穿的衣服大多是发的军装，衬衣破了补好再穿。他在任南京市委书记和市长，为了便于工作，组织决定为担任地方党政职务的领导同志每人做一套便衣。后勤部长提出，粟裕为一市之长，应该做一套毛料服装。粟裕一听就不赞成，说："不行！为什么要毛料的呢？做套布的不行嘛？刚进城就讲究穿着不好嘛，要脱离群众的！人民群众不是看我这个市长穿得好不好，而是看我的工作做得好不好，是不是为他们服务。"后来，这套衣服从南京穿到北京，直到变成灰白色，还舍不得丢掉。

当时还发给他一双军用短靴。他很喜欢，笑着对身边的工作人员说："我们部队要现代化了，着装也应该改进，体现军人的威严。军靴子有好处，一是精神，二是保护脚踝。"他白天穿着上班，晚上自己动手把它擦干净。10年过去了，这双皮靴换了两次底，裂开的靴面缝补了好几块，松紧口也坏了好几次，而靴子仍然干干净净的。有一次，部队换装时，秘书想给他换双新的，粟裕不肯，说："还好嘛，换什么？"秘书说："首长，你干吗这样节省？”粟裕说：“你这小鬼！我要穿得衣冠楚楚，干部战士就会敬而远之。何况节俭是劳动人民的本色。”

粟裕是华东局常委，华东军政会副主席，华东军区副司令。当时华东局设在上海，陈毅司令也常驻在上海，为了开会和商谈工作，粟裕经常往来于南京、上海之间。按规定，他可以乘坐公务车厢的。可是他从不这样做，有时连软席车也不坐，而与随员一起坐硬席车厢，利用一切机会接近人民群众。随员担心他的安全，他说：“没关系，这也是体验生活、联系群众，在硬座车厢里可以听到人民群众的声音。”

对身边工作人员，严格要求，照章办事，言行一致，以身作则，要求大家做到的，自己首先做到，这也是他一贯的作风。在南京、上海解放前夕，粟裕告诫大家：艰苦奋斗的优良传统不能动摇，要防止腐化思想和私有观念增长。在中央人民政治协商会议第一次全体会议上，他代表三野庄严地表示：“多贡献，少享受”是我们革命军人的无上光荣。他常对身边工作人员说：“我之所以能对革命作出点贡献，是毛主席、中央军委正确领导的结果，是各野战军配合的结果，是广大指战员流血牺牲的结果，是广大人民群众积极支持的结果，我个人只是沧海一粟。”

他热情好客，却从不用公款招待来看他的战友，一切费用均从他的工资中扣。有一次，身边工作人员把烟酒费由单位招待费开支，他知道后也坚决不同意，直到从他的工资中扣除后才算了事。

他对战士和部下亲如手足，关心体贴，爱护备至。“不丢一个伤员”，这是粟裕对各级指挥员在战场上的要求。1947 年 12 月确山战斗中，他下令所有团以上干部的千余坐骑全部让出来运送伤员，他自己也随军步行几十里。

对子女教育，严而有序

粟裕对子女的教育是严格的。三个子女都是在战争年代出生的。长子粟戎生回忆说：“父亲很注意培养自己的军人气质，吃饭不但不可挑食，还得加快速度，夜行军不可以啼哭，饥寒不可以叫喊，否则就会遭到他的呵斥。”粟裕对最小的女儿也同儿子一样严格，女儿从小就被训练得不许撒娇耍赖。女儿三岁时，粟裕就给她穿上冰鞋练习滑冰。还亲自在自己家的院子里挖出一条小小的冰道，供孩子练习用。

做军人胆子要大。粟裕对子女从小就注意训练，粟戎生 2 岁多时，不敢下水，粟裕让他抱着根竹竿就把他丢进了水里。他教女儿跳水时，小姑娘胆小，站在跳台上颠颠巍巍时，他一把将女儿推下水里。

粟裕教子女唱的第一首歌是“东进，东进，我们是铁的新四军”。粟戎生 5 岁得到父亲送给他的第一件礼物是一把小手枪，并从此开始随父亲练习射击，接受父亲爱枪爱兵的生活，培养兵的气质，从此和枪结下了不解之缘。粟裕进了北京之后，对子女的这种训练也从未间断过。

粟裕对子女不同的时期有不同的要求。粟戎生高中毕业后，要求从军参加中印边界反击战。粟裕很赞赏孩子的这种态度，但他说，现代化战争需要科学技术，应该下决心先掌握一门甚至几门真本领，否则只能是一个傻大兵。后来，粟戎生成了一名工科大学生。大学毕业后，粟裕把孩子送到云南前线，在那里从战士、班长、技师到排长，四年住在野外帐篷里，经历了上千次战斗警报。1969 年粟戎生奉命调往驻守黑龙江边境的北线部队，命令是粟裕亲自下的，他认为，平和舒适的环境里培养不出真正的军人。那一年正好发生了中苏边境的珍宝岛之争，形势非常紧张，有的家长担心会打仗，想方设法把自己的子女从一线部队调到后方去，粟裕却让儿子进驻一线部队。粟裕女儿粟惠宁中学毕业后，先在部队基层当兵，当过通讯站报务员、宣传队员，还当过炊事员。粟裕写信鼓励女儿说："高尔基不曾是个洗碗、烧锅炉的吗？但由于他的勤奋成了世界闻名的革命文学家。"

——摘自《新四军研究》，2012 年 10 月 22 日

拓展讨论

1. 谈谈粟裕成长为人民军队的军事家、战术家的历程给大学生个人成长的启示。
2. "三让"体现了粟裕什么样的人格魅力？

案例解析

粟裕是中国无产阶级革命家、军事家中的一位杰出代表。他以卓越的军事才能和坚定的革命信仰，深谋远虑、艰苦奋斗、运筹帷幄，在战场上屡建奇功，于 1955 年被授予大将军衔。粟裕的一生与人民军队的诞生、成长，与革命斗争的产生、发展是并肩而行的。1927 年在受到反动派迫害的情况下，他毅然加入了叶挺领导的国民革命军第二十四师教导大队，走进了中国共产党领导的革命军队行列。跟着党组织先后参加了南昌起义、湘南起义、革命根据地的建设以及历次反"进剿"和全部五次反"围剿"战争。在残酷的战争中，他的革命意志更加坚定、作战能力更加成熟，从一名青年学子逐步成长为共和国的开国将领，为党和国家作出了重大贡献。这一切成就既在于对共产党事业的坚定信念，还在于坚持以马克思主义、毛泽东军事思想为指针，用辩证思维分析战争情况、探索战争发展规律。

粟裕戎马一生、战功显赫。粟裕可以称作一位军事奇才，20 多岁便担任红军师长一职，在反"围剿"中取得了突出战绩。战争年代，粟裕没有在军事院校受过专门训练，是在血与火的交融中成长起来的，在此过程中，他真正学习到指挥战争的精髓、领悟到革命的规律。1928 年 6 月，在井冈山第四次反"进剿"作战中，他抓住有利战机，俘虏了上百名敌人。1930 年 12 月，在中央苏区第一次反"围剿"作战中，他活捉了中将师长张辉瓒。这些经验使他从一名基层干部逐渐成长为高级指挥员。粟裕抱着对党绝对服从和高度信任的信念，在红军北上途中积极协助配合军团长进行军事指挥，击退了敌人无数次的截击和追击。1935 年 1 月底 2 月初，接上级指示，粟裕带领将士们积

极作战，创建了浙南游击根据地。1938 年 4 月，任新四军第二支队副司令员、先遣支队司令员的粟裕率兵挺进江南执行侦察任务，为大部队开进创造条件。6 月 17 日，粟裕采取敌后作战方式，指挥先遣支队在韦岗伏击日军，打击了日军的嚣张气焰，奠定了军队在江南作战的基础。1944 年在第二次世界大战期间，时任新四军第一师师长兼政委、苏中军区司令员兼政委的粟裕通过深入分析形势、判断敌我差距，选择合适时机对日军进行反攻，发动了车桥战役，打破了苏中敌我相持局面，抗日斗争形势向有利于我方转变。解放战争初期，粟裕指挥了苏中战役，首创一个战役歼敌 5.3 万余人的记录。随后，粟裕又成功组织指挥了宿北、鲁南、莱芜、孟良崮、沙土集等重大战役，推动战局向有利于人民的方向发展。在进入战略进攻后期，粟裕指挥了豫东战役，为全力歼灭国民党主力、彻底解放中原创造了条件。

教学建议

本案例可用于《思想道德修养与法律基础》第五章“明大德守公德严私德”中“引领社会风尚”的教学。衡量一个共产党员做到不忘初心、牢记使命的关键标准是要看其能否勇于担当、勇于奉献。习近平总书记曾说：“向先进典型学习，可学者多矣！最关键的是要学精神、学品质、学方法。”粟裕的一生是严于律己、忘我无私，忠于党和人民的事业，忠于马克思主义信仰，坚持中国特色社会主义不动摇的一生，无论是抗日战争时期、解放战争时期，粟裕始终不忘初心、牢记使命，正如他在诗中所写：“半世生涯戎马间，征骑倥偬未下鞍。”即使在他遭受委屈、经历磨难的逆境中，仍然保持着无私无畏、艰苦奋斗、光明磊落的崇高品德。粟裕在宿北、鲁南、莱芜、孟良崮、沙土集等战役中表现出的精神和品质见证着共产党人的初心、铭刻着共产党人的使命。新时代，我们应以粟裕为学习榜样，积极弘扬他的优秀品质，以敢于担当、永不懈怠的精神状态，践行全心全意为人民服务的初心。

延伸阅读

叶挺的部队为什么被称为“铁军”？

叶挺的独立团在战斗中表现了无比的战斗力，勇猛善战，屡建殊功，被人们誉为“铁军”，这是什么原因呢？朱德同志曾经总结说：“原因有三：(1) 军队中有中共的组织；(2) 有政治训练；(3) 有广大的农民和人民群众的支持。”

1924 年 11 月，中共在取得孙中山先生同意后，由黄埔军校政治部主任周恩来主持，先组建了“陆海军大元帅府铁甲车队”，一年之后，在铁甲车队的基础上扩建为独立团，叶挺担任团长。独立团属国民革命军第四军，实际上由中国共产党掌握。团长和营长都是共产党员，连一级干部大部分也是党员和团员担任，并在独立团内从上到下建立了党的组织。

为了建设一支革命军队，从1925年11月到1926年5月，在肇庆驻军期间，部队初步建立了政治工作制度，开展了政治教育。周恩来曾指示：政治工作的任务是使"革命军队确实有革命观念"，使官兵懂得"革命军是党的军队，革命军的行动要依靠着党的政策"。

叶挺的部队为什么被称为"铁军"？

独立团根据中共指示，在干部中进行反贪污、反打骂的斗争，给士兵上政治课，宣讲革命道理，引导士兵认识国内外的政治形势，懂得革命军队同旧军队的根本区别。经过教育，士兵们逐渐认清并接受了打倒军阀、打倒帝国主义的革命思想，革命热情更高了。通过密切军民关系、官兵关系，使整个部队面貌一新。独立团在建设一支革命军队方面，迈出了重要一步，逐渐形成了同其他国民党单独领导的国民革命军显著不同的优点和特点。这就是坚持共产党的独立领导，重视士兵中的政治工作，扫除旧军队的恶习，培养勇敢的战斗风格。

1926年5月底，中共通过广东革命政府，派遣独立团负担北伐先遣队的重任，先期开赴湖南前线。独立团官兵肩负着中共嘱托，出师后接连在湖南、湖北打了许多硬仗，其中有四个战役对于促进北伐战争胜利起着关键性的作用。第一仗是1926年6月4日攻打湖南攸县，首战告捷，打开了北伐军进入湖南的通路。8月26日至30日，又在汀泗桥和贺胜桥，以迅雷不及掩耳之势，先后打了两个硬仗，击溃了吴佩孚的主力。最后于10月10日会同友军攻下了武昌城，取得了北伐战争的重大胜利。

独立团在整个北伐进军过程中，得到了广大人民的有力支援和配合。例如在攻打平江县城的战斗中，当地党组织充分发动工人、农民和学生，组成交通队、向导队、运输队等，积极支援部队作战，有的人还英勇参与了战斗，此役结果我方仅以伤亡100余人的最少牺牲，取得了生俘守敌官兵6 000余人的最大胜利。独立团在战斗中，还充分发挥了共产党员、共青团员的模范带头作用，不怕牺牲，冲锋在前。9月，北伐军围攻武昌城，独立团一营被指定为奋勇队，由于有了共产党员的带头作用，全体官兵浴血奋战，前仆后继，抢先登城。共产党员、营长曹渊发扬了"革命军人有进无退"的精神，战斗到生命最后时刻，充分表现了独立团官兵的勇敢牺牲精神。

由于独立团勇猛善战，所向披靡，连战皆捷，被人们誉为"铁军"。当年武汉粤侨联欢社同仁敬赠的一块牌上称赞"铁军"是"摧锋陷阵，如铁之坚；革命抱负，如铁之肩。功用若铁，人民依焉；愿寿如铁，垂忆千年"，充分反映了人民对"铁军"的爱戴和期望。

——摘自《中华网军事》，2017年12月6日

第三篇　廉政建设

新四军在八年抗战中始终坚持做廉政建设的积极倡导者和实践者，创建了廉洁高效的抗日民主政府，锻造了纪律严明的人民军队，为中国抗日战争和世界反法西斯战争的胜利作出了积极贡献；同时，新四军以为民、务实、清廉的作风和形象为后人留下了取之不尽、用之不竭的廉政历史经验。新四军以理想信念为支撑，以人民满意为标准，以勤俭清廉为规范，以艰苦奋斗为主题，以制度惩戒为保障，以领导风范为引领，加强廉政建设。以铜为鉴可以正衣冠，以人为鉴可以明得失，以史为鉴可以知兴替。深刻把握新四军廉政建设的内涵，学习新四军廉政建设的基本思路和宝贵经验，对我们今天发扬革命传统、传承红色基因、提高党员领导干部廉洁从政意识、推进反腐倡廉宣传教育和廉政文化建设必将发挥积极作用。

3－1　叶挺的故事

案例呈现

叶挺(1896 年 9 月 10 日—1946 年 4 月 8 日)，原名叶洵，字希夷，中国广东惠阳秋长人，北伐名将，八一南昌起义总指挥，新四军军长，中国人民解放军创始人及新四军重要领导人之一，是闻名国内外的军事家。他参与指挥南昌起义并出任前敌总指挥，参加广州起义时任起义军工农红军总司令，抗日战争中又出任新四军军长，后在皖南事变中被国民党扣押，他拒绝蒋介石的威逼利诱，写出了著名的《囚歌》明志。抗战胜利后，获救出狱后被中国共产党重新接纳为党员，与夫人李秀文以及秦邦宪、邓发、王若飞等同志在返回延安途中，不幸遭遇空难。

叶挺请客不慷公家之慨

叶挺热情好客、重友情，请客吃饭，是常有的事。

当 8 省的红军游击队在岩寺集结停当，接受过“点验”，叶挺便在自己特设的小伙房里，备下几桌丰盛的家乡粤菜，宴请了首席点验官、国民党第三战区副司令长官罗卓英中将及其随员们。罗卓英是叶挺的广东同乡、保定军校的同学和粤军时期的同事，旧谊颇深。第二天，叶挺又陪同他们逛了黄山，显得热情周到，于公于私，都很得体适当。然后集合司政机关全体干部，欢送罗卓英一行上了路，很讲究礼仪。事后，项英夸赞叶挺军长对付罗卓英真有办法。

在皖南新四军军部工作期间，叶挺经常让从广东带来为他办伙食的厨师做些广东客家菜肴，邀请项英等军部领导同志及追随他来新四军工作的老朋友、老袍泽们，在一起聚聚餐，为的是联络感情、增进友谊。

叶挺的交际活动较多，有时也招待来访的国内外人士、国民党三战区驻新四军的联络参谋。叶挺私人宴请，都是自己掏钱，不慷公家之慨。那时，请客吃饭，不可能有什么山珍海味、有什么高档烟酒，无非叫他的厨师做些有广东客家口味的菜肴而已，食材也都是泾县当地土生土长的。

但也有例外。一次，军部在岩寺召开各界民众座谈会。叶挺、陈毅先后在会上发表热情洋溢的讲话，宣传党的抗日民族统一战线政策，号召各界人民团结起来，有钱出钱，有力出力，共同抗日。为了把座谈会开得更有气氛、更有人情味、更有鼓动性、更能体现军民鱼水情，叶挺特意指示要为座谈会备点香烟、绿茶、当地产的水果，把出席会议的代表招待好，会议结束后，还要招待各界代表吃顿红米饭。这次座谈会，给了各界人民以极大的鼓舞，更加密切了新四军与当地民众的关系。

叶挺的照相机

叶挺酷爱摄影。他不仅是卓越的军事指挥家，而且还是位造诣颇深的摄影艺术家和战场摄影记者。叶挺年轻时就酷爱摄影，曾买过一台120照相机练习拍照。1931年回澳门定居后，又从香港买了全套暗房器材，在自己家中布置暗房，学习冲洗胶卷、放大制作等技术，成为一名业余摄影行家。但叶挺真正在纪实摄影方面大显身手，是在1938年至1940年，他出任新四军军长之后的这3年里。在皖南新四军军部工作期间，举凡行军战斗、外出巡访、宾来客往和军民集会等，他总要摄下精彩镜头。他带着它行军打仗、视察部队，带着它走进农家茅舍、访贫问苦，带着它走进战士的营房、促膝谈心。他给那些一辈子都没有见过照相机的老农民拍照，给那些远离家乡亲人的新四军战士们拍照。他亲手拍摄的纪录新四军在江南敌后的辉煌战绩的照片，或寄到国内外进步报刊发表，或存作军史资料。叶挺对新四军走过的战斗道路做的许多宝贵的纪录，无疑有利于扩大新四军的影响，争取更广泛的支持。

可叶挺用来拍照的徕卡相机，并非用公款购置，而是用夫人卖首饰的钱在香港买的。叶挺的二儿子叶正明回忆说："1938年，叶挺虽然是一军之长，但生活并不宽裕，我妈妈李秀文出阁前是东莞的名门闺秀，出嫁时带来了一批嫁妆，于是，妈妈卖了一些首饰，这一年和爸爸一起在香港买了一架西德产135徕卡相机。打那后，不管战事多忙，他都把相机带在身边，拍摄了许多战地照片。有一次，爸爸到上海为新四军筹款，住在霞飞路公寓，正遇日本飞机轰炸，成群的炸弹就在身边呼啸爆炸，闸北成了一片火海。爸爸不顾个人安危,站在阳台上举起照相机,拍下了侵略者的罪行。”泾县云岭“种墨园”内展出的摄影作品,主要是叶挺任新四军军长期间在皖南拍摄的。这些纪实性摄影作品,成为新四军军史中非常宝贵的资料。

叶挺出任新四军军长后,建立了简陋的军部摄影室,这是叶挺带头捐款建起来的。成立军部摄影室主要做两件事:一是拍新闻照片,对外宣传新四军在前方作战取得的胜利;二是给新四军排级以上干部建立照片档案。当时不少红军老战士,都想拍张纪念照片,寄给家人,自己留存。于是在军部摄影室的基础上,又增设了合作社性质的照相服务社,由叶挺、项英和陈毅等人带头捐钱集资入股,购买照相器材,私人拍照和冲印照片要记账收费。当时只有两台相机,一台是用120胶卷的禄来福来相机,另一台是照相馆用的木制座机。暗房用几丈黑布做帐幕,红灯是用油灯罩上的红玻璃代替,没有电源印片,放大全靠日光。叶挺利用闲暇,随身带着徕卡相机,多次亲临摄影室当教练和辅导员。

曾在军部工作的画家赖少其回忆说:“我1939年10月到皖南参加新四军,叶军长即把自己所拍的战地照片拿给我看,说想编一本新四军摄影集,送香港印刷,交宋庆龄、史沫特莱作为海外宣传品,为新四军筹集经费和医药,同时也为了粉碎顽固派对新四军所谓‘游而不击’的造谣污蔑。”遗憾的是,叶挺军长拍摄、编辑、出版新四军摄影集的计划未能实现。

——选自《新四军廉政故事》,安徽人民出版社2015年版

拓展讨论

1. 叶挺请客吃饭是否用的是中国共产党的革命经费?为什么?

2. 战地照片能很好地反映新四军的战斗历程与精神风貌,但叶挺拍照用的相机却是自己买的,他为什么不用公款购置照相机?

案例解析

新四军组建初期,国民党在军需供应上对新四军进行克扣,基本不供给新四军武器装备,只配给少量弹药。结果新四军所使用的武器大部分都是3年游击战争期间带过来的,还有少数是与日军交战中缴获的战利品。枪械数量不够,导致新四军在岩寺训练场上练兵时,常常不得不两三个人共用一件武器,轮换着练习瞄准。上操下操时,一些战士也只好拿着从根据地带来的梭镖、大刀。为了解决新四军缺枪少弹的问题,叶挺一面呈文顾祝同,断续要来一些枪支,一面自力更生,建设小兵工厂,以弥补敌后武器弹药之不足。为了解决军队经费问题,叶挺又与夫人李秀文商议,想方设法筹款。为此,李秀文不辞劳苦,往返于皖南和澳门之间,为新四军筹集经费。她毅然变卖了自己的金银首饰,并动员经商的父母拿出多年积蓄。叶挺和李秀文用筹集来的这笔钱

款，从海外购得新式手枪 3 600 支、子弹 20 余箱，新型军用远程望远镜 200 架及一批步枪、大刀等，无偿资助新四军。即使是照相机，叶挺都是自己掏钱购置，体现了叶挺为了革命事业毅然捐献家产的爱国主义精神。

教学建议

故事描写了叶挺在请客吃饭和捐献家产等方面对革命节俭、克己奉公的行为，该案例适用于《毛泽东思想和中国特色社会主义理论体系概论》第二章“新民主主义革命理论”第三节“新民主主义革命的道路和基本经验”第二部分“新民主主义革命的三大法宝”、第十四章“坚持和加强党的领导”第一节“实现中华民族伟大复兴关键在党”第三部分“新时代中国共产党的历史使命”的辅助教学，结合叶挺的故事阐述党的伟大工程的建设要求。也可用于《思想道德修养与法律基础》课程第一章第二节“正确人生观”、第三节“创造有意义的人生”，结合叶挺的故事阐述应该如何创造有意义的人生。

延伸阅读

干部作风是人民群众观察评价党风的晴雨表。党的十八大以来的实践证明，作风建设必须以上率下，用钉钉子精神抓落实。抓好全党作风建设，首先要抓好中央委员会作风建设。新一届中央委员会务必保持党的十八大以来业已形成的党风建设的良好势头，并争取做得更好。中央委员会的每一位同志都要勤勤恳恳为民，兢兢业业干事，清清白白做人。

清清白白做人，就是要一身正气、两袖清风，自觉遵守廉洁自律准则，自觉遵守中央八项规定精神，自觉接受监督，敬畏人民、敬畏组织、敬畏法纪，公正用权、依法用权、廉洁用权，拒腐蚀、永不沾，决不搞特权，决不以权谋私，做一个堂堂正正的共产党人。

——习近平《在党的十九届一中全会上的讲话》(2017 年 10 月 25 日)

作风问题关系人心向背，关系党的执政基础。对“四风”问题，必须下大气力惩治。形式主义实质是主观主义、功利主义，根源是政绩观错位、责任心缺失，用轰轰烈烈的形式代替了扎扎实实的落实，用光鲜亮丽的外表掩盖了矛盾和问题。官僚主义实质是封建残余思想作祟，根源是官本位思想严重、权力观扭曲，做官当老爷，高高在上，脱离群众，脱离实际。有些领导干部爱忆苦思甜，口头上说是穷苦家庭出身，是党和人民培养了自己，但言行不一，心里想的是自己当上官了，终于可以扬眉吐气了，要好好享受一下当官的尊荣，摆起官架子来比谁都大。享乐主义实质是革命意志衰退、奋斗精神消减，根源是世界观、人生观、价值观不正确，拈轻怕重，贪图安逸，追求感官享受。奢靡之风实质是剥削阶级思想和腐朽生活方式的反映，根源是思想堕落、物欲膨胀，灯红酒绿，纸醉金迷。“四风”的后果，就是浪费了有限资源，延误了各项工作，疏远了人民群众，败坏了党风政风，最终会严重损害党的先进性和纯洁性、严重损害党的执政基础和执政地位。如果沉迷在“四风”之中，还讲什么无数革命先烈流血牺牲打下的红色江山永不变色，那是多么大的讽刺啊！无数革命先烈流血牺牲打下的红色江山就是让一些人去挥霍败坏的吗?！如果领导干部弄不清“为了谁、依靠谁、我是谁”，如果“四风”问题蔓延开来又得不到有效遏制，就会像一座无形的墙把党和人民群众隔开，就会像一把无情的刀割断党同人民群众的血肉联系，那后果就严重了。

——习近平《在河北调研指导党的群众路线教育实践活动时的讲话》(2013 年 7 月 11 日)

3－2　项英的故事

案例呈现

项英(1898—1941 年)，杰出的无产阶级革命家，工人运动的著名活动家，党和红军早期的领导人之一，新四军的创建人和主要领导人之一，抗日名将。项英原名德隆，化名江俊、江钧，湖北江夏(今武汉市江夏区)人，1922 年加入中国共产党。在中共三大、六大上分别被选为中央委员、中央政治局委员。1926—1930 年期间，曾任湖北省总工会党团书记、全国总工会执行委员兼上海总工会党团书记。1931 年后，任苏区中央局代理书记、中华苏维埃共和国临时中央政府副主席等职。红军主力长征后，任中共中央江西分局书记，中央苏区军区司令员兼政治委员，在赣粤边坚持游击战争。抗日战争时期，1941 年 1 月，任中共中央东南局书记、新四军副军长兼政委，在国民党反动派发动的皖南事变中，被叛徒杀害。

新四军刚成立时，副军长项英逢会必讲发扬优良传统、保持艰苦奋斗作风的问题。他指出，现在艰苦的程度虽不像在井冈山斗争时天天吃红米、南瓜汤，也不像南方三年游击战争时经常忍饥挨饿，但条件还是艰苦的，部队创建要白手起家，要同武装到牙齿的日本侵略军作拼死的斗争，要从敌人手中夺取武器来武装自己，都需要保持和发扬优良传统。新四军在为民族自由独立和社会解放而奋斗的过程中，碰到过无数的困难，长期的锻炼，使我们不怕任何困难。吃苦耐劳是我们的本领。只要能战胜敌人，任何的苦都能吃，任何的劳都能耐，艰苦奋斗决不动摇妥协。

项英工作艰苦。他做报告，都是自己查资料；写文章，也是自己动手。他由于工作多，又要学习，经常工作到深夜。他带头发扬优良传统，廉洁奉公，和战士吃一样的饭菜，穿一样的服装，吸的烟是最普通的。当时军部为照顾叶军长和对外联络方便，办起了“小灶”。项英在叶军长处开会或商谈工作时，也偶尔吃过几次“小灶”，但平时多是回住处吃大灶。

有些好心的人劝项英吃“小灶”。项英却认为，为照顾叶军长的身体、招待外部来访的重要客人，办“小灶”是完全应该的，但他本人身体还可以，不参加接待外部重要客人时，还是吃大灶好，有利于联系群众，有利于发扬艰苦奋斗的优良传统。

当时有人写了《项英将军印象记》一文，专门描述项英日常生活的情况：项英毫无军首长的架子，平易近人。他穿着朴素，一套灰军服，束一根皮带，脚下一双皮鞋，鞋头已破了，好像普通战士，不失艰苦朴素作风的本色。那时，项英一月只拿 4 元津贴费，吃的饭和菜跟士兵毫无差别。

项英在云岭新四军军部用个人的津贴费招待美国著名记者、作家史沫特莱，被人们传为佳话。参加陪客的军部战地服务团油画家涂克，特地写了《与项副军长陪史沫特莱吃饭》一文，文中写道：1938 年秋去冬来之际，项副军长派人叫我到他那里，不知为了什么事。我心里嘀咕：“军长叫我去，总是好事吧！”所以，我高高兴兴地到了项副军长家，只见他穿了一条打着两个补丁的裤子，关照警卫员到事务长那里借 3 块钱，并交代说借款从他下个月的津贴费中扣除。我看到这一情景，十分赞叹：“我们共产党和军队的高级领导人的生活作风，是多么俭朴清廉啊！”他还要炊事员去买菜，说是要请史沫特莱吃饭。项副军长调头对我说：“史沫特莱想会见我军的一个文化人，所以请你来。”这时，我才明白是来做陪客的。我有机会目睹一位美国著名作家的风采，并和她一起交谈、吃饭，感到莫大的荣幸。

到了吃饭的时候，炊事员端上来三菜一汤，很丰盛。在席间，项副军长就像对待老朋友那样，和史沫特莱进行了亲切的交谈，如部队的生活问题啦，抗战以来国共两党的关系、蒋介石怎样卡我们啦，以及我军英勇抗战的情况。吃完饭，项副军长行礼告别，派人把史沫特莱送回住处，回战地服务团了。

——选自《新四军廉政故事》，安徽人民出版社 2015 年版

拓展讨论

1. 为什么共产党和军队的高级领导人能够带头廉洁自律、艰苦奋斗？
2. 项英在生活方面是如何做到艰苦奋斗的？

案例解析

在严酷的环境中，项英仍十分重视部队的教育训练和干部队伍建设，强调要做好政治思想工作，发扬艰苦奋斗的优良传统，举办教导总队，大力培养干部，努力提高军政素质。他的《新阶段中我们江南抗战的任务》《一年来作战的经验与本军建军工作》等文章，是新四军建军和政治工作史上的重要文献。项英自己带头发扬艰苦奋斗、俭朴清廉的精神，与士兵同甘共苦、患难与共。事实上，新四军在为民族自由独立和人民

解放而奋斗的过程中，碰到过无数的困难，长期的锻炼，使得像项英这样的共产党人养成了不怕任何困难、吃苦耐劳的优秀品质。只要能战胜敌人，共产党人能吃任何的苦，艰苦奋斗搞革命决不动摇妥协。

教学建议

项英的故事描写了项英在革命斗争过程中的廉洁奉公、艰苦奋斗的优良作风，该案例适用于《毛泽东思想和中国特色社会主义理论体系概论》第二章“新民主主义革命理论”第三节“新民主主义革命的道路和基本经验”第二部分“新民主主义革命的三大法宝”、第十四章“坚持和加强党的领导”第一节“实现中华民族伟大复兴关键在党”第三部分“新时代中国共产党的历史使命”的辅助教学，结合项英的故事阐述党的伟大工程建设的重要意义。也可用于《思想道德修养与法律基础》第二章第二节“崇高的理想信念”、第三章第二节“爱国主义及其时代要求”等内容的教学，结合项英的故事阐述正因为中国共产党员怀着崇高的理想和信念参加革命，最终才能取得革命的胜利。

延伸阅读

阅读一

中共中央政治局2012年12月4日召开会议，审议中央政治局关于改进工作作风、密切联系群众的八项规定。

一、中央政治局全体同志要改进调查研究，到基层调研要深入了解真实情况，总结经验、研究问题、解决困难、指导工作，向群众学习、向实践学习，多同群众座谈，多同干部谈心，多商量讨论，多解剖典型。

二、要精简会议活动，切实改进会风，严格控制以中央名义召开的各类全国性会议和举行的重大活动，不开泛泛部署工作和提要求的会，未经中央批准一律不出席各类剪彩、奠基活动和庆祝会、纪念会、表彰会、博览会、研讨会及各类论坛；提高会议实效，开短会、讲短话，力戒空话、套话。

三、要精简文件简报，切实改进文风，没有实质内容、可发可不发的文件、简报一律不发。

四、要规范出访活动，从外交工作大局需要出发合理安排出访活动，严格控制出访随行人员，严格按照规定乘坐交通工具，一般不安排中资机构、华侨华人、留学生代表等到机场迎送。

五、要改进警卫工作，坚持有利于联系群众的原则，减少交通管制，一般情况下不得封路、不清场闭馆。

六、要改进新闻报道，中央政治局同志出席会议和活动应根据工作需要、新闻价值、社会效果决定是否报道，进一步压缩报道的数量、字数、时长。

七、要严格文稿发表，除中央统一安排外，个人不公开出版著作、讲话单行本，不发贺信、贺电，不题词、题字。

八、要厉行勤俭节约，严格遵守廉洁从政有关规定，严格执行住房、车辆配备等有关工作和生活待遇的规定。

阅读二

一次警钟记一辈子：某市深挖疫情期间公款聚餐饮酒事件根源以案促改。

2020 年 2 月 27 日，某县副县长、县公安局党委书记、局长，邀请开联席会议的县公检法系统 17 人到单位食堂包间内聚餐，席间饮酒，等餐期间打牌，这些人随后都因此被处理，主要责任人被撤销副县长、县公安局党委书记、局长职务，降为一级主任科员。

这是一起典型的违反中央八项规定精神的案件，而且发生在抗疫期间，一经通报便在社会上引起强烈反响。

顶风违纪性质严重影响恶劣，必须严肃处理

2020 年 3 月 10 日 11 点半，某市委常委、市纪委书记、市监委主任收到一封举报信，反映疫情期间该市某县公检法系统多人涉嫌违规公款吃喝问题。根据举报信的内容，该市纪委书记意识到这有可能是一起涉及人员广泛、问题性质严重的案件，于是马上安排调查。

当天下午 4 点，市纪委监委第七监督检查室主任带领全室人员赶至该县，一组人员每隔 10 分钟通知一名主要涉案人员谈话，另一组人员赴涉案的县公安局查扣今年以来的全部财务账据，同时到县交警大队食堂察看现场、调取录像。很快，举报信中反映的时任副县长、县公安局党委书记、局长等公检法系统 18 人在抗疫期间违规公款聚餐并饮酒打牌问题得到初步查实。

此时，省纪委也收到举报。省纪委当即责成该市纪委对这起案件从严从重从速处置。

党的十八大以来，习近平总书记多次就纠治“四风”作出重要指示批示。在十九届中央纪委四次全会上，习近平总书记再次强调，要坚决贯彻中央八项规定精神，保持定力、寸步不让，防止老问题复燃、新问题萌发、小问题坐大。

违规吃喝属于典型的违反中央八项规定精神行为。此案中，聚餐专门安排在县交警大队食堂进行，实际上是以工作餐之名，在包间点餐，事后再由公款买单，行的是公款吃喝之实。

这起案件发生在 2 月，正是全国疫情防控关键时期。该县公检法干部违规在食堂内部组织聚餐，给疫情防控带来新的风险，也再次表明一些党员干部在落实中央八项

规定精神方面不敬畏、不知止。

案件中参与聚餐的人员多为领导干部，理应成为遵纪守法的带头者、公序良俗的示范者、法律尊严的捍卫者。但他们集体违规公款聚餐并饮酒，严重损害了当地政法系统干部队伍的作风形象，唯有从严从重从速处理，才能回应社会关切，彰显落实中央八项规定精神这条铁规矩硬杠杠、持之以恒抓作风建设的坚定决心。

基于以上考虑，该市纪委常委会决定对此次违规聚餐饮酒的组织者给予撤销其副县长、县公安局党委书记、局长职务，降为一级主任科员的处分；给予参与聚餐的县法院院长、县检察院检察长党内严重警告处分，其他相关人员都被严肃处理。因落实主体责任不力，该县县委、县公安局党委、县人民法院党组、县人民检察院党组分别被责令作出检查，县委常委、政法委书记亦被诫勉谈话。

忘记初心使命，纪律规矩意识缺失

这起案件发生的原因是多方面的，虽有当地“讲人情”“酒文化”等不良习俗的影响，但最主要的是党员干部特别是领导干部自身思想根源出了问题。

忘记了初心使命。本案例中的该县副县长大学毕业后进入公安系统工作，从一名刑警支队办事员一步步成长为市公安局办公室主任。组织让他来县里任副县长兼公安局一把手，体现对他的信任和重用。但这次事件暴露出他政治意识淡薄，没有树立守初心、担使命的思想根基。他主动提议安排工作餐、上酒水，要“尽地主之谊”，错误地把庸俗关系学引入到党内政治生活、引入到工作交往之中。

纪律规矩意识缺失。中央八项规定精神是长期有效的铁规矩、硬杠杠，须臾不可触碰。涉案人员都知晓违规公款聚餐并饮酒是违纪行为，但没有对党规党纪记于心、践于行，没有在内心深处树立纪律规矩意识，必然出现逾越纪律红线的行为。然而，他们都存在“人情大于法纪、关系大于规则”的错误心态，实质是纪律规矩意识缺失。

侥幸冒险心理作祟。这些参与违规公款吃喝的干部，普遍存在侥幸思想、冒险心理。他们错误地认为，在县交警大队食堂聚餐，隐蔽性高，难以监督，不会被发现；参与的人都是同事或者兄弟单位干部，靠得住、信得过；公检法“三长”以及部分班子成员都参加了，即使出了问题，“天塌下来有高个子顶着”，自己不会被问责追究。

主体责任缺失。该县县委对县公检法队伍中存在的违规现象不能及时发现，对县领导班子成员的苗头性倾向性问题后知后觉，反映出在落实全面从严治党主体责任、推进作风建设方面存在缺失。

——来源：中央纪委国家监委网站，2020 年 4 月 30 日

3-3　陈毅的故事

案例呈现

陈毅(1901—1972 年),四川乐至人,久经考验的忠诚的共产主义战士,伟大的无产阶级革命家、政治家、军事家、外交家、诗人,中国人民解放军的创建者和领导者之一。皖南事变后,中共中央任命陈毅为新四军代理军长。1955 年被授予元帅军衔,获一级八一勋章、一级独立自由勋章和一级解放勋章。1988 年被中央军委确定为 36 位中国人民解放军军事家之一。

陈毅请客,来人吃来物

1942 年秋的一个下午,在新四军军部驻地阜宁县停翅港,乡农救会会长朱志高等一行 5 人,拎着一只老母鸡、一条鲤鱼、一篮子面条,来到陈毅夫人张茜的住处。朱志高说:"今天是小侉(陈昊苏)过百日,乡里有贺喜的风俗,我们代表乡亲们特来祝贺。"张茜不知所措,便给陈毅打电话。陈毅说:"礼物收下,请客人吃饭。"张茜遵照陈毅吩咐,用客人带来的礼物和家中的蔬菜做了一桌饭菜,请了房东来陪客共餐。过了一会儿,陈毅回来了,他歉意地说:"承蒙乡亲们看得起我陈毅,礼物,我愧领了。请大家吃光,这叫陈毅请客来人吃来物啊!"从此,陈毅此言,成了一条新的歇后语。

陈毅的烟酒钱可不是公款

1939 年元旦,北风呼啸,大雪纷飞,在竹箦桥附近皇赘村的祠堂,是新四军一支队司令部驻地。陈毅司令员乘新年之际,宴请当地抗日武装的司令们。屋里,陈毅司令与地方司令们围着盆中的炭火而坐,炭火正旺,大家的脸上映得通红。陈司令高举酒杯祝酒:"过新年了,新四军进入江南抗日也有半年多了,大家献计献策,团结抗日,打了胜仗。敌人就好比是一条张牙舞爪的狗,你不打它,它就咬你,你一蹲下,它就停住,你打它,它就回头跑。"最后,陈司令说:"请大家放心,今天的烟酒钱可不是公款啊! 是我陈毅写文章所得到的稿酬啊!"陈司令的话语,说得司令们笑声四起,笑声里,司令们共商抗敌计策。

陈毅腰缠万贯不医伤

1934 年,红军主力长征后,陈毅成为领导苏区游击战争的主要领导人之一。他身上带着一批金条,那是党组织发展游击队的活动经费。为了安全,也为了减轻同志们的负担,他一直秘密带着。他虽然在战斗中腿部受过重伤并经常复发,却是"腰缠万贯不医伤”，舍不得花一分钱给自己买药。后来，随着革命斗争越来越艰险，陈毅怕自己发生意外，便把密带金条的事公开了。一天夜里，他把队伍集合起来，深情地对大家说：“这些金条是党的钱，是党给赣南游击队的活动经费，过去都是由我秘密保管。党让我保管这么多金子，我从来没敢乱用，我们党的事业需要这笔钱，我们部队的发展也靠这笔钱。今天，我有责任当面郑重地告诉大家，万一我在战斗中被打死，我的尸体同志们可以不考虑，但这些党的经费千万不能落在敌人手里……”

——选自《新四军廉政故事》，安徽人民出版社 2015 年版

拓展讨论

1. 在十分艰苦的条件下，在难以忍受的伤痛折磨下，陈毅缘何不动用金条改善生活？

2. 在革命战争年代里，陈毅还有哪些艰苦朴素、吃苦耐劳的事迹？

案例解析

陈毅请客吃饭不用公款，在伤痛折磨下，依然替党和队伍守着金条，就是因为他心中有对党和革命的坚强信念，用现在的话说是“公款不能私用”的自律意识，这正如他在《梅岭三章》中慷慨吟出的“南国烽烟正十年，此头须向国门悬。后死诸君多努力，捷报飞来当纸钱”。在他眼里，革命信念高于金钱，革命利益高于私利，甚至高于生命。正是凭借着信念的力量和自律的品格，他做出了毫不言悔的选择。然而时至今日，有的领导干部却把“廉洁自律”当作一副“道具”，用于会上表态、贴在墙上展示，很少、很难进入思想和实际行动中。特别是近年来，少数领导干部贪污受贿、腐化堕落的大案要案说明，如果领导干部用权不是出于公心，而是出于私欲，利用职权“谋取私利”“捞取好处”，为配偶子女获取利益、插手基层敏感事务等，最终将经不起权力的考验，走上违法犯罪的道路。

教学建议

陈毅的故事描写了陈毅在请客吃饭时和伤痛折磨情况下的个人优秀品质，该案例适用于《毛泽东思想和中国特色社会主义理论体系概论》第二章“新民主主义革命理论”第三节“新民主主义革命的道路和基本经验”第二部分“新民主主义革命的三大法宝”、第十四章“坚持和加强党的领导”第一节“实现中华民族伟大复兴关键在党”第三部分“新时代中国共产党的历史使命”的辅助教学，重点放在党的领导干部特别是高级干部的理想信念和廉洁奉公的作风建设方面；也可用于《思想道德修养与法律基础》第二章第二节“崇高的理想信念”、第三章第二节“爱国主义及其时代要求”等内容的教

学；也可用于《马克思主义基本原理概论》第七章第三节“共产主义远大理想与中国特色社会主义共同理想”内容的教学。

延伸阅读

中央委员会成员和省部级主要领导干部必须做到信念过硬，带头做共产主义远大理想和中国特色社会主义共同理想的坚定信仰者和忠实实践者；必须做到政治过硬，牢固树立“四个意识”，在思想政治上讲政治立场、政治方向、政治原则、政治道路，在行动实践上讲维护党中央权威、执行党的政治路线、严格遵守党的政治纪律和政治规矩；必须做到责任过硬，树立正确政绩观，发扬求真务实、真抓实干的作风，以钉钉子精神担当尽责，真正做到对历史和人民负责；必须做到能力过硬，不断掌握新知识、熟悉新领域、开拓新视野，全面提高领导能力和执政水平；必须做到作风过硬，把人民群众放在心中，广泛开展调查研究，在全心全意为人民服务中提升政治站位、提高工作能力，在真心实意向人民学习中拓展工作视野、丰富工作经验、提高理论联系实际的水平，在倾听人民呼声、虚心接受人民监督中自觉进行自我反省、自我批评、自我教育，在服务人民中不断完善自己，持之以恒克服形式主义、官僚主义，久久为功，祛除享乐主义和奢靡之风。领导干部要把践行“三严三实”贯穿于全部工作生活中，养成一种习惯、化为一种境界。要加强道德修养，带头弘扬社会主义核心价值观，明辨是非善恶，追求健康情趣，不断向廉洁自律的高标准看齐，做到心有所戒、行有所止，守住底线、不碰高压线。每个领导干部都应该把洁身自好作为第一关，从小事小节上加强约束、规范自己，坚决反对特权思想、特权现象，习惯在受监督和约束的环境中工作生活，练就过硬的作风。

习近平总书记在学习贯彻党的十九大精神研讨班开班式上的讲话，2018年1月5日

我们的党是全心全意为人民服务的政党。党领导人民已经取得举世瞩目的成就，我们完全有理由因此而自豪，但我们自豪而不自满，决不会躺在过去的功劳簿上。新形势下，我们党面临着许多严峻挑战，党内存在着许多亟待解决的问题。尤其是一些党员干部中发生的贪污腐败、脱离群众、形式主义、官僚主义等问题，必须下大气力解决。全党必须警醒起来。打铁还需自身硬。我们的责任，就是同全党同志一道，坚持党要管党、从严治党，切实解决自身存在的突出问题，切实改进工作作风，密切联系群众，使我们党始终成为中国特色社会主义事业的坚强领导核心。

——习近平总书记在十八届中共中央政治局常委与中外记者见面会上的讲话，2012年11月15日

3－4　邓子恢的故事

案例呈现

邓子恢(1896—1972 年),又名绍箕,福建龙岩新罗区人,伟大的共产主义战士,杰出的无产阶级革命家、政治家,农业工作的卓越领导人,是闽西革命根据地和苏区的主要创建者和卓越的领导人之一,历经抗日战争和解放战争。新中国成立后曾任中共中央农村工作部部长、国务院副总理、全国政协副主席等职。邓子恢同志为探索我国社会主义农业的发展道路倾注了毕生精力,被誉为党内的农业、农村工作专家。

骑兵团生产要自给

1942 年夏的一天,新四军政治部主任兼四师政委邓子恢到四师骑兵团,一边看战士喂马,一边问副区队长杨伯伦:“你们的战马每天喂几斤料几斤草?”杨伯伦回答说:“现在是 8 斤料、12 斤草,过去有一段时间是 7 斤料、8 斤草。”邓子恢又问:“马料马草都是老百姓送来的吧?”杨伯伦说:“可不是,老乡要从老远用牛车拉着送来,每辆大车千把斤,我们一个区队 30 多匹马,至多能喂四五天……”邓子恢听后说:“你们能不能自己割草喂马? 每人每天割上几十斤草,总不太费事吧? 割多了,还可以晒干,留到冬天没草时喂马。”杨伯伦也认为在不打仗的情况下,完全可以组织部队割草。接着,邓子恢又向杨伯伦了解买一匹马大致要花多少钱,杨伯伦告诉他,好马要花 100 多块大洋,一般的马也要七八十块,最少的五六十块。

邓子恢了解情况后回到师部,又反复看了党中央从延安发来的关于生产自给的电报和新华社转发的文章。当天晚上,他要秘书通知骑兵团团长周纯麟和政委姚运良到他这里来。周、姚赶到邓政委这里,首先向他汇报了骑兵团训练和战斗情况,邓子恢表示很满意。然后,只见他掰着手指头,对周、姚两人算起账来:“你们团有 500 多匹马,目前每天消耗 4 000 多斤料,加上 600 多人吃饭,每天要吃千把斤。你们一个团每天要用公粮 5 000 多斤,一个月就要 15 万多斤粮食,抵得上六七个步兵团的用粮。你们的军装也比步兵多用钱,再加上买马缰绳、马笼头……我听说你们骑兵有个什么团呀连呀的顺口溜,我忘了,你来说说。”姚运良回答说:“是骑兵团里的调皮战士说,我们是上马团,下马连,平时是个饲养员。意思是我们的战士能骑马,享受着步兵里的团级干部待遇;人人发大衣,享受步兵的连级干部待遇;平时战士们铡草、挑水、喂马,充当饲养员的角色。”邓子恢马上接口说:“是啊,待遇这么好姑且不说,直说这喂马一项,每天要 6 000 多斤草,一个月就要 18 万斤草,18 万斤啊,就是光割不运,也要花去 400 多强劳动力。”周纯麟、姚运良听政委这么一说,马上意识到这是个大问题。邓子恢觉察到他们的神情,便开门见山地说:“今天找你们来,主要就是同你们研究骑兵团如何贯彻党中央关于尽可能实行生产自给的问题。‘不与民争粮,不与民争草’……”邓子恢滔滔不绝地讲了起来:“现在,除你们团外,还有3个骑兵连,我们想把骑兵团扩大成骑兵旅。但这样需要一大笔钱,你们要想出一个既能买马,又不加重人民负担的办法来。”

割草挖藕干劲足

周纯麟和姚运良回到团部后,立即召开团军政委员会扩大会议,讨论如何组织部队搞生产。大家认为,洪泽湖里的草、藕很多,可以组织部队轮流下河割草、挖藕,并用船运。另外,部队可以抽调几名战士运盐,把运盐挣来的钱用来买马匹、马装具和马草。这样,既减轻群众负担,老百姓割的草也能卖给部队。从此,骑兵团大搞生产的一仗打响了。割草队和挖藕队驻扎在湖上,每天天麻麻亮就下湖了。

当年的洪泽湖西,是绵亘几十里的大片芦苇滩。苇滩内港汊交错,只有小水道行舟。当芦苇长高时,白色、红色的荷花,紫红色的芡实花,碧绿的荷叶点缀在湖面上,使人眼花缭乱。湖面上空,野鸭等水鸟时而飞起。湖两边的赵沙和穆墩滩等地,是淤泥积起的浅滩,上面长满了蒿苗草和花草。收获时节,成群的人们前来割草、采莲和挖藕。

太阳西下,余晖染红了一片湖面。晚风吹来,使人好不凉爽,这时乘凉该多好啊!可是天还没黑,嗡嗡声却越来越响,原来是数不清的蚊子,它们像农民收麦扬场时的尘土那样,密密麻麻的,用手抓向空中,一把能抓到好几个。洪泽湖上的这种蚊子实在厉害,能顺着衣缝往里钻。机灵的战士们把棉被扯开,用芦苇撑起被单当帐子用。可是人在这种帐子里睡,闷得难受。有的人实在被蚊子叮得受不了,就折一根芦苇管含在嘴里,跳进水中,把芦管露出水面呼吸空气。有的人则堆起湿草,在上风头点燃后熏蚊子,自己在下风头睡。入夜后,湖边草滩上,尽是人们烧起的一堆堆熏蚊子的烟火。有人编起了快板:

洪泽湖边空气好,头枕芦苇下铺草。
晚上湖风呼呼吹,白天太阳晒得把皮掉。
水中蚂蝗来叮腿,晚上蚊子成群咬。
一面吸着你的血,一面还要嗡嗡叫。
白天累得浑身酸,晚上不让你睡觉。
湖边的怪事真不少,夏天还要把火烤。
艰苦生活算个啥,割草成堆哈哈笑。

经过半月的劳动,大家把几十万斤草和几千斤藕运到了淮河边上驻地附近。经过劳动,同志们脸晒黑了,思想觉悟却提高了。过去马槽撒了草,大家根本不在意,如今都知道马草来之不易,劳动观念和群众观念进一步得到增强。

盐行来了"大老板"

做盐运生意的同志也很努力。在淮阴以北运河的一个大集镇上，有一家永记盐行。有一天，盐行里来了三位客人。一个是20多岁的胖子，身穿蓝布大袄，戴旧礼帽，穿旧胶鞋。同来的是一个稍瘦的中等个儿，身穿灰色棉袄，也戴旧礼帽。后面跟进一个穿着旧军装的大汉，年纪有30多岁。三人进得门来，盐行老板看他们衣裳破旧，想来不是什么大主顾，但还是强带笑脸，前去相问："客人尊姓，有何贵干？""我姓胡，他两个，一个姓邵，一个姓李。我们是买盐来的。"胖子土里土气地回答，没有什么客套。"不知你们要买多少斤？"盐行老板小看来客，并不让坐。"你们盐行多少钱一担？"胖子开门见山。"敝行价钱公道，五块钱一担。""胡扯！我们打听过了。人家的好盐才四块三角七。"胖子亮了底。永记盐行的老板看到胖子口气挺硬，后面还跟了个穿旧军装的，便皮笑肉不笑地问："请问客人，你们要买多少？""按刚才我听来的价钱，买200担！"盐行老板吃了一惊，心里思忖：做这样大买卖的行商，哪有穿得这样破旧的，衣服上还有补丁呐！他连忙要伙计倒茶，递过香烟，点头哈腰并笑嘻嘻地说："胡老板，还有邵经理、李经理，请坐，请坐！行情嘛，好商量。敝行素来公平买卖，注重信誉。"经过一番讨价还价，三人买了200担，装上船，打了封印，向洪泽湖进发。

胡"老板"和邵、李两"经理"，还有邵的父亲——一个五六十岁的管账先生，买过盐后回到船上，同船民一起吃玉米饼子和咸菜。天黑后，他们钻进船舱，打开自己带来的背包，倒头呼呼而睡。船行6天，到达洪泽湖西淮河岸边的五河县城。四人不进饭店，不住旅馆，每天与船民同吃同住：早上喝大米粥、吃咸菜，中午和晚上吃玉米饼，有时炒个把菜，付5角伙食钱。胡"老板"同两位"经理"，前去同记盐行和兴业盐行问当地盐价。这里是10块钱一担，经过一番讨价还价，他们把盐卖出，在船舱里把银元点清，邵老先生一一清算账目：除去付船家的费用，净挣近一倍。

这三位"商人"是谁呢？原来胖子是骑兵团团政治指导员胡光明，瘦子是团供给处股长邵一平，大汉是司号长李玉兴。三个人的共同特点是忠实可靠、认真负责、艰苦朴素。在他们出发前，周纯麟、姚运良根据邓政委指示和团军政委员会的讨论，找三人前去谈话。姚运良先开口说："你们的任务是利用地区差价把盐贩子赚去的钱弄到我们手里，把供给处那些打仗缴获来的钱都带上。我们赚钱的目的，一是要买马和马装具，扩大骑兵配置；二是保证部队供应，不向或少向师供给部领钱。还有，要预备点钱留给那些年纪大的同志，如邓胡子邓汉林。"姚又说："你们出去没人监督，但领导信得过你们，要保持老传统。"胡光明、邵一平同李玉兴都是农民，从来没有做过买卖，自认为是"擀面杖吹火，一窍不通"。但看到组织这样信任他们，便决心干好。

三人出身贫寒，手中从没攥过这么多的钱，完成任务后心里像揣了个兔子，直发怵。但毕竟第一次就赚了那么多钱，3人都高高兴兴地回团部，向团首长汇报。

在国民党大举进犯淮北、苏北时，骑兵团按照华中军区谭震林副政委的指示，把这笔钱交给了华中军区供给部作为部队的作战经费。胡光明等几名同志则先后回到骑兵团，在各自的工作岗位上继续工作和战斗。

——选自《新四军廉政故事》，安徽人民出版社 2015 年版

拓展讨论

1. 邓子恢在艰苦卓绝的革命战争年代是如何保障人民群众利益的？

2. 邓子恢在担任军队重要领导职务后艰苦朴素的作风是否发生了变化？为什么？

案例解析

邓子恢始终以党和革命事业为重，实现民族独立、人民解放和国家富强、人民幸福是他一生追求的目标。无论是生死关头，还是身处逆境，他百折不挠、奋斗不息，对党和人民无限忠诚，对革命事业矢志不渝。邓子恢同志一生光明磊落，公道正派。领导干部公道正派才能出清风正气，廉洁自律才能塑良好形象。邓子恢在担任重要领导职务后，仍以普通劳动者、农民知己的身份出现在群众之中，倾已之力为群众奔走呼号，一生都坚持群众路线，与人民保持着血肉联系。邓子恢曾多次强调："凡涉及广大群众的事情，不要个人自作聪明，不要主观主义、命令主义，要同群众商量，走群众路线。"共产党的干部要像邓子恢一样，牢记手中的权力是党和人民赋予的，是用来为人民服务的，守住清正廉洁的政治本色，守住正确的人生价值，以自己的模范行动，凝聚起广大干部群众，推动党和人民事业不断从胜利走向新的胜利。

教学建议

邓子恢的故事描写了邓子恢在革命斗争过程中始终坚持一切从群众的利益出发，坚持依靠群众；坚持从群众中来、到群众中去的群众路线。该案例适用于《毛泽东思想和中国特色社会主义理论体系概论》第一章"毛泽东思想及其历史地位"第二节"毛泽东思想的主要内容和活的灵魂"第二部分"毛泽东思想活的灵魂"的辅助教学，重点阐述共产党员如何坚持群众路线。本案例可用于《思想道德修养与法律基础》第二章第二节"崇高的理想信念"；第三章第二节"爱国主义及其时代要求"等内容的教学。也可用于《马克思主义基本原理概论》第七章第三节"共产主义远大理想与中国特色社会主义共同理想"的教学。

延伸阅读

持之以恒纠正“四风”，党风民风向善向上。党的十八大之后，党中央讨论加强党的建设如何抓时，就想到要解决“老虎吃天不知从哪儿下口”的问题。后来决定就抓八项规定，下口就要真正把那块吃进去、消化掉，不要这吃一嘴那吃一嘴，囫囵吞枣，最后都没有消化。我们抓住作风建设这条主线，一以贯之，步步深入。中央政治局从自身做起，形成以上率下的良好氛围。我们强调，作风建设一定要咬住“常”“长”二字，经常抓、深入抓、持久抓。我们开展党的群众路线教育实践活动、“三严三实”专题教育，健全改进作风常态化制度。我们抓住重要节点，紧盯享乐主义和奢靡之风，加强日常监督检查，严肃查处违规违纪问题，坚决防止反弹，推动党的作风持续向好。我们着眼于以优良党风带动民风社风，发挥优秀党员、干部、道德模范的作用，把家风建设作为领导干部作风建设重要内容，弘扬真善美、抑制假恶丑，营造崇德向善、见贤思齐的社会氛围，推动社会风气明显好转。

——习近平在第十八届中央纪律检查委员会第六次全体会议上的讲话，2016年1月12日

新一届中央领导集体要定规矩，这(指《十八届中央政治局关于改进工作作风、密切联系群众的八项规定》)是很重要的规矩。没有规矩，不成方圆。从我们在座各位做起来，新人新办法。制定这方面的规矩，指导思想就是从严要求，体现党要管党、从严治党。党风廉政建设，要从领导干部做起，领导干部首先要从中央领导做起。正所谓己不正，焉能正人。最重要的就是要防微杜渐，不要“温水煮青蛙”。现在，有些形式主义、官僚主义的东西，有些铺张浪费、豪华奢侈的东西，上上下下都有些表现，我们不能安之若素、司空见惯、见怪不怪。既然作规定，就要朝严一点的标准去努力，就要来真格的。不痛不痒的，四平八稳的，都是空洞口号，就落不到实处，还不如不做。定规矩，就要落实一些已经有明确规范的事情，就要约束一些不合规范的事情，就要规范一些没有规范的事情。规矩是起约束作用的，所以要紧一点。紧一点自然就不舒服了，舒适度就有问题了，就是要不舒服一点、不自在一点，我们不舒服一点、不自在一点，老百姓的舒适度就好一点、满意度就高一点，对我们的感觉就好一点。这也是新形象新气象。

——习近平在中央政治局会议上关于改进工作作风、密切联系群众的讲话，2012年12月4日

3－5　彭雪枫的故事

案例呈现

彭雪枫(1907 年 9 月 9 日—1944 年 9 月 11 日)，生于河南省南阳市镇平县，中国工农红军和新四军杰出指挥员、军事家，参加过第三、四、五次反围剿，二万五千里长征，组织过土成岭战役，两次率军攻占娄山关，直取遵义城，横渡金沙江，飞越大渡河，进军天全城，通过大草原，是抗日战争中新四军牺牲的最高将领之一。1944 年 9 月，率部涤荡各地顽军过程中，不幸中流弹牺牲，时年 37 岁。他投身革命 20 年，被毛泽东、朱德誉为“共产党人的好榜样”。为了纪念彭雪枫，在河南省镇平县、夏邑县，安徽省宿州市、蒙城县等地均建了彭雪枫纪念馆，或以雪枫命名的公园或学校。

彭雪枫父亲来部队

彭雪枫司令以身作则，艰苦奋斗，他以“先天下之忧而忧，后天下之乐而乐”来激励并教育同志，从不要特殊照顾。

1939 年 9 月，部队驻河南确山县竹沟镇时，彭雪枫已 50 多岁的父亲彭延泰，从河南镇平县七里庄长途跋涉 150 多公里来到了竹沟镇。他穿一身土布裤褂，头发虽已灰白，但脸庞饱满红润，留着八字胡。

当时彭雪枫不在，他就住了下来。几天后彭雪枫回来了，他着装整齐，快步走进小院走向父亲，激动地叫一声“爹”，恭恭敬敬地行了一个军礼后说：“刚刚从洛阳回来，才知道您老人家来了。”老人握着儿子的手，眼含热泪地说：“10 年了，总算见面了。”彭雪枫一边扶父亲坐下，一边取出手帕给老人家擦泪，对老人说：“爹！这 10 年间没能在您老人家跟前侍奉，娘故去也没能送葬，孩儿不孝啊！”老人接过手帕自己擦干眼泪说：“孩子，忠孝不能两全啊！爹不会怪你。”彭雪枫说：“本该回去看望父母，只是工作太忙分不开身，反劳您老人家千里迢迢地跑来，做儿子的觉得对不起呀！”老人急着说：“快别说这些了，你上对得起国家，下对得起受苦受难的黎民百姓，为我彭氏门中争了光，可惜你娘没能等到这天哪！”彭雪枫难过地说：“娘苦了一辈子，还为我这个在外做革命工作的儿子担惊受怕，谁想临终也没能再见上一面。”说着热泪汪汪。他拧了一把毛巾，递给父亲擦脸。老红军炊事员王贵端来一个托盘，里面放着碗清水杂面条，一个白面高粱面花卷和一碟咸菜，放在石桌上，顺手端起洗脸盆说：“首长，面条趁热吃吧！”彭雪枫拿起筷子，挑起杂面条大口大口吃着。彭延泰老人看着儿子吃得津津有味，点点头，又摇摇头说：“你现在也算个大干部了，成天就吃这个？”老人见彭雪枫微笑着点着头，就诧异地问：“那我这几天每顿饭都是炒鸡蛋，要不就是炒肉片青椒，是咋回事？”彭雪枫说："那是给您老人家做的客饭。红军长征时，别说这杂面条，连树皮、草根有时也吃不上哩！"彭延泰不无赞叹地说："要是天下当官的，都像共产党这样，就好了。"彭雪枫吃完最后一口花卷，喝了面汤，放下筷子，站起来说："爹，晚上来陪您，您把家里三弟、四弟和乡亲们的情况，详细给我说说，我很想知道。"老人高高兴兴地说："好，你先去吧！"

几天后，彭延泰老人离开部队，警卫员刘吉庭对司令说："首长，我就是对你有意见，彭爷爷来竹沟不到 10 天，你就动员他走了，这还不算，组织上给拿了 30 块钱做盘缠，你只让拿 10 块，又退回去 20 块，结果参谋长（张震）批评我不会办事。"这时炊事员王贵也说："我也有意见，老伯跟你 10 年没见面，吃饭加个菜也是常情。再说，这是省委书记朱理治交代的，可以报销。你偏不准，一定让从你的伙食费里扣，这可不行，我得保证你的健康。"彭雪枫司令微笑着认真听完他们俩的意见后又问："你们还有什么意见呀？都说出来吧！"见两人齐声说没了，彭雪枫这时和颜悦色地说："你们的心意我懂，意见也完全接受。我也很爱我的老父亲，10 年才见一次面，让老人家多住几天，吃点好的，走时盘缠足点，这都是人之常情。可是你们想想，部队很快要东征了，目前经费这么紧张，我怎么能不顾大局、只顾自己呢！"老王听了点点头，警卫员也不说话了。彭雪枫又进一步安慰他们说："好了，等将来抗战胜利了，革命成功了，咱们会叫所有的人都过上好日子的，到了那时候，吉庭，咱们去把你彭爷爷接来一起住，请你王叔叔做几个贵州菜，让他老人家享享福！你们说好不好？"这时两人都被说得开心地笑了。彭雪枫司令知道父亲冬季没有棉衣，就把自己一件没了毛的破皮袄送给了父亲。

彭雪枫经常说，革命是顾千家万户，不能只顾自己一家。他把自己一生献给了人民，他是党的也是中国人民忠诚的好儿子！

彭雪枫家书说廉

1941 年 9 月初，彭雪枫与林颖相识，不久结婚，从 9 月 4 日开始给林颖写第一封信，到 1944 年 7 月 29 日的最后一封信，共给林颖写信 87 封。这些信充满夫妻深情，始终要求林颖清正廉洁。他写道："我所要求的是这样的有信心有眼光有志气的终身良伴，而绝不是依念于'温情'的梦中而'无所事事'的小姐或者'太太'！"他告诉林颖："对于你，我盼望在今后的生活上更艰苦些，更刻苦些，更少在物质上讲究些。"他鼓励林颖："我知道有骨气的裕群（裕群，林颖本名），在各方面是会谨慎小心、刻苦自励的！虽说在变乱之中生活上物质条件上受了委屈和困难，然而这是有代价的！这是我俩所以心心相印的精神之一种！我鼓励你，保持和发扬它！"彭雪枫不仅是这么说的，更是这么做的。彭雪枫和林颖结婚时，大家看到他们婚床上的被子已破烂不堪，要给他们换床新被子，可彭雪枫怎么也不肯换。他同林颖一道拿起针线，把那床破被子一针一线补起来。事后他对爱人说："如果我们结婚换新被子，其他干部怎么办？目前部队很困难，我们不能特殊。"有一次，林颖的钢笔丢了，一位领导同志知道后，就把公家库存的一支金星笔给了林颖。但彭雪枫却从另一方面考虑，认为林颖是一个高级首长的爱人，有“特殊”的地位，但不能有任何特殊的享受和待遇。于是，他坚持从他的稿费中取出钱来，按价付费。林颖后来回忆说：“在短短的3年中，他先后给我写了80多封信。他教育我怎样做一个革命者，怎样做一个纯正的共产党员，怎样做一个既忠诚于党的事业，又具有政治理论水平和丰富知识的干部，怎样做一个人民群众的知心人。”

我不要也不能要

1943年年底，新四军第四师在江苏省睢宁县袁圩子战斗中打了一个大胜仗，缴获了许多战利品，除枪支弹药外，还有很多食品、衣物和钱财，广大指战员兴高采烈。

对这次战斗的胜利，师长彭雪枫也很高兴。在庆祝胜利的大会上，他大声地说：“我们这次发了‘洋财’，是大‘洋财’，我们有钱了，这是全体指战员的功劳。经研究决定，每人发点零用费。当然，我们不是搞平均主义，虽然人人有份，也不是一个不能多，一个不能少。像拂晓剧团的演员们，他们经常出去宣传演出，不能老是穿得破破烂烂的，过去没有钱没办法，现在有了钱就应当让他们穿得好一点。这次发的钱不算多，但也不算少，可以买条毛巾、买支牙膏，洗洗脸、刷刷牙，不能老是弄得像煤黑子似的，整天脸上黑乎乎的。”这一番话，说得大家都开心地笑了起来。

会后，指战员们都陆续分到了战利品和零用费。分得基本上差不多，大家都很满意。这时，供给处的老张同志给彭雪枫师长送来一件狐皮大衣，这是当时很珍贵的东西。彭师长看了看问：“这是哪里来的？”老张回答说：“这是这次袁圩子战斗的战利品，还有几件皮袄。”

“皮袄是怎样分配的？”彭师长问。“营团以上干部每人一件。”老张回答。

“战斗英雄有没有？”彭师长又问。“没有。”老张如实回答。

彭师长沉思了一下，用平缓的语调说：“这怎么能行呢？绝对平均主义不好，可也不能什么都按级别，要按照部队的实际情况进行处理。我看这些东西应当首先发给那些有功之臣，发给那些急需的同志。我不需要，也不能要。”

“别的干部已分到了，你是部队首长，为什么不能要？”老张为难地说。

彭师长笑了笑说：“部队首长是领导大家作战的，可不是带头享受的。宋朝的范仲淹曾说过‘先天下之忧而忧，后天下之乐而乐’这句名言，这位封建时代的官吏尚且能说出这样的话，我们共产党干部更应做到这句话。一事当先，要吃苦在前、享乐在后，后天下之乐而乐，颠倒过来。”

在彭师长的影响下，已经分得皮袄的营团干部，无形中受到教育，主动把分得的皮袄转发给那些在战斗中立功的英雄和急需棉衣的战士。

——选自《新四军廉政故事》，安徽人民出版社2015年版

拓展讨论

1. 在艰苦卓绝的革命战争年代，彭雪枫为什么能保持艰苦朴素、克己奉公的精神

风貌？

2. 彭雪枫的廉政故事给当代大学生的启示是什么？

案例解析

彭雪枫是红军和新四军杰出的指挥员，是我军高级干部。他时时以共产党员的身份严格要求自己，克己奉公，廉洁从政，不搞特殊化，被毛泽东称为“共产党人的好榜样”。彭雪枫关心百姓，密切联系群众，始终保持与群众同甘共苦的优良作风。他教育部队要热爱人民群众、尊重地方政府，经常以鱼和水的关系比喻军民关系：“离开老百姓的军队，就像鱼儿离开水一样，非涸死不可。”为此，他教育部队指战员在驻地做到“三勤”（打扫卫生，给老乡担水，帮助群众生产劳动），要求部队坚决执行“三大纪律八项注意”，坚决当好“政府的卫兵，人民的护兵”。在彭雪枫看来，廉洁奉公、自强不息是共产党人的必备美德。他常说：“廉洁奉公、艰苦朴素光荣，贪图享受可耻。我们共产党人要为千百万人民谋幸福，而不计较个人的享受。”他是这样说的，也是这样做的。

他一生从不依仗自己的地位搞特殊化，占公家的便宜，而是过着节俭的生活。他在国统区做上层工作时，虽然手过千金，但始终粗衣布履，洁身自爱。当他结束在八路军临汾办事处的工作时，连五分钱公款都在账面上记得清清楚楚。在战争年代，他同战士一样吃红薯，一样徒步行军。对发给他的生活用品，都要问其他干部、战士发了没有，是不是官兵一样。凡是不符合制度发给他的生活用品，他都一概拒绝。对超过规定的招待，他都要追问是从哪里来的，怎么报销。彭雪枫身体力行，坚决抵制奢侈腐化、贪污浪费，真正做到两袖清风，保持了一个共产党人“出淤泥而不染”“富贵不能淫”的革命本色。

教学建议

彭雪枫的故事描写了彭雪枫作为党的高级指挥员，在革命战争年代艰苦朴素、廉洁自律的精神。该案例适用于《毛泽东思想和中国特色社会主义理论体系概论》第二章“新民主主义革命理论”第三节“新民主主义革命的道路和基本经验”第二部分“新民主主义革命的三大法宝”、第十四章“坚持和加强党的领导”第一节“实现中华民族伟大复兴关键在党”第三部分“新时代中国共产党的历史使命”的辅助教学，重点放在党的领导干部特别是高级干部的理想信念和廉洁奉公的作风建设方面。也可用于《思想道德修养与法律基础》第二章第二节“崇高的理想信念”、第三章第二节“爱国主义及其时代要求”等内容的教学。

延伸阅读

2019打虎简报:打虎不停,但不仅仅是打虎

2019年全年,中央纪委国家监委网站公布了秦光荣、李谦、彭宇行等20名中管干部接受中央纪委国家监委审查调查消息,以及缪瑞林、孟宏伟、努尔·白克力等23人的党纪政务处分结果。

今年“打虎”,有哪些特点?

——对党的十八大以后不收敛不收手的,特别是十九大以后仍不知敬畏的,发现一起查处一起

根据公开信息,今年被处分的23名中管干部中,有20人都属于在党的十八大后不收敛、不收手,性质严重、影响恶劣。对这类不知敬畏、胆大妄为的“老虎”,发现一起查处一起,深挖细查、严惩不贷,突出重点削减存量、零容忍遏制增量。

——重点查处政治问题和经济问题交织的腐败案件

今年公开的中管干部处分通报中,几乎都有违反政治纪律,官商勾结、损公肥私的情形。比如云南省委原书记秦光荣,严重违反政治纪律,对党不忠诚不老实,做两面人,公开发表与全面从严治党要求相违背的言论,与不法私营企业主沆瀣一气,肆无忌惮聚钱敛财,对任职地区的政治生态造成严重破坏。通过查处政治问题和经济问题交织的腐败案件,有效防范各种利益集团拉拢腐蚀领导干部,斩断权钱交易关系网。

——加大重点领域和关键环节治理腐败力度

权力集中、资金密集、资源富集的部门和行业,更容易发生权钱交易。今年反腐紧盯重大工程、重点领域、关键岗位,加大金融领域反腐力度,查处了一系列关键部门和行业甘于被“围猎”的腐败分子,比如:原国家质量监督检验检疫总局副局长魏传忠,利用监管权大搞权钱交易、以权谋私,在工业产品生产许可证办理、工程招标等方面为他人谋利;原国家食品药品监督管理总局党组成员、副局长吴浈,把药品监管权力变成谋取个人私利的工具;广东省委原常委、统战部原部长曾志权,利用财政资金审批权多方承揽工程,与私营企业主相互勾结,以“合法商业行为”之名掩盖权钱交易之实。

——“四种形态”在深入推进全面从严治党、巩固发展反腐败斗争压倒性胜利中发挥了非常重要的作用

2019年1至11月,全国纪检监察机关运用“四种形态”批评教育帮助和处理共157.9万人次。其中,运用第一种形态批评教育帮助107.8万人次,占总人次的68.4%;运用第二种形态处理38万人次,占24%;运用第三种形态处理6万人次,占3.8%;运用第四种形态处理6万人次,占3.8%。各级纪检监察机关深化运用监督执纪“四种形态”,进一步落实反腐败高压态势毫不松懈,惩前毖后、治病救人的方针,把监督挺在前面的效果更加突出。在高压震慑和政策感召下,秦光荣、刘士余等中管干

部主动投案。

——深化标本兼治，一体推进不敢腐、不能腐、不想腐

2019年，纪检监察机关坚持无禁区、全覆盖、零容忍，坚持重遏制、强高压、长震慑，持续强化不敢腐的震慑；在不断查处腐败分子的同时，做好查办案件“下半篇文章”，推动建立健全制度规范，强化监督机制，扎牢不能腐的笼子；还充分运用典型案例，开展警示教育，用好忏悔录等反面教材，加强对党员干部和行使公权力人员的思想道德和党纪国法教育，引导他们坚定理想信念，坚守初心、牢记使命，不断增强不想腐的自觉。2019年的反腐，绝不仅仅是“打虎”。

——来源：中央纪委国家监委网站，2019年12月31日

第四篇　群众路线

一个国家、一个民族的强盛，总是以思想为先导，以精神为支撑。新四军“铁军精神”集中反映了我党我军的优良传统与作风，是我党我军的宝贵精神财富。其中，群众路线是铁军精神的重要体现，不仅在艰苦卓绝的革命战争年代起到了凝聚人心、鼓舞士气、激励斗志的作用，而且在坚持和发展中国特色社会主义的今天同样发挥着激励人心、增强信心、催人奋进的巨大作用，始终是中国共产党人不忘初心、牢记使命的强大动力。无数战役、无数斗争中，我们依靠群众力量粉碎了敌人的进攻，扩大了抗争的队伍。如今，群众路线更是党一切工作的根本路线。群众路线是党的马克思主义认识路线，是党的根本的政治路线和组织路线，是党的根本领导方法和工作方法。群众路线是以毛泽东为代表的中国共产党人，在长期的革命斗争中，首次对红四军提出的具体要求，给铁军精神注入了新的内涵和活力。群众路线，就是一切为了群众，一切依靠群众，从群众中来，到群众中去，把党的正确主张变为群众的自觉行动。党的十九大再次强调群众路线的重要性，将抗战时期的“军民鱼水情”发扬到底。

群众路线的思想源远流长，“政之所兴在顺民心，政之所废在逆民心”“得民心者得天下”“得齐民心”“民众归之如流水”……这些均是古人的智慧总结，也是不变的真理。千年的历史证明，不得民心者，民必覆之，多少帝王将相逞一时之快，用专断独裁断送了一个朝代的生命。诚然，在中国漫漫历史长河中，许多伟大人物都为推动历史发展作出过重要贡献。但不管怎样，最后起决定性作用的仍然是广大人民群众。只有顺应了历史潮流，汇聚了人民的力量，社会才能发生根本变革。从世界发展史也可看出，一个政权什么时候得到人民群众的拥护，就会长治久安；什么时候失去了人民群众的拥护，就会毫无疑问地被推翻。

近代，十月革命一声炮响，为我们送来了伟大的马克思主义，群众观点是马克思主义的根本政治观点，群众路线是党的根本工作路线。只有坚持依靠群众，全心全意为群众谋利益，我们的党才能充满生机与活力。1922 年 7 月党的二大通过的《组织章程决议案》就指出：“党的一切运动都必须深入到广大的群众里面去。”1925 年 10 月召开的中共扩大执委会决议案中又指出：“中国革命运动的将来命运，全看中国共产党会不会组织群众，引导群众。”1928 年 6—7 月召开的党的六大也作出了“党的总路线是争取群众”的重要论断，同年 11 月，李立三根据党的六大精神在同浙江地区负责人谈话时指出，在总的争取群众路线之下，需要尽最大的努力到下层群众中去。这是我们党的领导人首次使用“群众路线”这一概念。1929 年 9 月，由陈毅起草、经周恩来审定的《中央给红四军前委的指示信》中三处提到“群众路线”，即筹款工作要“经过群众路线”，没收地主豪绅财产要“经过群众路线”，红军给养及需用品问题也要“渐次做到由群众路线去找出路”。1929 年 12 月，毛泽东在著名的古田会议决议中指出：党的工作要“在党的讨论和决议之后，再经过群众路线去执行”。

抗日战争时期，党的群众路线的基本内容开始不断完善和成熟。1943 年 6 月，毛泽东在为中央起草的《关于领导方法的若干问题》一文中，从辩证唯物主义认识论的高度，对党的群众路线的工作方法进行了精辟概括。毛泽东指出：“在我党的一切实际工作中，凡属正确的领导，必须是从群众中来，到群众中去。这就是说，将群众的意见（分散的无系统的意见）集中起来（经过研究，化为集中的系统的意见），又到群众中去做宣传解释，化为群众的意见，使群众坚持下去，见之于行动，并在群众行动中考验这些意见是否正确。然后再从群众中集中起来，再到群众中坚持下去。如此无限循环，一次比一次地更正确、更生动、更丰富。这就是马克思主义的认识论。”毛泽东同志在《论联合政府》一文中进一步阐述了党的群众路线的核心内容，他指出：“我们共产党人区别于其他政党的又一个显著的标志，就是和最广大的人民群众取得最密切的联系。全心全意地为人民服务，一刻也不脱离群众；一切从人民的利益出发，而不是从个人或小集团的利益出发；向人民负责和向党的领导机关负责的一致性，这些就是我们的出发点。”毛泽东还从我们党的根本性质和宗旨出发，提出把“和最广大的人民群众取得最密切的联系”作为党的三大优良作风之一，这就使我们党对群众路线的认识进一步提到了一个新的高度。

党的七大会议上，刘少奇在《关于修改党章的报告》中专门论述了党的群众路线的极端重要性，并将它提到了党的根本的政治路线和组织路线的高度。他指出：“党的群众路线，是我们党的根本的政治路线，也是我们党的根本的组织路线。”在谈到党的群众路线的具体内涵时又指出：群众路线“就是要使我们党与人民群众建立正确关系的路线”“就是我们党的领导骨干和党内党外广大群众密切结合的路线，就是从群众中来又到群众中去的路线，就是指导方法上的一般号召与个别指导相结合的路线”。党的七大通过的新党章，第一次明确规定了党的群众观点和群众路线的基本内容和基本要求。

新中国成立以后，我们党根据执政党面临的新形势和新任务，对群众路线又作了新的丰富和发展。1956 年 9 月，在中共八大上，邓小平在《关于修改党章的报告》中对党的群众路线作了新的概括，系统阐述了党的群众路线两个方面的意义：一是人民群众必须自己解放自己，党的全部任务就是全心全意为人民服务，党必须密切联系群众和依靠群众，每一个党员必须养成为人民服务，向人民群众负责，遇事同群众商量，和群众同甘共苦的工作作风；二是党的领导工作能否保持正确，决定于它能否采取“从群众中来，到群众中去”的工作方法，党必须根据群众的实践来检验自己的工作。1964 年，毛泽东在谈到学习马克思主义认识论和辩证法问题时，再次阐述了党的群众路线的基本内容，同时还论述了群众路线同马克思主义认识论的一致性。

改革开放以来，以邓小平同志为核心的党的第二代中央领导集体对群众路线进行了开创性继承和发展。邓小平指出："群众路线和实事求是这两条是最根本的东西""群众路线和实事求是特别重要"。邓小平把"三个有利于"作为衡量各方面工作成败的标准，把人民"拥护不拥护""赞成不赞成""高兴不高兴""答应不答应"作为我们党制定各项方针政策的出发点和归宿。以江泽民同志为核心的党的第三代中央领导集体在领导中国特色社会主义现代化建设过程中，明确提出了"立党为公、执政为民"的重要理念，尤其是把"代表最广大人民的根本利益"作为"三个代表"重要思想的核心内容，这是对党的群众路线的进一步丰富和发展。党的十六大以来，以胡锦涛同志为总书记的党中央明确提出了以人为本的科学发展观，强调发展为了人民、发展依靠人民、发展成果由人民共享等重要思想，把"始终保持党同人民群众的血肉联系"作为保持和发展马克思主义政党先进性的根本点，作为提高党的建设科学化水平的重要任务。

在当前新的历史条件下，以习近平同志为核心的党中央把党的群众路线视为"党的生命线和根本工作路线"，切实加强对中共党员的马克思主义群众观点教育，始终保持党同人民群众的血肉联系，为推动全面建成小康社会、实现中华民族伟大复兴的中国梦提供坚强保证。"崇高信仰始终是我们党的强大精神支柱，人民群众始终是我们党的坚实执政基础。只要我们永不动摇信仰、永不脱离群众，我们就能无往而不胜。"这既是亘古不变的真理，也是对党的历史经验的科学总结，也是对党的未来走向的深刻揭示。

群众路线在发展过程中始终保持内核不变，就是坚持一切为了群众，一切依靠群众，一切从群众中来、到群众中去，领导干部秉着全心全意为人民服务的宗旨，做好人民的"仆人"。在战争年代，群众路线的精神内涵在新四军队伍中体现得淋漓尽致，新四军将领和战士们身体力行，赢得了群众的拥护和爱戴，也依靠群众取得了最终的胜利。

4－1　纪律严明的新四军

案例呈现

严明群众纪律，牢固树立群众观念，以实际行动赢得人民群众的认可与拥护。新四军组建不久即制定了"十条军规"，包括"军队与民众打成一片，艰苦奋斗坚持到底"等内容。新四军还根据抗战实际，在红军时期的"三大纪律八项注意"基础上制定了"三大纪律""十项注意"。"三大纪律"中的"爱护老百姓，不违反民众利益"是重要一条。

上门板捆铺草

一个战士借了群众家的一副大门,作搭铺睡觉之用,不慎将榫头弄坏,他们就按新门价格作了赔偿。各团驻扎期间,要经常出去打鬼子,每次临走前,班、连、排长都要检查战士所借群众的东西是否已经归还,如碗、筷、板凳、门板等,住处是否打扫干净,然后才离开。老战士陈文宝回忆:"新四军有规定,部队开拔前,一定要把借来的稻草捆好送还老百姓,帮助他们把水缸里的水挑满,屋内、屋外打扫得干干净净。如果把老百姓的东西弄坏了,必须进行赔偿。"原新四军第一旅政治部战地服务团大队长来颖回忆道:"生活再苦,也不能拿群众一针一线。那时候,老百姓看到服务团吃饭没菜,就送来一碟豆饼酱,大家推却不过,就付了钱才肯吃。"新四军军纪严明、亲民爱民,人民群众看在眼里,记在心里,于是他们从心底里接受了新四军。有了群众的支持,新四军如鱼得水,开展敌后斗争、创建抗日根据地就有了坚实的基础。

雨夜牵牛犊

1940 年夏天,新四军将领彭雪枫率领八路军第四纵队转战于豫皖苏边区时,当时住在王心乙大爷的家中。有一天下了大雨,彭雪枫忽然想到王大爷家的小牛犊还拴在树上,于是连雨帽也未戴就向外跑,他冒着大雨将王大爷家的小牛犊牵了回来,王大爷家没有牲口棚,彭雪枫就把小牛拉到了堂屋里,把小牛拴在了自己睡的小床的床腿上。彭雪枫淋得浑身都是雨水,但是他却没有管自己,而是从床上捡起了件旧衣服,先给牛犊子擦了起来,一直把小牛身上的雨水全部擦干为止。王大爷看到八路军第四纵队司令员这样悉心照料自己牲口的情景,感动得不知说什么好。

损失要赔偿

有一次,新四军将领黄克诚在从淮海区到盐阜区去的路上,发现一匹战马正在啃田里的麦苗,马夫坐在一边抽烟。黄克诚立即走过去严肃地对马夫说:"你的马吃老百姓的青苗了,你知道吗?"黄师长严肃批评了马夫,还找来了连队的指导员,命令他找到麦田的主人,向农民赔礼道歉并赔偿损失。又一次,黄师长的小红马啃了朱老汉家的杨树皮,他立即命马夫小李代表他去赔礼道歉,并赔偿两元抗币。朱老汉不肯收下,来到黄克诚的住地,说:"黄师长,新四军为了抗日,连命都不要,马偶尔啃了一块树皮,你也要赔,天下哪有这样的道理?"黄克诚耐心地解释说:"新四军有三大纪律、八项注意,人人得遵守。我的马啃了你的树皮,当然得赔。"朱老汉说:"马又不是人,它啃了树皮怎么就违反了纪律? 这钱我不能收。"数月后,部队离开时,村长给朱老汉送来一封信和两块钱,信中写道:"朱大伯,数月前,小红马啃了你家一棵杨树皮,这两元钱赔款望你如数收下。"信的末尾是端端正正的"黄克诚"三个字。四支队驻在东、西港冲期间,纪律严明,不拿群众一针一线,不侵扰群众,爱护群众的财产,借群众的东西,一律按时归还,如有损坏都照价赔偿。

——材料摘自网络:肖力《新四军密切联系群众的实践与启示》

拓展讨论

1. 你认为一个政党如何才能赢得人民群众的拥护和支持?
2. 结合案例,联系实际谈谈新时代如何才能让群众路线继续充满鲜活性?

案例解析

案例中讲到的“三大纪律”“十项注意”,是新四军深入敌后作战,对新四军战士的严格要求。“三大纪律”“十项注意”言简意赅,体现了新四军的性质、为人民服务的宗旨和军民一致的原则,表明新四军是一支新型的人民军队。严明的政治纪律是一支军队组建的良好基础,也是一支军队能否取得民众信任和爱戴的重要条件。透过这些真实案例,我们仿佛看到了战士们和群众其乐融融的相处画面,看到了因违反纪律受到教育后认真检讨的新四军战士,看到了纪律严明的人民军队在华北大地上谱写的一曲曲壮歌。实践表明,政治纪律是最重要、最根本、最关键的纪律,是实行群众路线的重要条件,是新四军战胜强大敌人的重要保证。

教学建议

本案例可用于《毛泽东思想和中国特色社会主义理论体系概论》第一章“毛泽东思想及其历史地位”第二节“毛泽东思想的主导内容和活的灵魂”中的“群众路线”教学、第二章新民主主义革命理论等内容的教学。讲到的三个案例,充分说明了新四军军队纪律的严明性,是整个新四军部队严格执行命令、切实实践群众路线的缩影。案例表明一开始实行群众路线的难度之大,结合中国国情,中国自古以来就是以自然经济为主的国家,通常都是自给自足,尤其是以农民人口为主要人口的情况下,很难改变农民的地位和落后思想,要想让老百姓信服,彻底脱离被奴役、被剥削的状况,首先新四军战士们得有崇高的思想觉悟和政治素质,这也是新四军取得人民信任的重要条件之一。而通过政治纪律的规范,军队中不爱护百姓、不尊重群众利益的现象得以减少乃至杜绝,这是新四军被民众拥护爱戴的原因,也表明实行群众路线时遵守政治纪律的重要性,说明了实行群众路线的根本要求和重要条件。也可涉及《思想道德修养与法律基础》《中国近现代史纲要》《马克思主义基本原理概论》中的坚定理想信念、尊法学法守法用法、中国共产党的创建及其意义、实践与认识及其发展规律等内容的教学。

延伸阅读

“三大纪律八项注意”的诞生

红军最先只有“六项注意”

关于“三大纪律八项注意”的形成和发展，经历了较长的时间过程。最初从1927年10月三湾改编时提出的“三大纪律”到1947年10月10日的《中国人民解放军总部关于重新颁布三大纪律八项注意的训令》，前后经历了20年的时间。

红军当年进行三湾改编时，毛泽东针对许多红军战士来自旧军阀的军队，带有很多坏习气这一现状特别制定了“三大纪律”：行动听指挥；不拿工人农民一点东西；打土豪要归公。

1928年夏天，毛泽东又补充了“六项注意”：一，上门板；二，捆铺草；三，说话和气；四，买卖公平；五，借东西要还；六，损坏东西要赔。

其中“上门板”“捆铺草”是因为当时部队在住宿时，常借用老百姓的门板做铺板，借用稻草做铺草。各家的门板高矮大小不一，部队撤走时如果不物归原主，一大堆的门板就对不上榫，故规定了上好门板、捆好铺草再走。

为了让“三大纪律六项注意”深入人心，毛泽东让部队开始教唱《红军纪律歌》，歌词是：上门板，捆铺草，房子扫干净。说话要和气，买卖要公平。损坏东西要赔偿，借人东西要还清。

这一招果然效果很好，许多战士通过唱歌就将“红军纪律”牢记在心了。后来，“六项注意”又增加了两项，即“洗澡避女人”“不搜俘虏腰包”。“三大纪律八项注意”就这样产生了。

填词者给周总理写信表明身份

20世纪30年代，出现了《三大纪律八项注意》这首歌，由于歌词很形象地把军队纪律融会贯通在里面，曲调又雄壮有力，所以很快在红军战士和群众中传唱开来，历经红军、八路军和新四军、人民解放军等时期，歌词内容也作了相应的改变。

新中国成立后，中国人民解放军总政治部于1950年和1957年两次对《三大纪律八项注意》的歌词进行修改。1957年出版的《解放军战士》杂志第14期上，正式刊登了《三大纪律八项注意》的标准歌词。但是长期以来，这首歌的词、曲作者到底是谁，却一直是个未解之谜。

1973年3月26日，一位名叫程坦的老干部给周恩来总理写信，称自己是《三大纪律八项注意》的填词者，并详细说明了填词经过。1978年4月和1980年1月，总政文化部先后派专人对这首歌曲产生的历史情况进行了调查，汇集了有关资料，证实程坦就是《三大纪律八项注意》的填词者。

据《刘华清回忆录》介绍,红二十五军由鄂豫皖根据地长征到陕北以后,改编为红十五军团,政治部秘书长程坦找到时任宣传科长的刘华清,建议把《三大纪律八项注意》编为歌曲,对部队进行纪律教育。由于两人都不懂音乐,他们就借用了鄂豫皖苏区流行的民歌《土地革命完成了》的歌谱。

1981 年《解放军歌曲》第三期重新发表了《三大纪律八项注意》的歌词,并明确注明“程坦编词,集体改词”。

毛泽东曾多次领唱《三大纪律八项注意》

20 世纪 70 年代,毛泽东曾多次领唱《三大纪律八项注意》这首歌。

第一次是在 1971 年 8 月 15 日至 9 月 12 日期间,毛泽东到南方巡视期间,反复强调要增强团结、遵守纪律,并且多次与南巡随行人员和参加座谈的同志一起唱《国际歌》和《三大纪律八项注意》。

还有一次是在 1973 年 12 月 12 日,毛泽东主持中央政治局会议,宣布八大军区司令员对调。会上,毛泽东建议与会者共同歌唱《三大纪律八项注意》,并由他来亲自领唱。

《二大纪律八项注意》

革命军人个个要牢记,三大纪律八项注意。
第一一切行动听指挥,步调一致才能得胜利。
第二不拿群众一针线,群众对我拥护又喜欢。
第三一切缴获要归公,努力减轻人民的负担。
三大纪律我们要做到,八项注意切莫忘记了。
第一说话态度要和好,尊重群众不要耍骄傲。
第二买卖价钱要公平,公买公卖不许逞霸道。
第三借人东西用过了,当面归还切莫遗失掉。
第四若把东西损坏了,照价赔偿不差半分毫。
第五不许打人和骂人,军阀作风坚决克服掉。
第六爱护群众的庄稼,行军作战处处注意到。
第七不许调戏妇女们,流氓习气坚决要除掉。
第八不许虐待俘虏兵,不许打骂不许搜腰包。
遵守纪律人人要自觉,互相监督切莫违反了。
革命纪律条条要记清,人民战士处处爱人民。
保卫祖国永远向前进,全国人民拥护又欢迎。

材料源自:中广军事网

4-2 民族抗日靠群众，群众利益齐保护

案例呈现

新四军挺进敌后之初，沦陷区人民对人数不多、武器破旧的新四军能否站住脚、能否战胜日军信心不足。新四军每到一处，组织召开群众大会，宣传全面抗战的路线和党的抗日民族统一战线政策，使民众逐渐认识到，只要团结起来，跟着新四军干，就能把日本侵略者赶出中国去。在注重宣传的同时，新四军也积极寻找战机，主动出击，以战斗的胜利鼓舞人民的信心。1938 年 5 月 12 日，新四军第四支队在安徽巢县以南蒋家河口伏击日军巢县守备队初战告捷；粟裕率先遣队于 6 月 17 日在江苏镇江西南韦岗伏击日军支队，江南首战获胜；新四军游击支队于 10 月 26 日在淮阳东北窦楼击溃日本骑兵进攻；新四军独立游击大队于 1939 年 2 月 26 日在湖北应山余家店与敌激战，旗开得胜。新四军在沦陷区沉闷的气氛中，吹响了民族抗日的号角，沦陷区民众人心振奋，新四军威望大振，影响力迅速提高，更加得到群众的衷心拥护，不少青年踊跃参军。军事上站稳了脚，新四军又进一步发动群众，组织群众，为群众争取利益。1941 年 5 月 7 日，刘少奇在华中局第四次会议上指出，所谓群众工作，就是在发动群众中组织群众、教育群众和保护群众利益的工作。新四军在敌后深入开展了减租减息运动，让广大群众的生产、生活条件得到了很大的改善。新四军派出工作组，深入农村，调查研究，访贫问苦，广泛地发动群众，组织农救会与地主、高利贷者进行斗争。江苏省盐城县首届农救大会于 1941 年 4 月 20 日在盐城隆重开幕，各区农救会亦在县农救会召开前后成立。各农救会积极开展工作，借粮度荒，减租减息，增加工资，改善了农民的经济待遇。农民无不欢天喜地，纷纷表示“跟着恩人共产党，打鬼子，保家乡”。到 1942 年冬，华中各根据地基本完成了减租减息的任务，极大地提高了农民生产和抗日的积极性。把群众组织到全面抗战的洪流中来，更进一步奠定了新四军的群众基础。

刘少奇同志曾说：“打鬼子要有枪，有了枪还要有个家，这个家就是抗日民主政权。”1939 年 11 月，刘少奇抵达皖东后，就要求新四军江北指挥部，放手发动群众，猛烈发展武装力量，积极建立根据地。初创的抗日民主政权，对结束地方混乱的社会秩序起到了积极的作用，但基本是在共产党一手包办下建立起来的，民主化程度不高。紧接着，华中局开始进行抗日民主政权的民主化建设，组建由人民选举产生并代表人民行使权力的地方权力机关参议会。1940 年 11 月，刘少奇、陈毅等在海安组织召开了苏北临时参政会。会上，推举进步士绅朱履先、韩国钧任参议长和名誉参议长，并号召苏北各县按“三三制”原则召开参议会，组织成立县级抗日民主政权。各县成立的参

议会成了社会各界参政议政、行使权利的机关。盐城县分别于1941年1月和6月召开了第一、二届参议会。第二届参议会“从最大的地主、有钱人到最穷苦的工人农民代表,从佛教会的和尚到共产主义者,从七八十岁的老前辈到二十岁以下的青年代表,从国民党员、刚从韩德勤部回家的高级职员、由重庆到苏北的职员到其他有党无党的人士,以及各个不同地区不同职业的男女代表,无所不有”。这一民主形式是中国千百年来从未有过的。刘少奇同志曾评价道:“单从这种情形来看,就可以证明:抗日的民主政治,是如何地适合中国的国情与人民的需要!”经过减租减息等运动,农民群众的经济条件得到改善,而随着群众抗战团体成立,广大群众在社会上、经济上有了一定的地位,也有了参政的要求。在加强地区、县两级政权建设的基础上,华中各根据地又对基层政权进行民主改造,乡选是主要形式。在苏中区,到1943年,1 156个乡全面开展了乡选工作,近1 000万人参加了民主选举。在基层乡政权民选的基础上,东台县的唐洋区、东台县分别民选产生了区长、县长,把民主政治的程度不断推向深入。民主政治建设的推进,提高了共产党和新四军在各党派、各阶级、各阶层人士心目中的威望,巩固和发展了抗日民族统一战线,密切了党群、党政、军民之间的关系,巩固了党在华中的执政基础。

关心群众生活,切实解决民生事项,精兵简政、拥政爱民,真心实意为群众谋利益。新四军从领导干部到普通战士,都能把老百姓的冷暖挂在心上,深入群众,主动关心群众的疾苦,为其排忧解难,并与抗日民主政府一起在根据地的水利、卫生教育事业上做了大量工作。1938年,新四军军部进驻云岭东麓罗里村,进村的通道上有条河叫叶子河。为方便群众出行,叶挺军长亲自设计,副官处负责,建造了一座长8米、宽2米的木质结构桥,两侧还有栏板。桥建成后,当地群众高兴地赞颂新四军是人民的子弟兵,称这座桥为“军民桥”。阜宁县抗日民主政府以盐税作抵发行修堤公债,在新四军三师的大力支持下,克服重重困难,修建了全长45公里的海堤,保护了沿海人民的生命财产安全。人们为表示对县长宋乃德及抗日民主政府的感谢,将此堤称为“宋公堤”。根据抗日形势的发展,为节约民力,密切军政、军民关系,新四军还先后开展了精兵简政和拥政爱民运动。1942年9月26日,华中局、新四军军分会发出《关于精兵简政的通知》,对精兵简政进行全面布置。华中各抗日根据地将部分主力充实到地方武装,提高地方武装的战斗力。减少行政机构的层次,缩小编并行政区,增加不脱产的工作人员。1943年12月,军政治部发布了《关于拥政爱民运动的指示》,在全军开展拥政爱民活动。在这个指示中,重新颁布了新四军的拥政爱民公约。在拥政爱民运动中,新四军认真检查群众纪律,进一步清理旧案和赔偿,提出要“特别加强生产中的群众纪律,在生产中进一步密切军民关系,切忌与民争利、损害人民生产,借用农具应用借物证,要随时归还,要爱护人民的农具、牲畜”。通过拥政爱民运动,既清除了旧案,又有效防止了侵害群众利益事件的发生,使老百姓对新四军更加拥护。

不断加强自身建设,坚决反对贪污浪费和脱离群众的现象,真诚接受群众监督。新四军在华中之所以能立于不败之地,很重要的一个原因就是各级领导干部发挥先锋模范作用,以身作则,率先垂范,并着力抓好部队自身建设,坚决反对贪污浪费和脱离群众的现象。在加强日常整训和学习教育的基础上,新四军在全军开展了大规模的整风运动。各部队结合实际,通过认真的批评与自我批评、深挖思想根源等方式,解决贪污腐化等突出问题。新四军二师针对个别干部的贪污腐化现象,在淮南新铺召开高级干部会议,对淮南党内以财政经济问题为中心的主要歪风进行清算,开展批评毫不留情,对少数犯严重错误的干部形成震慑,也教育了其他干部。整风运动的持续开展,对新四军的政治、思想、组织和作风建设等,带来了深远的影响,新四军也以艰苦奋斗的作风、勤俭廉洁的形象,得到了群众的肯定与支持。新四军和华中抗日民主政府还真诚接受群众监督,鼓励群众监督。1941 年 6 月 3 日,刘少奇在盐城县第二届参议会上发表了《我们在敌后干些什么?》的著名演说。他在演说中诚恳地表示:"如果我们犯了错误,或者你们认为我们犯了错误,那就请你们,请人民不客气地批评。"1942 年 5 月 6 日,盐阜区行政公署召集全区 8 县著名士绅和工农代表开座谈会,会上一些代表发表了批评意见。5 月 7 日,在座谈会上,陈毅就批评意见进行表态:"这次座谈会上各位士绅及各位工农代表所说的话,特别其中对党政军工作方面的批评,我认为都是对的,我代表党政军三方面诚恳地接受。"管文蔚在《开展苏中党内批评与自我批评进一步提高和巩固苏中》一文中指出:"我们应大胆地当着群众的面承认我们自己的错误,尽量扩展党内的民主,以开展党内的自我批评与批评。只有这样,才能使我们的党更有力,更巩固,更能与群众密切地结合。"为加强对政府公务人员执法守法的监督,华中各根据地颁布了相关法律,赋予人民监督检举政府公务人员的法定权力,鼓励人民批评监督政府。盐阜区颁布了《盐阜区保障人权暂行条例》,规定"本区所属公务人员有违法行为时,本区公民得用各种便利方式向各县政府或行政公署提出控告"。为了使贪污腐败分子无藏身之地,各根据地通过多种方式,鼓励群众检举贪污犯。淮南津浦路东各县联防办事处颁布的《抗战时期施政纲领》规定:建立便利人民之司法制,并保障人民检举告发任何工作人员罪行之自由。《淮北苏皖边区惩治贪污暂行条例》规定:凡人民或团体,对于贪污之公务人员,均有检举权。

——肖力《新四军密切联系群众的实践与启示》

拓展讨论

1. 结合案例,谈谈你对党的群众路线内涵的理解。
2. 结合案例,说说你对中国共产党实施"三三制"的看法。

案例解析

案例中的新四军建设坚持走群众路线的故事是当时抗战时期发生在华北、华中地区最普遍的故事,是新四军爱护百姓、百姓拥护新四军的典型故事。透过这些故事,能看出新四军建立政权、取得民众信任的困难和不懈努力，只有保持一颗真正爱人民的赤诚之心，才有可能真正取得民众信任。为老百姓修桥铺路，制定爱民政策并严格实行，是建立民众信任的第一道关卡，而廉洁是建立民众信任的第二道关卡，贪污腐败是万万不能的，因此，杜绝贪污腐败，对此现象实行严格的惩治，是对群众利益的维护，是对群众路线的严格执行。

坚持群众路线，就是坚持全心全意为人民服务的宗旨。全心全意为人民服务，是党一切行动的根本出发点和落脚点。党除了工人阶级和最广大人民群众的利益，没有自己的特殊利益。因此，为人民做事，不拿群众一针一线，是新四军群众路线的基础，在任何时候都要将群众利益放在第一位，不能脱离群众，更不能占群众的便宜。

教学建议

本案例可用于：《毛泽东思想和中国特色社会主义理论体系概论》第一章“毛泽东思想及其历史地位”关于“群众路线”；《马克思主义原理概论》第二章“认识的本质及其发展规律”第一节“认识与实践”“实践与认识及其发展规律”和第三章“人类社会及其发展规律”第三节“人民群众在历史发展中的作用”等内容的教学。本案例中提到的新四军群众路线的实行，是抗日战争时期新四军联系群众、爱护群众的缩影。无论在什么年代，有全心全意为人民服务的人，也有不计后果占群众便宜、助长贪污腐败之风的人。他们之间无论是参与者还是旁观者，都不是无辜的，都应该受到人民群众的监视和惩罚。本案例表明，人民群众是历史的主体，群众的眼睛是雪亮的，必须坚持群众路线不动摇，杜绝腐败之风。坚持全心全意为人民服务的宗旨，维护最广大人民的根本利益，积极实践，思想上必然能够得到提高。实践是认识的来源，是认识发展的动力，是认识的目的，也是检验认识真理性的唯一标准。人民群众是历史的创造者，无产阶级政党在自己的一切工作中，必须依靠人民群众的力量，集中人民群众的智慧，获取人民群众的信任和支持。实践证明，离开了人民群众的积极性、创造性和主人翁责任感，一切无从谈起。也可涉及《思想道德修养与法律基础》和《中国近现代史纲要》第六章“中华民族的抗日战争”中的坚持中国共产党的领导、中国共产党的自身建设等内容的教学。

延伸阅读

群众路线是鄂东抗日根据地发展的源泉

口述：赵均之　整理：姚习武

1941 年 1 月皖南事变后，党中央决定把新四军整编为 7 个师和 1 个浙东纵队。豫鄂挺进纵队被整编为新四军第 5 师，5 师下属部队被编为 13 旅、14 旅和 15 旅。1942 年，我先后在第 14 旅 42 团、41 团政治处工作，1943 年 3 月调到 14 旅政治部任组织科长。1943 年秋,渡江到鄂南,又开创了鄂南根据地。14 旅司令部政治部大多数时间都驻在黄冈县王家坊、石盘咀、王福楼、辛家冲、熊家围一带。这里成了鄂东、鄂南大片抗日根据地的中心。

鄂东、鄂南游击区战事频繁,斗争异常残酷激烈。在 1942 年 1 月 29 日到 7 月仅仅不到六个月的时间内,大的战斗就有 4 次,每月还有频繁的小战斗。在这种艰苦的环境里,鄂东根据地还在不断扩大。到 1945 年日本投降前,鄂东部队已扩大到两个正规旅,即 14 旅和独立 2 旅。还有很多地方支队,部队达到万余人,根据地面积达到近 2 万平方公里。

1944 年年底,党组织决定将我由旅政治部组织科长岗位上调到阳(新)通(山)任县委书记兼县长和县总政委,14 旅政委张体学同志调任湘鄂赣军区副司令员。他临行前找我谈话说:"组织决定你去任阳(新)通(山)县委书记兼县长、总队政委,给你从警卫连抽出 12 支枪,另给你 12 个干部,去开辟阳新和通山边区根据地。你去大幕山后第一就是发动群众,依靠群众扩大武装,成立县中队、总队,区乡建立武工队;第二是发展地方党员,发挥堡垒作用;第三是建立地方政权,成立区、乡政府。"根据体学同志指示,我去后仅二三个月就把队伍扩大到 200 多人。建立了三个区委、区政府及三个武工队,还成立了一个手枪队负责山口卡站收税,并负责筹粮。我们的武器都来源于收缴地方上国民党的乡保长、保丁的枪支及地方土匪的枪支。根据地从阳新镇到通山大幕山九宫山、大畈、黄泥畈、龙岗、燕夏,将 60 平方公里连成一片,充分体现了毛泽东同志人民战争思想的正确性。

宣传群众、发动群众是我们每到一个地方的首要工作,凡到驻地后,首先是在四处写标语。我们所到之处都会在墙上写"打倒日本帝国主义""日本帝国主义从中国滚出去""打倒国民党反动派""我们是人民的队伍""军民一条心,试看天下谁能敌""人民军队爱人民""我们是工农子弟兵""三大纪律、八项注意是新四军铁的纪律"等,这些有力的口号使人民群众更加理解、支持、拥护我们这支人民的军队。

为更好地得到人民群众支持,我们每个政治处都有孩子剧团或宣传队,每到一地首要任务是写标语。如环境稍安定,能住上二三天时,必定要开群众大会,通过演出来向群众宣传和慰问战士。

我们在新 5 师党委、旅政治部领导下,在旅政治委员张体学、政治部主任余潜的具体指导下,所到之处,夏季帮老百姓插秧、拔秧草;秋天帮助老百姓收割。我是北方人,就是来到南方才学会了插秧和拔秧草。有些村、湾的老乡,由于部队几年间来来往往,就同他们很熟悉了,最少能叫出姓氏,有的甚至还可以叫出姓名。

在艰苦卓绝的日子里,人民群众就是我们力量的源泉。在多少次激烈战斗的危急关头,都是老百姓为我们运送弹药,运送饭菜,传递消息,抢救伤员。我们的伤员都是在老百姓掩护下,穿便衣,分住在各村、湾老百姓家里,由他们提供食宿,这就是我们特殊的"野战医院"。14 旅大部分战士是黄冈人,尤其 41 团,绝大部分是黄冈人。所以,我们 14 旅是黄冈人民真正的子弟兵。

——材料源自《当代老年》,2014 年第 4 期,第 39 页

4-3　新四军在华中地区的群众路线实践

案例呈现

毛泽东指出:“我们的共产党和共产党领导的八路军、新四军是革命的队伍。我们的队伍完全是为着解放人民的,是彻底的为人民的利益工作的。”新四军在抗战烽火中诞生,其前身是长征后留在南方八省坚持游击作战的红军及红军游击队。早在组建之前,1937 年 8 月 1 日中共中央在关于南方各游击区域工作的指示中就群众工作专门要求各游击区要“加强群众组织的民主化与党的领导”“根据当地的实际情况,利用一切合法的可能与组织形式去进行组织群众运动”“争取人民权利,动员人民参加抗日的民族革命等群众运动”“党时时刻刻应当注意能去团结与领导千千万万的广大群众参加到抗日的民族统一战线中来,这是领导群众的基本方针”。1939 年 3 月,中共中央军委副主席、南方局书记周恩来到新四军视察工作,他在皖南新四军军部干部大会上做《目前形势和新四军的任务》的报告,指出“我们如果打算把新四军所在的地方建立根据地,就要依靠这个地方的广大群众,深入到群众中去。深入群众才能保障我们的发展”。1939 年 5 月 1 日,新四军副军长项英在接受记者采访时讲到“军队是民众的武装,是从民众与民众斗争中产生的、成长的,与民众是一家人,与民众利害相共,痛痒相关”“一个军队,不仅要团结民众、爱护民众,而且要代表民众,保护民众。如鱼失掉了水,不但要打败仗,而且易被消灭。换句话说,军队有了民众拥护,就能生存,定能胜利;失了民众,要失败,要消灭。我们新四军过去与现在一贯为民众利益而奋斗,事事以民众的利益为利益”。1940 年,新四军军长叶挺在《纪念新四军成立三周年》文章中指出:我们三年来的胜利不是由于给养好、军需足、械弹多,而主要是由于我们执行了统一战线政策,实行“抗日建国纲领”,做到了军民合作,做到了官兵一致。所以新四军在组建之初提出的“三大纪律十项注意”中有九项和群众有关。陈毅率部初到江南地区,提出“不拉夫,不派款,不扰民”的“三不”政策。他说“天王老子也不准入民宅”。黄克诚向部队提出夜间行军“三不准”:一不准进村;二不准敲老乡家门;三不准进民宅。刘少奇在华中局第四次会议上明确指出:“所谓群众工作,就是在发动群众中组织群众、教育群众和保护群众利益的工作,这是三个经常性的任务。”这也是中国共产党人及其所领导的军队的出发点和归宿点,是新四军生存发展的基础和力量的源泉。

新四军在华中践行人民军队为人民的宗旨,坚持走群众路线,赢得了老百姓的真心拥护和爱戴,汇聚成华中抗战的铜墙铁壁,赢得了抗战的最终胜利和自身的发展壮大。

——材料源自:周振华《浅析新四军的华中群众路线的具体实践》,中国纪念馆研究,2014 年,第 2 辑

中国的“保尔·柯察金”

在中国共产党领导的人民革命斗争中，曾涌现出无数功臣英模。其中有一位军工，身负100多处伤，手足伤残仍奋斗不息，被称为“中国的保尔·柯察金”。他就是吴运铎。

1917年，吴运铎出生于湖北武汉汉阳镇，自幼到安源煤矿。因父亲是矿上的记账小职员，无法养活全家，少年吴运铎做过挑煤工，捡过煤渣。他7岁时，正值共产党领导的安源煤矿俱乐部为工人谋取福利，他得以进入煤矿东区职工子弟小学就读，参加了儿童团并担任宣传员。由于煤矿上有许多机器设备，他少年时便对机械产生了浓厚的兴趣，打风房中空气压缩机巨大的飞轮让他认识到机器的力量，最大的梦想就是当管机器的工人。

1927年夏，国民党反动军队开进安源，屠杀革命者，学校停办，吴运铎的家庭生活也陷入绝境。1931年，他随家人迁到湖北黄石。经父亲的同事介绍，兄弟几人都进矿当了学徒，后来当了电机师傅。为了弄清机器工作的原理，吴运铎在繁重劳动间隙把车间里的一个小阁楼打扫干净，当成了“书房”兼“实验室”，把装机器的破木箱翻过来当书桌，又省吃俭用买来一些工业小丛书，学习机械知识。他还开办了讲座，把机械知识讲给工友们听。

全面抗战爆发后，共产党在煤矿办起了抗战讲座，吴运铎天天去听课，家中也成了工人集会的场所。他还参加了党的《新华日报》的发行站工作，每天下班后便把报纸贴出去。矿主报告警察要捉拿他。于是，他离开了矿场。1938年9月，他辗转来到皖南根据地，参加了新四军，并在军司令部修械所工作。1939年5月加入中国共产党，从事地下组织活动。

在革命队伍中，吴运铎读完了中学课程，并自修了机械制造专业理论。他先后在新四军二师军械制造厂和新四军兵工厂担任技术员、副厂长和厂长。当时条件十分困难，一无资料，二无材料，为了供应前方的军需，他毅然挑起了重担。在寺庙中，将大殿当生产车间，配殿当修枪厂，用简陋的设备研制出杀伤力很强的枪榴弹和发射架，在抗日战场上发挥了重要的作用。为研制子弹，但火药原料是找不到的，吴运铎只好在敌人重重封锁下去找代用品。他想方设法将红头火柴的头刮下来，用酒精泡开，制成火药。没有酒精，就只好用老烧酒蒸馏后代替酒精使用。因为火柴头爆炸力太强，他就用锅灶上的烟锅子与其掺在一起，配成合用的火药。后来红头火柴用量大，根据地又供应不上，就从药店里买来雄黄和洋硝，混合配制，才解决了难题。制造弹头的材料更加缺乏，他就试着把铅熔化了注入模型，做子弹头。但铅经不住高热，步枪有炸毁的危险，后改用铜元为材料，放在弹头钢模里压成空筒，做成尖头的子弹头，里面灌上铅，才试验成功。为制造军工机床，他组织大家用废铁堆里找到的几节切断了的钢轨，中间钻洞安装上模型，然后把铁轨钉在案上，算是代用的“冲床”。利用废钢铁加工成各种简易的机床，装备了军工厂，突破了难题。吴运铎先后发明、制造了各种地雷和手榴弹，在条件极端艰难、困苦的状况下，军工厂修复了大量枪械。

在生产与研制武器弹药中，吴运铎多次负伤，失去了左眼，左手、右腿致残，经过20余次手术，身上还留有几十处弹片没有取出，但他仍以顽强毅力战胜伤残，坚持战斗在生产第一线。他说："只要我活一天，就一定为党为人民工作一天。"1951年10月，中央人民政府政务院和全国总工会授予他"特邀全国劳动模范"称号，并将他誉为中国的"保尔·柯察金"。

——材料源自：安徽纪检网

拓展讨论

1. 结合案例谈谈，为什么说人民群众是社会历史的主体，是历史的创造者？

2. 联系大学生身份谈谈，在新的历史条件下，该如何实行群众路线，发挥人民群众创造历史的伟大作用？

案例解析

本案例讲述了新四军群众路线的具体实践和群众对新四军的爱戴和支持。尤其是吴运铎的事迹，是所有群众拥军护军的代表。在艰难的抗日战争岁月，正是靠着人民群众在人力和物力上的大力支持，新四军才能取得一次次战役的胜利，直到最后赶走日本侵略者，获得胜利。

正是人民群众所从事的伟大实践，创造了越来越丰富的物质财富和精神财富，推动了社会的不断进步。正是以人民群众为主力军的社会革命，推动了社会制度的不断变革，推动了社会形态从低级到高级的不断发展。人类社会发展的历史昭示我们：历史活动是群众的事业，人民群众是历史的主体，是推动历史发展的决定力量。抗日战争的胜利充分证明：人民群众的智慧和力量是无穷的。只有最大限度地调动起人民群众的积极性，充分发挥人民群众的聪明才智，才能成就一番事业。

教学建议

本案例可用于《马克思主义基本原理概论》第三章"人类社会及其发展规律"第三节"人民群众在历史发展中的作用"中人民群众是历史的创造者、个人在社会历史中的作用等内容的教学。本案例中讲到的新四军一系列政策和群众拥军护军的事例，是抗日战争时期，人民群众奋勇支前的典型。在抗日战争初期，中日双方在力量对比上是十分悬殊的。中国共产党领导的新四军，之所以能够不断地从弱到强并最终战胜强大的侵略者，靠的就是人民群众的广泛参与和大力支持。本案例表明，人民群众是社会历史的主体，在社会历史发展的过程中起着决定性的作用，他们才是历史的真正创造者。我们还需要辩证地理解和评价个人的历史作用，他们对推动历史发展作出重要贡献或起重要作用，是群众的一部分，既是号召者，也是践行者。也可涉及《思想道德修养与法律基础》《中国近现代史纲要》《毛泽东思想和中国特色社会主义理论体系概论》中的正确的人生观、坚定理想信念、中国共产党的创建意义、群众路线等内容的教学。

延伸阅读

刘少奇的群众路线观点

毛泽东同志屡次指示我们，在一切工作中要采取群众路线。他在这次大会的报告中，又以极恳切的词句指示我们，要根据群众路线去进行工作。他说：我们共产党人与最广大的人民群众取得最密切的联系，是我们区别于任何其他政党的一个显著的标志。他要我们“全心全意地为人民服务，一刻也不脱离群众；一切从人民的利益出发，而不是从个人或小集团的利益出发”。他要我们同志明了“共产党人的一切言论行动，必须以合乎最广大人民群众的最大利益，为最广大人民群众所拥护为最高标准”。要我们同志明了“只要我们依靠人民，坚决地相信人民群众的创造力是无穷无尽的，因而信任人民，和人民打成一片”，我们就是不可战胜的。毛泽东同志说：“我们党的政策和工作方法应该是从群众中来，又到群众中去。”这就是说，我们党的政治路线和党的组织路线，都应该是正确地从群众中来的路线，又正确地到群众中去的路线。我们党的正确的政治路线，是与正确的组织路线分不开的。虽然政治路线与组织路线之间，可能发生某些部分的暂时的不调和现象，但不能设想，政治路线是正确的，组织路线却是不正确；反之，组织路线正确了，政治路线却是不正确。要把二者互相孤立起来是不可能的。所谓正确的组织路线，就是党的群众路线，就是我们党的领导骨干和党内党外广大群众密切结合的路线，就是从群众中来，又到群众中去的路线，就是指导方法上的一般号召与个别指导相结合的路线。

……

为了贯彻我们党和毛泽东同志的群众路线，在党章的总纲上和条文上都强调指出了以下几个群众观点，这几个观点，必须在每一个党员的思想中牢固地建设起来。

第一，就是一切为了人民群众的观点，全心全意为人民群众服务的观点。我们党从最初起，就是为了服务于人民而建立的，我们一切党员的一切牺牲、努力和斗争，都是为了人民群众的福利和解放，而不是为了别的。这就是我们共产党人最大的光荣和最值得骄傲的地方。因此，凡是为了个人利益或小集团利益而损害人民利益的观点，都是错误的。我们的一切党员，以及参加我们队伍中的一切人员，只要是忠于职务并多少著有成绩的，也就都是为人民服务的，都是人民的勤务员，不管他们意识到了这一点与否，也不管他们担负的是重要的领导职务，或是普通的战斗员和炊事员、饲养员等职务，他们都是在不同的岗位上，直接或间接为人民服务的，因此，他们都是平等的、光荣的。我们要在一切党员和一切人员中，提高自觉性，使我们一切党员和一切人员都在高度自觉的基础上为人民服务，对人民负责。

第二，就是一切向人民群众负责的观点。我们为人民服务，就要对人民负责，就要在客观上使人民因为我们的服务而获得益处、获得解放，就要力求不犯或少犯错误，免得害了人民，引起人民的损失。凡属是我们提出的任务、政策与工作作风，都应该是正确的，这样才于人民有利；如不正确，即要损害人民的利益，那就要诚恳地进行自我批评，迅速求得改正。就是说，我们要善于为人民服务，要服务得很好，而不要服务得很坏。因此，我们在人民面前，一切都不应采取轻率态度，而应采取严肃的负责的态度。

第三，就是相信群众自己解放自己的观点。毛泽东同志经常说：人民群众是真正伟大的，群众的创造力是无穷无尽的，我们只有依靠了人民群众，才是不可战胜的，只有人民群众，才是历史的真正创造者，真正的历史是人民群众的历史。马克思早就说过：劳动者是自己解放自己。

第四，就是向人民群众学习的观点。我们要很好地为群众服务，要去启发群众的自觉，要去指导群众的行动，那我们共产党人必须首先具备一定的条件，必须有预见，对于各种问题必须有预先的计算。就是说，必须是先觉者。

——源自刘少奇著《论党》选段

第五篇　纪律担当

遵守纪律是现代政党政治运行的普遍要求。任何政党都必须施行一定的纪律来保证本党目标的最终实现。马克思主义政党尤其强调严明纪律的极端重要性。马克思曾指出:“我们现在必须绝对保持党的纪律,否则将一事无成。”中国共产党是严格按照铁的纪律组织起来的马克思主义政党,是一个有着高度组织性的严密整体。纪律严明是中国共产党的光荣传统和独特优势。在长期的革命、建设和改革开放事业的实践中,党一贯重视纪律建设。毛泽东一再强调“严格地执行纪律,废止对纪律的敷衍现象”。他曾提出一个著名的论断,即“路线是‘王道’,纪律是‘霸道’,这两者都不可少”。革命战争年代,我们党团结和带领全国各族人民战胜日本侵略者,打败国民党反动派,推翻压在中国人民头上的三座大山,靠的是铁的纪律;新中国成立 70 多年来,我们党团结和带领全国各族人民取得社会主义革命、建设和改革开放的辉煌业绩,靠的是铁的纪律。新的历史条件下,我们党要团结带领全国各族人民全面建成小康社会、实现中华民族伟大复兴的中国梦,同样离不开铁的纪律。

严守纪律是党保持先进性和纯洁性,巩固党长期执政地位的必然要求。先进性是马克思主义政党的本质属性,纯洁性体现着先进性。对马克思主义执政党而言,始终保持和发展党的先进性和纯洁性,是保持和巩固其长期执政地位的根本前提。中国共产党作为党和国家各项事业的领导核心地位,是经过长期的艰苦卓绝的努力并付出了巨大的牺牲换来的,是历史的选择和人民的选择。保持和发展党的先进性和纯洁性,维护和巩固党的长期执政地位,客观要求把全面从严治党真正贯彻落实到党的建设各项工作中去。习近平同志指出,从严管党治党,“就要靠严明纪律”。我们党拥有 9 000 多万名党员,并且在一个幅员辽阔、人口众多的发展中大国执政,如果没有铁的纪律,就没有党的团结统一,党的凝聚力和战斗力就会大大削弱,党的领导能力和执政能力就会大大削弱。十八大以来,党中央立足于时代发展的新变化,反复强调严明的纪律是提高党的领导水平和执政能力、顺利实现党在新时代宏大历史任务的重要保障。习近平同志指出:“党面临的形势越复杂、肩负的任务越艰巨,就越要加强纪律建设。”“要坚持高标准和守底线相统一,教育引导党员、干部自觉向着理想信念高标准努力,同时要以党的纪律为尺子,使党员、干部知敬畏、存戒惧、守底线”,维护党的团结统一,确保全党统一意志、统一行动、统一步调前进。

5－1　陈毅登门道歉

案例呈现

陈毅在他过63岁生日追忆往事时，想起了抗战时自己曾对敢于提意见的东台县开明士绅施文舫先生做过不恰当的批评，事后反躬自省，亲自登门向施先生道歉的往事。他因此信笔写下了《六十三岁生日述怀》："难得是诤友，当面敢批评，有时难忍耐，猝然发雷霆，继思不大妥，道歉亲上门。于是又合作，相谅心气平。大大开生面，红日散乌云。"表现出一个无产阶级革命家的博大胸怀。

1940年10月，"黄桥决战"胜利后，中国共产党为了团结各阶层人士共同抗日，建立苏北抗日民主政权，在陈毅领导下，于1940年11月15日，在江苏海安召开了为时一周的"苏北临时参政会"。出席会议的有海安、江都、高邮、泰县、扬中、丹阳、泰兴、靖江、如皋、南通、崇明、盐城、东台、兴化等14个县推荐的各阶层代表共380人，其中上层爱国民主人士占多数，共产党员仅72人。

东台县代表施文舫，是东台施陈乡(今三仓乡)人。他在青年时代就读了南京师范附中和大学文史地系，后在上海商务印书馆担任过编辑。抗战时期回乡后，曾出任东台县第三区(今富安镇)区长，但因国民党政府贪污腐化成风，加之地方恶势力的排挤，施文舫只干了几个月便卸职回乡了。

新四军东进的消息给施文舫以很大鼓舞，在老同学、担任"联抗"司令的表兄黄逸峰的影响下，他积极拥护中国共产党，拥护新四军抗日救国的主张，很快成为东台地区有影响的爱国民主人士，被推荐为"苏北临时参政会"的代表，还被聘为"参议员"。

施文舫开完会后去司令部拜访陈毅，在谈话中向陈毅反映：东台区委干部谭启明作风不好，有贪污腐化行为，瞒上压下，在群众中造成很坏的影响。施为人真诚坦率，提意见时亦很激动，对陈毅说："你是新四军的将军，苏北东进抗日指挥官，对这样的坏干部，怎么不管？"陈毅朝施文舫望了一眼："怎么！你来责备我？"陈毅说话本来就声音洪亮，加之当时带有反问的口气。施文舫一下愣住了，心想：原以为陈毅虚怀若谷，看来并非如此。于是不再多言，掉转身子拂袖而去，闷闷不乐地回到代表的住地。

当晚，陈毅想起了施文舫和他的谈话，反躬自省，觉得自己当时说话态度有问题。而施先生是位爱国民主人士，能不计个人得失，敢于批评和反映我们干部的缺点和错误，这是对我党的爱护，是维护我党的威望和声誉。施先生是一位千金难买的诤友。陈毅想到这里，便独自一人外出，到施文舫的住地准备向施赔礼道歉，可没有见到施，问及其他代表，方知施先生当晚便回家去了。陈毅随即来到大会秘书处了解到施家的住址。

次日天刚亮，陈毅早饭未吃，就带了两名警卫员心急火燎地步行了30多里地，来到与海安毗邻的东台县施文舫家。施文舫听管家报告说共产党陈毅司令员，带着两名挂有盒子枪的新四军上门来了。他心中暗自吃惊，以为来者不善。他妻子陈玉麟责怪他不该多管闲事，惹祸上门。施文舫说："我反映的问题是事实，看他对我奈何？"说罢便硬着头皮到大门堂去见陈毅。陈毅看到施文舫出来了，便主动上前抱拳打招呼说："施先生，打扰了，昨天我对不起你，今天给你道歉来了。"说着，他两只有力的大手，紧紧地握着施的双手。施文舫想不到的是陈毅会亲自登门来道歉，激动得连声说："不敢当，不敢当！"他把陈毅请进客厅上座，献茶说："陈将军，我昨天不告而别，乃是以小人之心度君子之腹，惭愧呀，惭愧呀。"

中午，施文舫设宴款待陈毅一行三人。他们边吃边谈，愈谈愈感到亲切，陈毅再次阐明了我党的干部政策，表明对谭启明的问题一定查办。并希望人民群众对我党干部严加监督，使这些干部能更好地为人民大众服务。陈毅的谈话，使施文舫心花怒放。陈毅在临走时，紧握着施文舫的双手说："今天我为交到你这位诤友而高兴。如果我们根据地的爱国民主人士都能像你这样，为了人民利益敢说真话，使我们的队伍更加纯洁，我们一定能够夺取抗日战争的胜利，我党和我们的国家一定会兴旺发达。"

嗣后，陈毅亲自交代东台县委，对谭启明的问题严加查处。不久，谭启明受到撤销区委委员的处分，降职到川岸乡当指导员。

后来，陈毅与施文舫常有书信来往。1941年冬，施文舫的父亲施作舟病故，陈毅亲笔题写"元良丧失，邦家之痛"的挽词，派专人送去，表示悼念。

——资料来源：摘自于王荫《陈毅上门向诤友道歉》（节选），《党史纵览》，2005年第1期

拓展讨论

1. 分析陈毅向民主人士施文舫真诚道歉的故事，突出体现了党在纪律建设方面具有哪些优良品质？

2. 这一案例对加强新时代党的组织纪律建设有何重要启示？

案例解析

古人云："人非圣贤，孰能无过""知错就改，善莫大焉""心底无私天地宽"。这个案例既充分彰显了陈毅元帅作为一个无产阶级革命家的博大胸怀，也充分彰显了中国共产党人严守组织纪律，坚持发扬民主，勇于开展批评和自我批评的可贵品质。

组织纪律是处理党组织之间关系以及党组织与党员之间关系时所必须遵守的基本规范和要求。组织纪律是党的纪律体系中的重要方面。我们党之所以能不断从胜利走向胜利，发展成为世界第一大执政党，组织严密是重要保证。严密党的组织纪律，

尤其是坚持民主集中制原则，充分发扬民主，勇于开展批评和自我批评是党的一个优良传统。民主集中制是党的根本组织原则和制度，是群众路线在党的生活中的运用，也是党的组织纪律的核心。毛泽东曾把批评与自我批评比作“扫灰尘”“照镜子”“洗脸”。他说：“房子不打扫就会积满灰尘，人不经常照镜子、不洗脸就会肮脏丑陋。”同样的道理，人的思想也需要经常“打扫”和“清理”，否则就会受到灰尘的侵袭；人的行为也需要经常用镜子来照一照，这样可以随时地校正自己，假如做错了事、走错了路，就可以及时得到纠正。延安整风运动时期，由于正确地运用批评和自我批评的武器，为统一全党思想、促进团结奠定了坚实基础。新民主主义革命时期，党在整风过程中，大力提倡并发扬民主作风，为统一全党思想、促进党的团结奠定了坚实基础。新中国成立后，我们党对如何建设社会主义民主政治进行了积极探索。毛泽东指出，发扬民主是巩固无产阶级专政、建立社会主义经济发展的内在要求；发展社会主义民主在于造成“又有集中又有民主，又有纪律又有自由，又有统一意志又有个人心情舒畅、生动活泼”的政治局面。改革开放伊始，针对人们思想还处于僵化的状态，邓小平提出要采用民主的办法来推动思想解放，并把发扬民主的重要意义提升到关系社会主义现代化事业兴衰成败的高度加以论述。20 世纪 90 年代，在充分吸取苏东剧变以及我们自身历史经验教训的基础上，党更加重视通过发扬党内民主、坚持和健全民主集中制来推动人民民主、建设社会主义政治文明发展。党的十八大后，习近平总书记反复强调要更加坚持民主集中制原则，切实推进党内民主，特别是用好批评与自我批评这个锐利武器，更加充分发挥各级党组织和广大党员的积极性、主动性和创造性。

新时代，严明党的组织纪律要着力做好以下几点：第一，加强党性修养和党性锻炼。党性决定组织纪律性，党性强，组织纪律性就强。强化党的意识，切实增强对党的认同感、归属感、责任感，真正做到在党爱党，在党为党，在党忧党。坚持了党性原则，就不会把个人凌驾于组织之上，或者使自己游离于组织之外。第二，增强组织观念和组织意识。习近平指出，全党同志要强化党的意识，始终把党放在心中最高位置，牢记自己的第一身份是共产党员，第一职责是为党工作，做到忠诚于组织，任何时候都与党同心同德。第三，严肃党内政治生活，畅通党内民主生活，发扬批评和自我批评的优良传统。开展批评与自我批评的目的是坚持真理，修正错误，团结同志，统一思想，提高党的战斗力。党员干部要有共产党人的胸襟和度量，要允许别人发表不同意见，真正做到知无不言、言无不尽，而不是老虎屁股摸不得，听不得任何不同意见与声音。开展批评和自我批评要从真理出发，实事求是，不文过饰非；从公心出发，不掺杂个人感情，不泄私愤；讲究方法，与人为善，把批评和关心结合起来，把公开批评与私下交心结合起来；不搞形式主义，不马虎敷衍，不走过场。唯有如此，批评和自我批评才能取得最大的实效。总之，就是要像陈毅同志那样，身体力行，营造一种处处和谐、人人和谐的批评和自我批评氛围。

教学建议

本案例适用于《毛泽东思想和中国特色社会主义理论体系概论》第二章第三节“新民主主义革命道路和基本经验”第二目“新民主主义革命的三大法宝”、《中国近现代史纲要》第七章第四节“创建人民民主专政的新中国”第三目“中国革命胜利的原因和基本经验”以及《思想道德修养与法律基础》第五章第二节“吸收借鉴优秀道德成果”第二目“发扬中国革命道德”的辅助教学。

延伸阅读

抗战期间，陈毅在江苏地区生活战斗了六个年头。江苏人民不会忘记陈毅在江苏为抗战事业所立下的功绩。

挺进江南，发动群众

1938 年 6 月 1 日晚，陈毅率领新四军支队从安徽皖南地区东进，沿着先遣支队走过的路线，于 6 月 4 日进至江苏西南部的高淳县城。继而到达溧水县的新桥附近，与粟裕领导的先遣支队会合，后于 12 日晚进驻溧阳竹箦桥一带。13 日晚，新四军第 1、2 支队所属部队分别进入武进、茅山、镇江、句容、丹阳、金坛等战略地位重要地区。这里北眺长江，南濒太湖，宁沪铁路、京杭大运河纵贯其间，物产的丰富、经济文化的发达，为新四军初抵江南开展抗日活动，奠定了坚实的基础。为此，新四军副军长项英写信给陈毅，提出：“目前中心任务是开展胜利的游击战，配合各方执行保卫武汉的总任务，同时使新四军在全国政治地位提高。”新四军进入江南后，坚决执行“本军奉命东出，誓复国土，深愿与我江南父老昆季同生死”的抗战宗旨，深受江南人民的爱戴，涌现出许多“吃菜要吃白菜心，当兵要当新四军”的动人情景。

开展统战，壮大队伍

陈毅进入苏南地区后运用其高超的统战艺术广泛开展统一战线工作，扩大抗日阵容，使得江苏地区抗日工作顺利进行。陈毅在高淳走访国民党高淳县长及地方士绅，宣传共产党的抗日民族统一战线政策和团结抗日的主张，深受感动的国民党政府县长向新四军部队送来了“岳家军”的锦旗。陈毅到达茅山后，约见镇江、句容地区实力派人物、国民党政府原区长樊玉琳，使他投入新四军领导的抗日斗争。陈毅又多次走访茅山地区颇有声望的民族资本家、茅麓公司经理纪振纲，使其拥护抗日、支持新四军，掩护新四军伤病员，最终将自己的人枪全部交给新四军。1939 年年初，陈毅会晤句容爱国知识分子、曾任国民党政府泰兴县教育局长的巫恒通，使其后来参加了共产党。在后来的抗战工作中，陈毅在苏北三进泰州城，团结说服泰州的地方实力派李明扬、李长江，为取得黄桥决战的胜利提供了必要的条件。纵观陈毅抗战时期在江苏的统战工作，无不体现出贯彻我党统一战线政策的勇气和魄力，无不体现出一位无产阶级革命家博大胸怀和行之有效的统战艺术。

两军会师，开辟苏北

1940 年 10 月，陈毅、粟裕等部取得黄桥决战胜利后，继续东进北上，与八路军黄克诚部队在盐城以南的白驹镇会师。陈毅率领新四军初步完成了渡江北上的战略任务，八路军胜利完成了南援新四军的任务。为祝贺两军会师，陈毅即兴赋诗："十年争战几人回，又见同侪并马归。江淮河汉今谁属，红旗十月满天飞。"刘少奇、陈毅等共同在海安商定，并报中央军委批准，成立了"华中新四军八路军总指挥部"，以统一指挥陇海路以南地区的新四军与八路军。陈毅任指挥部的总指挥，并成为中共中央中原局委员。同时，中央强调"如叶挺到华中，即由叶挺任总指挥，陈毅副之"。1940 年 11 月 24 日，陈毅、刘少奇率"华指"从海安迁驻盐城文庙。

重建军部，振我军威

1940 年 1 月，在震惊中外的皖南事变中，新四军军部及皖南地区的新四军 9 000 余人遭到国民党军队的残酷围攻，新四军军长叶挺被国民党扣押，副军长项英、副参谋长周子昆遭叛徒杀害，政治部主任袁国平不幸牺牲。面对新四军的生死存亡，中共中央军委采纳刘少奇的建议，将新四军军部重建于盐城，陈毅任代军长，新四军以 7 个师 1 个独立旅 9 万人的新阵容，继续用那不屈的血肉之躯，在大江南北、江淮河汉地区，独立自主地肩负起华中抗战的重任，夺取了一次次反"扫荡"、反"清乡"斗争的胜利。

1942 年 12 月，日伪发动 3 万之众，对盐阜地区实行第二次大规模"扫荡"，妄图再次围歼中共中央华中局和新四军军部。刘少奇、陈毅经过审慎分析后，主动跳出敌人包围圈，于 12 月 15 日率新四军军部机关离开盐阜地区，向盱眙的黄花塘地区作战略转移。1943 年 11 月，陈毅离开江苏前往延安，在延安一面代表华中局参加"七大"的筹备工作，一面协助刘少奇代表党中央处理华中局和新四军的一切重大事宜。

——资料来源：陈薇、宗彪《陈毅在江苏地区主要抗战活动》，《档案与建设》，2011 年第 8 期

5－2　财会人员的神圣职责

案例呈现

1944 年 4 月至 5 月间，新四军会计于进调任苏中靖江县长安区支出会计，1944 年

12 月以后调到孤山区任收入会计。那时的支出会计实际上相当于现在的出纳会计，主要任务是现金的收支和月报。当时主要收入是税收和粮赋款，支出主要是区乡干部和区队部的伙食、津贴以及文教经费和敌工开支等项。会计的责任是：只要现金在手，就要像保护生命一样保护它。县财经工作会议曾传达对某个会计在紧急情况发生时遗失现款一事的批示，指出："人存款亡，不予报销。"会计的工作一般就是白天收款，夜晚移营，到宿营地后不管时间多晚，都得点款建账，然后才能入睡，还要随时应付日寇的偷袭，收来的现金也只好打"埋伏"。财经会计住的地方，通常都由区公安助理或区委同志指定驻地，指定党员家或思想作风好、忠厚老实的户头，将收来的现金埋藏起来，并由埋藏户开出收据给会计入账，然后等待时机上缴。区每月 5 号前上报收支报表两份，县财经分局会计科对区收支情况审核后，核销区经费账目。

按财经制度办事，遵守财经纪律，坚持原则，防止意外情况发生，是会计人员的工作准则。

于进记忆犹新的一件事是和王倬区长的争论。王倬是我们革命队伍中的优秀党员，在敌人面前是坚贞不屈的好同志，平时于进很尊敬他。约在靖江城被占前后，有一次，王倬派通讯员来财经分局，要立即取 20 万元伪币，作特别经费使用。于进告诉通讯员，这里可以筹集到 20 万元，请区长打条子后来取。通讯员回去传达了于进的意见，王倬大发雷霆，气冲冲来到财经分局说："于主任！你好大的架子，没有条子难道就不能付钱，要在战斗前线，我不枪毙你才怪呢！"于进说："王区长，你是新四军区长，应带头按制度办事，不能因为你是区长就可以特殊，你应知道，正因为是战争时期，今天不知明天事，不知明天是我牺牲，还是你牺牲，如果有账无条算什么呢？凭什么入账呢？所以请你写张条子，作为证明我们付钱的依据，财经制度是针对每个人的，孤山出过了丁渭南、高鸣贪污事件，难道你希望我们再出第二个吗？"听了于进的说明，王倬很快平静下来，愉快地打了条子。

——资料来源：王传厚、施昌旺《新四军廉政故事》，安徽人民出版社 2015 年版

思考讨论

1.分析新四军会计于进和区长王倬产生争执的原因及新四军财经制度的原则和内容。

2.这一案例对加强新时代党的财经纪律建设有何重要启示？

案例解析

遵守财经纪律，坚持原则，认真对待每一笔收支，对任何人都一视同仁是民主革命时期党的财经工作的根本原则。正因为所有的财经工作人员遵纪守法，廉洁奉公，严守职责，对财经工作管理的钱粮，像保护生命一样保护它，培养了大批优秀的财经干

部，教育了全体党政干部，使新四军在抗日根据地人民的心目中威望更高。

财经纪律，是党的纪律的重要组成部分，是党和国家各种财经政策、法律、条例、制度和规定的总称，是处理财经关系以及建立与维护财经秩序的规范和准则，是各级党组织和全体党员在财经活动中必须遵守的行为规则。财经纪律主要包括：一是中央和地方各级党组织相关的内容，如《中国共产党纪律处分条例》等；二是国家和地方发布的财经法律法规，如《中华人民共和国预算法》《中华人民共和国会计法》等；三是国家和地方各级文件或规定，如《财政违法行为处罚处分条例》等；四是各单位内部与财经纪律相关的文件或规定。

严明财经工作纪律是我们党的一个优良传统。在革命战争年代，党的中心任务是武装夺取政权，那时战争供给是依靠人民群众的支援和极为有限的经济建设，因此珍惜人民群众的财力物力十分重要。党的经济工作纪律主要目的就是财政的支出应该根据节省的方针。毛泽东指出应该使一切政府工作人员明白，贪污和浪费是极大的犯罪。共产党员在政府工作中，应该是十分廉洁、不用私人、多做工作、少取报酬的模范。在艰苦卓绝的战争年代，全党严格遵守财经纪律，赢得了广大人民群众的衷心拥护和支持，取得了民族解放战争的彻底胜利。新四军非常重视加强党内监督，对队伍中存在的违纪违法行为进行严厉查处，从而树立了清正廉洁的军队作风。1942 年 6 月至 7 月的两个月中，在苏中三分区就有 4 个干部由于贪污被依法判处死刑，执行枪决。1942 年，新四军苏中分区交通站长陈新因私卖公家的一条棉裤，被开除党籍。1943 年 5 月，新四军五师三十八团的一个连长因贪污 6 元钱被绳之以法。该团政委周庆鸣对全团官兵说："6 元钱，数字并不惊人，但大家要记住，我们共产党领导的八路军、新四军之所以战无不胜、攻无不克，有信心打败日本强盗，其中一个重要原因，就是我们有铁的纪律、血的纪律。"新中国成立后，中国共产党在全国范围内执政，从而掌握了调配资源的权力。财经工作纪律的内容也比民主革命时期要广泛得多。因而，如果不遵守财经纪律，滥用手中权力，就会极容易走上贪污腐化的歧途。改革开放新时期，随着社会主义商品经济的发展尤其是社会主义市场经济的确立与发展，加强经济工作纪律，特别是财政金融工作纪律越来越重要。党中央一再强调，党的经济工作纪律特别是金融、财经纪律全党都要认真遵守。党的十八大以来，在中央提出"四个全面"战略布局的新形势下，严肃财经纪律已经上升到与严格执行党的政治纪律、组织纪律并列的前所未有的高度，成为摆在各级党组织和广大党员干部面前的一个刻不容缓的重大问题。党中央把严守财经纪律作为推进党风廉政建设和反腐败斗争的重要举措，以前所未有的力度和决心严惩一切形式的贪污腐败现象和行为，坚决纠正和杜绝公款消费、公款吃喝、公款旅游等不正之风，严格执行住房、办公用房、车辆配备等方面规定，在全社会大力弘扬艰苦奋斗、勤俭节约精神，依照党纪国法坚决查处违纪违法案件，严厉惩处腐败分子，纯洁了党的有机体，进一步提升了党在人民群众中的声誉和形象。

当前形势下，要按照"猛药去疴、重典治乱"的思路，全面深化监督，确保财经纪律落到实处，真正成为各级党组织和领导干部的"高压线"和"紧箍咒"，为推进中国特色社会主义伟大事业保驾护航。具体来说，要把握以下几个着力点：第一，加强监督体系建设，构建严肃财经纪律的新常态。针对严肃财经纪律的要求，进一步加强财经纪律监督机制的顶层设计，科学谋划，统筹兼顾，积极整合多方面监督力量，打造分层次、多方式、全方位的财经监督体系，构建严肃财经纪律的新常态。第二，加大追责问责力度，巩固严肃财经纪律的成果。针对违反财经纪律问题高发频发、屡禁不止的态势，按照“有权必有责，用权受监督，失职要问责，违法要追究”的思路，进一步建立健全科学严格、衔接配套的责任追究制度体系，加大问责力度，提升问责成效，坚决遏制违反财经纪律的势头。第三，深化改革，从源头上严肃财经纪律。在坚决查处和纠正违反财经纪律问题的同时，更加注重治本和预防，抓住与财经纪律密切相关的重要领域和关键环节，深化改革、强化机制，坚持用制度管权、管事、管人，从源头上解决违反财经纪律的问题。

教学建议

本案例适用于《毛泽东思想和中国特色社会主义理论体系概论》第十一章第四节“全面从严治党”第三目“全面从严治党永远在路上”以及《中国近现代史纲要》第七章第四节“创建人民民主专政的新中国”第三目“中国革命胜利的原因和基本经验”的辅助教学。

延伸阅读

抗战时期，为了坚持长期敌后抗战，彻底打败日本侵略者，新四军把战时经济工作放在重要地位，坚持“发展经济，保障供给”的总方针，立足于自力更生，积极整顿财政，并针对个体经济为基础的、被敌人分割的农村环境，对经济工作进行了一系列创新和实践，既极大改善了民生，又有力保障了部队供给，为抗战最终胜利奠定了坚实的物质基础。

建立健全相关机构和财经政策制度

新四军和华中抗日根据地创建之后，为有序开展经济建设活动，建立健全了相关组织机构。新四军军部在汉口初建时，开始组织筹备各类机构，到 1938 年 4 月，新四军的后勤组织主要设军需处（下设会计、出纳、军实、军械、采购、总务 6 个科），总兵站，后方留守处（下设纱布厂、洋烛厂、修械所、仓库、修养营等 5 个）和军医处（下设医政、保健、材料、总务 4 科和前方、后方 2 个医院）。新四军 4 个支队的后勤组织均设有军需和军医两个处。皖南事变后，新四军重建军部，组建了 7 个正规师，开辟了 8 块根据地，苏北根据地成立财政经济部，由华中局领导。1942 年华中局成立财经委员会，新四军各师成立了财经委员，各行政公署设财经处，县政府设财经科，区署设财经股，分别掌握各级财政、税收、贸易、金融、金库等项事务。值得一提的是，为了做好战时后勤保障工作，新四军还先后在南方各地的国民党统治区公开建立了50多个驻地办事机构，以此为后勤保障的后方机关，承担军事运输、筹措军需物资、接运来往人员等工作，从而建立了前线部队可靠的后勤保障基地。抗战爆发后，遵照中央关于根据地财政经济工作的相关指示精神和“发展经济，保障供给”的战时经济工作总方针，新四军不断完善统一财经政策和制度。其经济政策是：“应积极发展农业、工业及商品流通，应该吸收原来的外地资本家到根据地开办实业，并奖励民营企业，而把政府经营的企业当作整个企业的一部分，只在不得已时才把国营企业当作主要部分。”其财政政策是：“按收入多少规定数额，除少数最贫苦者免征税外，百分之八十以上的居民，不论工人、农民均需负担国家赋税，决不应将负担完全放在地主、资本家身上。至于税收方法，在我们没有新的更好的办法以前，不妨利用国民党的方法而酌量改善之。”1942年4月华中局制定了《华中抗日根据地财政经济政策草案》，确定了预决算制度、会计制度、审计制度、金库制度等一系列较完整的财经制度，各根据地以此为蓝本，相继制定了符合本地区实际的财经制度。另外，还制定了相应的土地、货币和贸易政策及制度。这些战时财政经济政策与制度的逐步完善，为根据地战时经济工作的开展指明了方向，使各项经济工作有章可循并逐步走向繁荣。

开展军民互助自救的合作经济

日军为实现“以战养战”，推行所谓“治安强化运动”和“清乡运动”，通过走私贩毒、经济封锁、专设机构进行破坏掠夺，从国统区和解放区套购物资，对根据地实施野蛮的“三光政策”。皖南事变发生后，国民党政府宣布新四军为“叛军”，彻底停发新四军经费。在如此严峻的形势和艰苦的环境下，做好贸易工作，换取根据地必需品、保障根据地用品自给，就成了至关重要的工作。为此，新四军各根据地先后设立了贸易局、公营商店、合作社，开展大生产运动和军民互助自救。1941年10月，淮北抗日民主政权成立之初，在其经济建设施政纲领中，明确提出“举办合作事业及低利借贷，发展手工业”。1943年，淮北边区布的价格以空前速度上涨，每尺由30余元涨至70余元。为解决穿衣用布问题，淮北区党委要求发动群众开展纺织运动，各地合作社协助将纺织户组织起来，帮助购买棉花，出售产品，并将棉花打成絮状，保证不致发生有机器没有棉花的现象。通过办纺织合作社，很快形成了村村有织机、户户有纺车、用布不发愁的局面。皖江地区的合作社组织早在1942年就已出现，抗日民主政权建立后组织城镇妇女和农村女青年，成立了纺纱、织布、做军鞋等手工业生产合作社。为兴办合作社，皖中行政公署还专门设立了“合作事业指导室”。1944年9月，第二届皖中参议会召开第一次大会，明确规定：每乡成立一个运输合作社；普遍发动人民购买合作社股票；更多组织手工业及化学工业的生产合作社，尤其是纺织合作社；每一个县级行政单位创办一个农具生产合作社。为控制粮食、食盐、烟叶、黄麻、五金和洋货等进出口重点物资，皖江各地广泛成立了供销合作社，农民有多余的物资需要外销，或有需要进口的东西，均由供销合作社代购或销售。淮南地区的合作社组织包括消费合作社、生产合作社、运输合作社和信用合作社；此外，还有综合性合作社兼营消费、生产、运输等。1940年安徽来安县创办半塔民众合作社，因油价比市价低2至4成，农抗会员纷纷入股，从最开始集股174元，到1941年年初集股2 967元，连公积金共有资本约8 000元，先后两次开社员大会分红。苏南地区的常熟县徐市人民组织开办常熟县抗日游击根据地第一个合作社性质的“妇女商店”，主要供应当地人民群众及抗日机关、部队所需的日用百货与文具用品，并经入股会员一致要求，将红利并入股金，为抗日救国作出重要贡献。此外，苏中、苏北、浙东和鄂豫边地区都蓬勃发展合作经济，建立合作社，不仅生产了大量物资，推动了当地经济发展，且在敌伪区购进大批日用品，成为实施对敌经济战的有效武器。

开展以抗币为中心的金融斗争

面对日本帝国主义利用日币和军用票掠夺中国资财、实行经济封锁的严酷形势，新四军开展货币金融斗争成为对敌斗争的重要任务。当时长江流域和抗日根据地市场上使用的货币是民国政府1935年发行的法币，日军占领南京后在上海设立了“华兴商业银行”发行伪市，汪伪政权于1941年发行伪“中储券”，并在次年宣布其为新法币。日伪从1942年3月起在沦陷区以伪币全面取代法币，将掠夺的法币抛向根据地。1943年6月，日伪全面禁止法币在沦陷区流通，严重影响了根据地人民的生活和抗日部队的正常供给。为此，新四军急需建立本币市场，与敌进行货币斗争以掌握物资。但由于新四军处于日伪的三角封锁分割之中，难以发行在华中抗日根据地流通的货币，各抗日根据地建立初期也无法建立战略区范围内的大银行，只能靠税收、募捐及小范围发行流通券等来解决困难。新四军重建军部后各根据地都建立了行政公署，根据中央六届六中全会上“要有计划地与敌人发行的伪市与破坏本币政策作斗争，允许被割断区建立地方银行，发行纸币”的精神，华中局和新四军军部决定因地制宜，在抗日根据地各区分别设立银行和发行货币。1941年后，新四军和各抗日民主政府先后建立了十大银行，共发行了约242种纸币，这10个银行分别是江淮银行、盐阜银行、淮海银行、淮北银行、淮南银行、大江银行、江南银行、浙东银行、建设银行和华中银行。根据地中心市场坚决停止伪币、法币流通，对商人和民众持有伪币和法币的，要求到边区银行下设的兑换处兑换抗币，部队、政府的开支一律使用抗币。此后，抗币逐渐占领了根据地的金融市场，成为市场计价和流通的货币。新四军各根据地有了自己的钱币，在金融战线与敌伪对抗的货币和贸易斗争开展得卓有成效，既打破了日军的经济封锁，又有效地促进了根据地的经济建设，保障了军队的物资供给。

强化廉政建设，遏制贪污腐败

要使每一文钱都用于抗战，这是新四军战时经济工作的重要原则。为了克服财政困难，节省财政开支，华中各根据地行署相继实行精兵简政、厉行节约，建设清廉政府，严惩贪污浪费的政策。针对经济管理部门贪污腐败最多和最易产生的现实，各根据地加强反贪污腐化教育，在思想上根除腐败意识，保持政府及其财经机关的廉洁。早在抗战初期，刘少奇就要求抗日民主政府要“禁止浪费，严禁贪污中饱，建立廉洁政府，取消薪饷制，规定公务员最低的平等的生活费”。中原局机关所在地津浦路东办事处，明确规定以津贴取代薪金制，县长津贴 6 元，乡长只有 4 元，办事处所辖 5 个县，每月支出仅相当于过去 1 个县的支出。廉政建设重在廉政立法、严格财政纪律，坚决遏制贪污浪费。华中各抗日根据地颁布的施政纲领中，都有“厉行廉洁政治，严惩贪污行为”的条款，还依照本地区实际情况制定了惩治贪污受贿的条规。如 1942 年 3 月颁布的《淮北苏皖边区惩治贪污暂行条例》规定：“满五百元以上者处死刑，或五年以上有期徒刑；三百元以上五百元未满者，处五年以下、三年以上有期徒刑；一百元以上三百元未满者，处三年以下、一年以上有期徒刑；一百元以下者，处一年以下有期徒刑。物之计算以犯罪时之市价为准。”这些法规条例为有效地打击贪污浪费行为提供了可靠的法律依据，促进各根据地的廉政建设逐步走上依法治政的轨道。华中各抗日根据地依法管理，党政领导都将贪污腐化浪费视为对革命的犯罪，必须以严格的法律进行惩处，如兴化第四区师特务营长李桂成贪污 1 000 元被执行枪决。各根据地对财经干部进行普遍审查，清理动摇、贪污腐化人员，纯洁财政工作队伍；同时鼓励财政干部站在抗战与革命的立场上来担负财经工作，加强工作的责任感和使命感。除此之外，根据地在廉政建设中非常重视民主选举和民主监督，发挥参议会和群众的监督作用。这些措施使华中根据地内的浪费贪污现象得到了控制，极大地减轻了群众负担，民主政府的廉洁政治充分建立起来。在党的领导下，新四军克服种种困难，在出色的战时经济工作中树立了艰苦奋斗、廉洁奉公的传统和作风，培养了大批敢于实践的财经干部，根据地经济实力由此不断壮大，华中抗日根据地得以巩固和发展。这不仅保证了华中抗日军民的战时需要，还支援了中共中央和其他根据地，为抗日战争的胜利作出了极其重要的贡献。

——资料来源：朱仙意《新四军的战时经济工作》，《军事史林》，2019 年第 7 期

5－3　“即使马闲着也不能骑”

案例呈现

1941 年 9 月 24 日，新四军第四师师长彭雪枫和中共淮宝县委妇女部部长林颖在洪泽湖西岸的半城镇喜结良缘。婚后，两人一个在洪泽湖西，一个在湖东，隔湖相望。四师领导和一些同志建议把林颖调到湖西来工作。但彭雪枫不同意，说刚刚结婚，又处在战斗环境中，没必要天天在一起。更重要的是，彭雪枫历来尊重女同志，以事业工

作为第一。结婚前,他在写给林颖的信中说:"女子生下来长大了是革命的,是工作的,是为大众谋利益的,而不是为的什么单纯性的问题。女子应有其独立的人格,更应有其培养独立人格的场合和环境,即便结了婚之后,我还是主张你应有独立的工作环境,我无权干涉你,也不会干涉你。"这就再清楚不过地说明了他不愿意立即把林颖调在自己身边工作的原因了。就这样,他们夫妻俩一直分居两地,离多聚少。

1942 年,组织上选派林颖到抗大四分校学习。抗大四分校位于半城镇西的祖姚庄,距四师司令部驻地大王庄十几里路。一个星期六的下午,林颖从祖姚庄来大王庄看望彭雪枫。婚后不久的夫妻俩,自然恩爱情深。到了星期日下午,林颖正准备按时归校,却突然间电闪雷鸣,瓢泼大雨从天而降,下个不停。眼看天色已晚,林颖心中十分焦急:住下第二天走吧,会违反学校制度;现在走吧,雨又下个不停。转眼间,天已黑下来。警卫员们看着焦急的林颖,心中也十分着急,早已将马匹准备好,只要师长点点头,他们就送林颖回学校。

此时,尽管大雨如注,彭师长仍聚精会神地在屋内批阅文件。警卫员们实在忍不住了,就请文书向彭师长请示,请求允许用马送林颖回校。彭师长听了,略略停顿一下,平静温和而又十分有力地说:"如果是别的同志,怎么办呢?如果没有马,天又下雨,难道我们就不行军吗?"接着便批评:"一个负责人用马送爱人,有这样的规定吗?让指战员看到会有什么影响?"说着,他起身走进堂屋,指着门外问林颖:"怎么,枪林弹雨都不怕,还怕它吗?"林颖听了彭雪枫的话,便卷起裤腿,大步走向门外,消失在茫茫夜雨中。

彭雪枫并非铁石心肠,他考虑的是党和部队的纪律与制度,是共产党员克己奉公、不谋私利的品德和精神。彭雪枫也并非不疼爱自己的妻子林颖。时间一分一秒地过去。估计林颖该到校了,彭雪枫打电话给抗大四分校,当电话中传来林颖安全到校的消息后,欣慰地笑了。第二天,他给林颖写了一封慰问信,说:"我是一师之长,应当处处做人表率,战马是党和人民给我指挥作战用的,我不能搞特殊,即使马闲着也不能骑。不然,怎么能叫别人遵守纪律和制度呢?"

——资料来源:王传厚、施昌旺《新四军廉政故事》,安徽人民出版社 2015 年版

拓展讨论

1. 结合彭雪枫拒绝让妻子乘坐战马的故事,谈谈新四军领导干部是如何带头执行纪律的?

2. 这一案例对加强新时代领导干部纪律建设有何重要启示?

案例解析

新四军不仅要求广大战士严格执行纪律,更注重高级将领带头的教育作用。他们

严格要求自己，不搞特殊化，绝不置身法外，甚至对自身的要求严于对普通军官、战士的要求。彭雪枫并非铁石心肠，他考虑的是党和部队的纪律与制度，是共产党员克己奉公、不谋私利的品德和精神。他也并非不疼爱自己的妻子。事实上，彭雪枫非常疼爱自己的妻子，比如，彭雪枫为了给妻子在他们结婚后的第一个生日到来时送什么生日礼物颇费一番脑筋。彭雪峰想到妻子爱学习、肯读书，就决定送一本书给爱妻作为生日礼物。但是送什么书呢？彭雪枫又作了难。经过反复斟酌，最后决定送给爱妻一本《斯大林传》作为生日礼物，并在其扉页上写道："我们忠诚坦白之对于爱，一如我们忠诚坦白之对于党！"这一案例启发我们加强党的纪律，要害在抓住领导干部这个"关键少数"。

自觉遵守党的纪律，必须从领导干部，特别是高级领导干部做起，这是由他们所处的位置所决定的。领导干部以身作则、起带头示范作用历来是我党的优良传统和政治优势，群众看干部，干部看领导，领导做得好不好，对群众的影响至关重要。领导干部身体力行，风清气正，可以起到率先垂范的示范效应；做得不好，就会造成上梁不正下梁歪，上行下效造成的后果比一般干部更加恶劣，对党和人民利益的损害更加严重。当前，全面从严治党和反腐败斗争压倒性态势已经形成，但还应该看到，全面从严治党形势依然严峻复杂，任重而道远。全面从严治党必须守纪律讲规矩，找准目标和方向，使严格遵守党的纪律成为党内政治生活的常态。

领导干部带头严守党规党纪关键在于抓住党性修养这个根本，增强严守党的纪律的自觉性。党的纪律是对党的各级组织和全体党员提出的行为规范。这种规范不仅是一种外在约束，更应成为内在自觉。党性强则纪律严。领导干部严守党的纪律，必须把锤炼党性修养作为终生课题。通过深化理论武装铸牢党性。要端正学习态度，坚信科学理论的真理性，感悟科学理论的生命力，以真信促真学，以真学求实效，打牢严守纪律的思想根基。通过坚持自警自律强化党性。当前，党员领导干部面临的诱惑和考验很多，要稳得住心神、守得住底线，必须"一日三省吾身"，切实做到"三常"，即常修为政之德，抓住"当官为什么、现在干什么、身后留什么"这个根本问题，经常反躬自问、反复修身；常思贪欲之害，面对"五光十色""酒绿灯红"，经常想一想违纪违法的后果，算一算廉洁从政"七笔账"，时刻警示自己不犯糊涂、不踩红线；常怀律己之心，坚持慎微、慎友、慎欲，在慎微中净化生活圈，在慎友中净化交往圈，在慎欲中净化娱乐圈，保持高尚的品行和纯洁的操守。

"欲知平直，则必准绳；欲知方圆，则必规矩。"每一位领导干部都要时刻把党的纪律铭记于心、烂熟于耳，遵守纪律没有例外；每一位领导干部都要自觉接受监督，始终在党纪国法的约束下用好手中的权力，不能在纪律面前搞特殊；每一位领导干部都要严格以党员标准要求自己，始终把自己的言行置于组织的管理之中，养成依法依规办事的好习惯，自觉维护法纪的权威，使严格遵守党的纪律成为党内政治生活的常态。

教学建议

本案例适用于《毛泽东思想和中国特色社会主义理论体系概论》第二章第三节"新民主主义革命的道路和基本经验"第二目"新民主主义革命三大法宝"、第十一章第四节"全面从严治党"的第二目"全面从严治党永远在路上",《中国近现代史纲要》第七章第四节"创建人民民主专政的新中国"第三目"中国革命胜利的原因和基本经验"以及《思想道德修养与法律基础》第三章、第五章第三节"遵守公民道德准则"的第二目"家庭道德"的辅助教学。

延伸阅读

人们常以结婚度"蜜月"视为当然,但彭雪枫和妻子林颖既没度"蜜月",也没度"蜜旬",甚至连"蜜周"的一半都不到,仅仅三天就分手了。

"今天是我们结婚的日子,三个整月了,日子过得真快,然而一起相处,还不到一个星期,这恐怕是古今中外所不多见的吧?"这是 1941 年 12 月 24 日住在洪泽湖西的彭雪枫在给住在洪泽湖东的妻子写信的开头语。多么深情的感慨啊!战争给人世间创造了无数的悲欢离合。一对结婚仅三天的情侣,一心为了工作,便毅然分手,走上各自的岗位。这是为了战争,这也是战争环境造成的。"离别才仅三天,好像已经三月了,这一形容并不过火,理智排除情感,总是一件需要斗争的事,何况是在 24 日之后,又何况是在长夜倾谈而话才吐出千分之一的以后呢?!我不愿意写出这种情绪,生怕引动你的更加浓厚的惦念之情,然而事实如此,这叫我有什么法子呢?"这是出自一位八路军总部的少将处长、新四军骁勇善战的师长彭雪枫的笔下!这新婚之后的信表达的情意有多么深,情操有多么高啊!

他们渴望相处,因为那是爱的沐浴,但他们同时把分手当作爱的延续。因为他们不求朝朝暮暮的"花前月下卿卿我我",而是更注重战斗、工作和学习上的追求。彭雪枫曾言"一切美满的愿望,都是建立在政治理智、情感热心努力互助互谅之上的!"

他们很相爱,但他们却用宋朝秦观的词句"两情若是久长时,又岂在朝朝暮暮"而相慰。

他们都很好学,但他们更注重于"把工夫用在相互帮助,相互教育,相互鼓励上",具体到帮助改正信中的错别字,提出加强修养、改进工作方法和作风的意见、推进必读的好书,而互相督促。他们都互相寄予厚望。林颖要求丈夫多在各方面帮助她,并把自己写的《妇女干部修养问题》寄给彭雪枫,征求意见,同时也督促彭雪枫多"写军事论文"。彭雪枫也写信要求妻子(也包括自己):"将来"会"更老练些,更有学识些,更善于应付环境些,更能担当繁重的任务,所以必须离得远些,才不妨碍彼此的工作和学习,所以必须更下层些,才能锻炼出一个更有力更坚强更布尔什维克化的女干部来!我所要求的是这样的有信心有眼光有志气的终身良伴，而绝不是依恋于温情的梦中而‘无所事事’的小姐或者‘太太’！”

10月24日深夜1时50分，彭雪枫乘洋河、程道口两次作战的胜利喜悦心情写信给妻子林颖称：“这两个胜利恰恰都在我们的‘蜜月’之内，我们俩结婚后的第一次胜利，是我俩结婚的最优美的纪念！”

——资料来源：苏克勤、郑德强、王立才《一代名将彭雪枫传奇故事》，河南人民出版社2007年版

第六篇　艰苦奋斗

艰苦奋斗精神不但是我们中华民族的传统美德，更是我们党的政治本色，成为党和人民军队事业发展壮大、创造辉煌的重要保证。《新四军军歌》的第一段歌词是：“光荣，北伐武昌城下，血染着我们的姓名；孤军奋斗罗霄山上，继承了先烈的殊勋。千百次抗争，风雪饥寒；千万里转战，穷山野营。获得丰富的斗争经验，锻炼艰苦的牺牲精神；为了社会幸福，为了民族生存，一贯坚持我们的斗争！”新四军在坚持抗战、建设华中抗日民主根据地的斗争中，所经历的局面的复杂性和环境的艰苦性，锻造了知难而进、攻坚克难、勇往直前、自强进取、开拓奋进的钢铁一般的意志力量，彰显出这支队伍的艰苦奋斗、自强奋进的铁军精神本色。艰难困苦、玉汝于成。“永远保持建党时中国共产党人的奋斗精神，永远保持对人民的赤子之心”，是中国共产党人的一种生活态度，是一种人生追求，更是一种崇高的思想境界。新时代是奋斗者的时代。今天我们青年大学生应大力传承这一精神，自觉传承马克思主义奋斗精神的初心使命，努力做马克思主义初心使命的坚定信仰者，做新时代伟大事业的不懈奋斗者，走好新时代长征路。

6－1　难忘的艰苦岁月

案例呈现

20世纪40年代初，淮南地区由于日寇残酷扫荡和国民党积极反共，给新四军部队造成了极大困难。当时我在江北游击纵队一团四连任指导员，亲历了这段艰苦困难的岁月。

有些什么困难呢？首先是吃饭的困难。1940年和1941年淮南连年干旱，蝗虫为害，庄稼欠收。皖南事变后，国民党反动派取消了新四军番号，断绝了粮饷供应，新建的抗日根据地还没有正规的征粮收税机构，也无存粮，所以部队严重缺粮。连队吃粮全靠司务长牵着小毛驴（每连编配一头）赶集购买，买到什么吃什么。由于干旱，稻麦无收，只得买豆类做主粮，路东吃黄豆，路西吃绿豆。我们在路西，早上绿豆粥，中午绿豆干饭，有时买不到菜就弄一盆绿豆汤，晚上绿豆面条。天天吃绿豆，又没多少油水，战士面黄肌瘦，体质下降。有的连队5天没有吃油，又加上长期缺乏营养，不少战士患了夜盲症。为了行军作战的需要，连队还要存点粮，如何存法？粮库就在小毛驴背上，小毛驴驮上一百几十斤粮，保证有一天余粮。大家都夸赞小毛驴是连队的“功臣”，它是司务长的得力助手，买粮、存粮全靠它。后来，粮食多起来，就让每个战士背上1条3斤重的粮袋，连里便有了3天的存粮。1940年秋，江北指挥部张云逸视察部队说：“战士面有菜色，生活太苦，要想方设法改善。”1941年皖南事变后，江北游击纵队一团改编为新四军二师六旅十六团，仍在淮南地区活动，仍然过着艰苦生活。3月份二师政治部召开政工大会，六旅代表团40余人，经过三四天行军，到达路东大柳营师部，时值下午5时左右，接待的人留我们吃过晚饭再去宿营。大家都指望能吃到一顿美餐。不多久，炊事员挑来两担饭菜。打开一看，一担是黄豆玉米干饭，另一担是葱花南瓜汤和煮鸡蛋。大家初次吃黄豆干饭，觉得比绿豆好吃一点。开会期间，天天吃黄豆，就和吃绿豆一样乏味了，豆饭虽不好吃，但它有营养，总算帮助我们度过了灾年。

后来部队响应毛主席“自己动手，丰衣足食”的号召，开展大生产运动，在黄埔山下开荒种田、驻地周围种菜养猪，从而生活逐渐得到了改善。

其次是穿衣的困难。抗日根据地建在农村，没有织造厂，布要通过关系到敌占区、国统区去购进，再由后勤部内缝纫厂做军衣。因为经费拮据和购布困难，只得节衣缩食，每人每年发一套棉衣、一套单衣加一条短军裤，不发衬衣，让各人用旧军衣代替。冬季，由于洗澡困难，换洗衣服少，战士身上长满虱子(戏称“革命虫”)，叮得浑身红斑，痛痒难忍。连长想了个好办法，叫大家洗旱澡，就是在屋角烧堆旺火，轮流脱去衣服烤火，烤得全身出汗，再用手搓，把身上污垢搓成小面条扔在火中。同时把有虱子的内衣也向火上烤，虱子被烟火一熏，便掉在火中毕毕剥剥地烧死。洗了澡，灭了虱，清洁了皮肤，全身舒畅多了。那时日用品也十分困难，没有正常的工资，每月只发一点津贴费，有时还发不出，买毛巾、牙膏、肥皂等也不够。聪明的战士想了一些办法，如用猪鬃串牙刷，用盐代牙膏，用过滤稻草灰水当肥皂，鞋袜自己做。日常生活中的许多困难，也就一个一个地被克服了。

第三是医药的困难。那时每连有一个卫生员，营部一个军医和一个卫生员，团部有一个几十人的卫生队。由于经费不足和敌顽封锁，购药非常困难，因而我们药物品种和数量都少得可怜。我连卫生员的药箱中，只有红汞、碘酒、凡士林纱布、阿司匹林、消炎止痛片、仁丹等普通药。轻伤小病不离连队，重伤大病送往卫生队。没有后方医院，情况紧急时就把走不动路、跟不上队的伤病员安置在群众家中，称作人民病房。1941年1月，日本鬼子扫荡路西根据地，夜袭大户刘六旅司令部，我在打掩护中大腿负伤。这时桂顽又趁火打劫，乘机进攻，部队要立即行动。卫生队要把我安置在群众家养伤，政治处殷绍礼主任知道后，指示卫生队用担架把我抬着跟队一起行动。严冬大雪，行路难，我睡睡担架，骑骑毛驴，走走路，拖过来了。住宿也难，到宿营地后，自己置床铺，没有稻草，就用玉米秸铺在地上，再用一层单布垫底，床硬天冷被薄，伤痛难眠。卫生队给我治疗，就只用一种办法，就是红汞碘酒消毒后，用凡士林棉球塞进伤口。医生说，一周换一次药，防止发炎化脓，伤口会自然长好。伤病员的痛苦可想而知。但是，革命战士的坚强意志，乐观主义的精神，战胜了缺少医药带来的艰苦。

第四是补充枪支弹药的困难。皖南事变后，国民党反动派不仅停发新四军的军火，而且封锁根据地外出采购。军火没有补充，战斗就难以继续。如何办？发扬红军的优良传统，缴获敌人的武装来武装自己，“没有枪，没有炮，敌人给我们造”，所以，每打一仗后，打扫战场，收集枪支弹药做得仔细认真。再一个办法就是精练技术，节省弹药，要求练出一弹一敌、一炮命中的过硬本领。记得1941年打谢黑头围子，机炮连只有二发迫击炮弹，张翼翔团长指示，要一炮命中主碉堡，另一发留着打牛登峰围子。果然，一炮命中，碉堡开花，突击队乘烟雾冲进土围，消灭了敌人。胜仗越打越多，越打越大，我军的武器装备也越来越得到改善。我们缴获到敌军的山炮、弯把子机枪、82迫击炮、丹麦式重机枪等轻重武器。敌人有的我们也有了，我们还创制了敌人没有的，那就是爆破筒、炸药包，敌人是非常害怕这种“超级武器”的。

第五是敌顽夹击带来的困难。休整时间少，行军作战多，淮南抗日根据地处于敌顽包围和夹击之中，敌顽像走马灯似的向我进攻，早上日寇从东边来，下午顽军从南边攻，有时两边一齐来。敌顽频繁的进攻，迫使我们经常行军和作战，得不到休整，搞不好生产。尤其是日寇扫荡，实行“三光”政策，根据地遭到严重破坏，增加了我们许许多多的困难。敌人制造的困难，我们就以消灭敌人来补偿。

回顾20世纪40年代初的艰苦岁月是令人难忘的，战争和艰苦考验革命战士，推动我们拼搏奋进。中国人民在中国共产党的领导下，经过近一个世纪的艰苦奋斗，才取得了现在这样的辉煌业绩，我们应该珍惜它，应该继续发扬艰苦奋斗的优良传统，努力创造更加美好的未来。

——资料来源：北京新四军暨华中抗日根据地研究会编《铁流——老战士回忆在新四军的日子里》(第1集)，1999年

拓展讨论

1. 抗日战争初期新四军部队遇到哪些特殊困难？
2. 新四军战胜各种艰难困苦体现怎样的精神内涵与时代价值？
3. 结合实际谈谈今天我们青年大学生如何传承铁军的艰苦奋斗精神？

案例解析

本案例通过新四军老战士回忆部队面对日寇残酷扫荡和国民党积极反共复杂局势，战士们遇到的各种艰难困苦。新四军对各种困难的克服既体现了党领导下队伍在

大革命时期、三年游击时期形成的铁军精神的传承，同时通过抗战，这种精神又得以磨砺和提升。艰苦奋斗是新四军铁军精神的重要组成内容，也是中华民族的精神财富。改革开放以来，我国经济持续快速发展，创造了令世人瞩目、国人引以为豪的经济奇迹。人们的物质生活水平有了很大的提高。但同时，一些人却淡忘甚至对艰苦奋斗精神产生怀疑，错误地认为今天再强调艰苦奋斗精神似乎已经过时了。这种认识的错误在于割裂了历史与现实、整体与局部、物质与精神等方面的关联。强调艰苦奋斗，并非要人们过“苦行僧”般的苦日子，而是说要为了理想信念，时刻保持一种不畏困难、艰苦奋斗、积极有为、勇于担当、自主自立、不断奋发创新的精神气概和意志。如缺失这些精、气、神，个人和社会就不会不断地创新进步。

听党指挥、绝对忠诚是新四军铁军精神之魂，是新四军追求崇高理想信念，是克服一切艰难险阻、夺取胜利的根本之所在。纵观新四军的辉煌历程，始终以党的信仰为信仰、以党的旗帜为旗帜。因此，无论在何种艰难环境下都坚决拥护党的领导，坚决执行党中央和中央军委的战略决策，始终保持了中国共产党领导的人民军队本色。

1926 年 8 月，国民革命军第四军中的叶挺独立团，由周恩来亲自组建，并由共产党人所领导。在进攻武汉的战役中，为夺取北伐首战告捷立下大功。南昌起义之后，独立团主力编成的第七十三团后由朱德、陈毅带出险境，奔赴井冈山与毛泽东率领的红军会师，合编为工农革命军第四军，不久改称红军第四军。余部编成第二十八团，参加长征。井冈山时期，朱德响亮提出：“要创造并扩大铁的红军，来完成红军的伟大历史任务。”

这支队伍曾经历了艰苦卓绝的三年游击战争的锤炼。三年游击战争艰苦惨烈，红军游击队在常人无法忍受的恶劣环境中，与敌人斗，与大自然斗，与疾病伤痛斗，但是信仰之火不灭，党的旗帜不倒。在抗日战争全面爆发后，为了民族大义，他们走上抗日战场。皖南事变后，重建军部，建立和巩固了华中敌后抗日根据地。他们始终坚定革命必胜的信念，时刻保持与人民群众的血肉联系。他们绝对地服从党的领导，克服了各种艰难险阻，征战于江淮河汉之间，与八路军相互呼应，抗击日伪。他们不畏艰辛，百折不挠，成长为一支“铁一般信仰、铁一般信念、铁一般纪律、铁一般担当”的模范部队，成为“华中人民的长城”。

教学建议

本案例可用于《思想道德修养与法律基础》第二章第二节“崇高的理想信念”，也可用于《中国近现代史纲要》第六章第四节“中国共产党成为抗日战争的中流砥柱”，还可用于《毛泽东思想和中国特色社会主义理论体系概论》第二章第三节“新民主主义革命的道路和基本经验”、第十二章第一节“走中国特色强军之路”等的辅助教学。

延伸阅读

汪波:始终将艰苦奋斗、不怕牺牲铭记于心
——一位新四军老战士口述:谈在盐城抗大读书与走上革命道路

我出生在1925年。1940年4月,国民党反动派发动震惊中外的皖南事变,新四军被迫东进,到了我的家乡——江苏启东宣传抗日救亡。当时日本鬼子已占领了启东和整个南通地区,实行烧、杀、抢、掠的政策,老百姓既怕又恨。学校因战乱停课后,我听说新四军在盐城办起了抗大五分校,便决心去抗大学习,从此,走上了革命道路。

日寇飞机轰炸后的盐城,到处都是断墙残壁,一片凄凉。我进入抗大后,被编入第十一队,后改为五队,属抗大第二期学员。抗大有政治队和军事队之分,政治队以学政治为主,即七分政治、三分军事。我所在的五队就是政治队。训练科目有近代中国革命运动史、社会发展史、政治经济学、民运工作等。军事方面有夜行军、夜间方向识别、地形地物利用、班排进攻以及手榴弹、步枪、驳壳枪的构造使用等。夜间,我们经常紧急集合,每天都要轮流站岗放哨,如遇到恶劣天气,刮风下雨,伸手不见五指的时候,难免有些胆战心惊。那时候,条件很是艰苦,吃的是杂粮,夏天没有蚊帐,上课没有课桌、板凳,但艰苦奋斗、不怕牺牲是我党、我军的光荣传统,至今一直铭记在我心中,它激励着我的抗日斗志和取得胜利的信心。

1942年6月22日,日本侵略者突然轰炸盐城,当晚抗大就撤离了盐城。8月,我被分配到苏中军区电讯队培养学习无线电通信技术,毕业后被分配到苏中三分区司令部电台实习,后转正成为电台报务员。当时三分区司令是陈玉生,叶飞是副师长,粟裕是一师师长。

1945年8月,国共两党在重庆签订了和平合作"双十协定"。不久,我军从苏南撤到江北、苏中一分区地点如皋城。汪精卫叛国投降日本后,在南京成立了"伪国都",将其控制的军队改名为"和平军",并成立了"清乡"委员会,自任委员长,拟订"清乡"方案,培养"清乡"人员,把苏南的"清乡"移植到苏中,从如皋、丁埝、林梓到南通城区沿线,筑起了竹篱笆,企图分割我乡区之间的联系。以这条线在东到黄海、南到长江的范围内进行"清剿、扫荡"。我军为了"反清乡、反扫荡",实行了一系列的政策措施,如精兵简政、土改、减租、减息,统一战线,动员广大人民群众参军、保家卫国,坚持敌后游击战等。毛主席在延安发表了《论持久战》,并坚决打击投敌卖国的汉奸、敌特等,直到1945年8月,日本宣布无条件投降为止。

1946年6月国民党反动派发动了内战,1948年淮海战役,我军取得重大胜利后,遗留在南通的敌人于1948年渡江战役前夕撤退,不久南京解放。1949年10月1日中华人民共和国成立。我在省军区授衔仪式上,被授予抗日战争和解放战争两个国家

级三级勋章及抗大纪念章，并授予我大尉军衔。1956 年 5 月，我转业到地方企事业单位工作。1984 年 8 月，年满 60 岁，在南通电信公司离休。

——资料来源：汪波（中国电信股份有限公司南通分公司离休干部）《始终将艰苦奋斗、不怕牺牲铭记于心》，共产党员网，http://www.12371.cn/2015/09/15/ARTI1442296587230430.shtml，2015 年 9 月 15 日

6－2　“铁算盘”师长黄克诚

案例呈现

周恩来同志曾称赞黄克诚是一位管家理财的行家。他说：“他这人我了解，你给他一万块钱，他能当十万块钱用。”这一评价毫不过分。时至今日，在苏北地区第 3 师的老部队和老同志中，仍在传诵着被誉为“铁算盘”的黄克诚师长当年精打细算、勤俭办事的动人故事。

“合理负担”成佳话

1942 年 5 月的一天，黄克诚约见盐阜区行政公署委员、财经处长兼盐阜区税务管理局局长骆耕漠前去单独谈话。黄克诚根据陕甘宁边区政府的做法，要求骆耕漠也将盐阜区的脱产人数和全区老百姓的总人数及其比例关系查算清楚，同时，各县区要注意分清对那些半游击区（一面既要向我方，另一面又要向韩顽和敌伪交纳粮税的地区）的调查，半游击区的老百姓只能按半数来统计。在此基础上，黄克诚于 1943 年年初，要求军地双方结合盐阜实际，各县区利用产棉优势，迅速发展手工纺纱和棉布生产；所有军政部门均利用空闲时间进行个体小生产（如种植蔬菜、养猪、养鸡鸭等），达到“军民兼顾”克服困难，增加生产，改善生活，渡过难关。

“集腋成裘”创奇篇

1942 年 2—3 月间，盐阜区行政公署财经处由于计算上不够周密，第 3 师供给部所得到的当年夏季军服洋布衣料不足，又来不及补充，困难很大。第 3 师供给部部长刘炳华和行署财经处处长骆耕漠便向上反映，黄克诚知道情况后，当即决定：1942 年的单军服去掉翻领改直领，减掉军帽翻檐，去掉两只口袋和绑腿布。这样，全师主力部队和地方武装数万人，就节约了布料万余米。当时，第 3 师部队人员打篮球有个习惯，那就是把鞋子脱掉，赤脚上场打，这也是黄克诚怕把鞋磨破而提出来的号召。这虽是小事，但人民群众及地主士绅看在眼里、记在心头，深为感动。

“聚沙成塔”见精神

在抗日战争的艰苦年代，根据黄克诚的指示，苏北地区党政军机关规定节约口粮的标准，凡脱产人员开会自带粮票，一律不得报销；提倡吃糙米杂粮，以菜代粮；第3师部队的一切军用器材、卫生用品和人员编制等都有严格限制，违反必究。当时，军队财政比较困难，但始终坚持从维护人民群众的利益出发，黄克诚坚决反对滥发钞票。当年流传着这样一句话：“苏北的票子最值钱”，因而抗币信誉最好。

一言一行做模范

黄克诚师长始终严格要求自己，依然保持着在井冈山和长征路上那种艰苦朴素的优良作风，一件棉袄已穿了好几年了，还打了几个大补丁。那时，每人每月发两盒火柴点烟用，黄克诚不够用时，就用火刀石打火，或就着锅膛里的柴火点烟，从不多拿一盒火柴。平时，黄克诚坚决不准为他买一支牙膏或一袋牙粉，一直坚持用食盐代替牙膏（牙粉）刷牙。黄克诚都是按部队供应标准吃饭，连他爱人也按规定执行。黄克诚洗脸用的毛巾只有半截，另半截却剪给别人用了。他说：“整条毛巾洗脸太浪费，因为洗脸时只用当中的部分擦脸，两头揩不到，结果当中被擦破了，两头还是完好的。5 000条毛巾剪两段，够1万人洗脸。”

1942年2月，黄克诚来到淮安苏家嘴地区，检查第3师7旅21团的工作。团部特意准备了几个菜。黄克诚坚持和大家吃一个灶。说：“要节省着点，要艰苦奋斗！利用日军主力被抽调到其他方面的空隙，响应党中央的号召，搞好生产，不是每人要产400斤蔬菜吗？要争取自给有余，减少当地群众的负担。抗战第5年了，在开支和一切问题上要打打细算盘了。”黄克诚走后不久，7旅宣传队便把师长讲的话编成了歌词，到部队宣传、教唱：

抗战第5年，
需要打算盘，
不怕艰和苦啊！
节约运动没困难。
第一要勤俭，
节省米和柴，
自力更生干呀！
艰苦奋斗做模范。

——资料来源：中共江苏省委党史工作办公室，中共阜宁县委党史工作办公室，阜宁县新四军历史研究会编《卫国干城　新四军将领在阜宁》，长征出版社2007年版

拓展讨论

1. 黄克诚师长身上体现着新四军将领的哪些优良品质?
2. 新时代党的领导干部以身作则有何意义?
3. 新时代如何发扬革命战争困难时期人民军队“自己动手解决困难”的精神?

案例解析

本案例中作为红军老战士、新四军第3师师长兼政委,黄克诚给人们留下了一个难以忘怀的印象:他总是率先垂范,带头克勤克俭,精打细算,节约每一个铜板,以减轻人民群众的负担,使新四军3师部队成为一支弘扬我党我军光荣传统和艰苦奋斗优良作风的模范。

第一,开源节流,让根据地人民得到休养生息。被称为“铁算盘”黄克诚独特的“经济理论”,为根据地军民增产节约、共渡难关、打败日寇、夺取抗战的最后胜利,提供了强大的精神武器,并树立了光辉的榜样。1941年5月,新四军军部在盐城召开各师供给部长会议时,刘少奇同志在讲话中指出:“全军7个师,3师人最多,花钱却最少,应该学习他们的经验。”刘少奇同志后来还说:“苏北抗日根据地情况稳定,人民安于生产,又进行减租减息运动,人民生活有所改善,黄克诚是位经济学家,掌握政策很稳重。”由于采用开源节流的方法,苏北根据地人民得到了休养生息,发挥了长期支援战争的潜力,为夺取抗日战争胜利创造了良好的条件。

第二,军队建设有了物质条件,密切了军民关系。生产发展了,物资丰富了,有效地改善了部队生活,缓解了物资供应困难。当时第3师许多单位在日用品、办公经费、油盐、菜金、衣服等方面,基本达到了自给或半自给,大大减轻了根据地人民的负担。而且密切党的军政关系、军民关系、官兵关系,加强了部队建设。

第三,将领垂范,为干群树立榜样。黄克诚从自身做起,带头艰苦朴素,以身作则。坚持官兵一致、上下一致、同心同德。与战士群众一道生产劳动,为党政军作风建设树立光辉榜样。全军增强了劳动观念,严格执行纪律。毛泽东同志曾多次提醒,“当干部的首先要放下架子,打破个人英雄主义,忘记自己是什么‘长’,忘记自己是中央委员,而到群众中去学习”,使广大官兵明确为人民服务的宗旨。习近平在党的十九大报告中指出:“全党一定要保持艰苦奋斗、戒骄戒躁的作风,以时不我待、只争朝夕的精神,奋力走好新时代的长征路。”每一名党员干部,都应始终做到以身作则、率先垂范,把传承和弘扬艰苦奋斗精神作为一种高尚的政治品德来坚守,作为党性修养来修炼,作为良好生活方式来坚持,做到居安思危、戒奢以俭,吃苦在前、享受在后,以实际行动把艰苦奋斗精神坚守和传承,发扬并光大。作为新时代的青年大学生,应学习新四军黄克诚师长从我做起,从生活点滴做起,坚定崇高的理想信念、顽强的革命精神,克勤克俭、艰苦朴素，心怀天下、心系人民。

教学建议

本案例可用于《思想道德修养与法律基础》第五章第二节“吸收借鉴优秀道德成果”，也可用于《马克思主义基本原理概论》第三章第三节“人民群众在历史中的作用”，还可用于《毛泽东思想和中国特色社会主义理论体系概论》第十一章第四节“全面从严治党”，又可用于《中国近现代史纲要》第六章第四节第四目“中国共产党成为抗日战争的中流砥柱”等的辅助教学。

延伸阅读

习近平：从严治党，关键是要抓住领导干部这个“关键少数”

从严治党，关键是要抓住领导干部这个“关键少数”，从严管好各级领导干部。从严管理干部，要坚持思想建党和制度治党紧密结合，既从思想教育上严起来，又从制度上严起来。

——《在参加十二届全国人大三次会议上海代表团审议时的讲话》(2015 年 3 月 5 日)

我们要牢固树立正确的权力观、地位观、利益观，牢记手中的权力是党和人民赋予的，是用来为军队建设服务的。位高不能擅权，权重不能谋私。要坚持自重、自省、自警、自励，带头遵守廉洁自律各项规定，遵守中央关于领导干部工作和生活待遇等方面的规定。要教育家属、子女不搞特殊化，不打着我们的旗号收受好处，乱说话，乱办事。再一个就是身边工作人员的教育管理问题。看不好身边人，将来可能就会被拖累，造成很大的影响。要按规定解决身边人员的职务和待遇问题，不能搞特殊。

——《深化军委和全军作风建设》(2013 年 7 月 8 日)

从严管理的要求能不能落到实处，领导机关和领导干部带头非常重要。领导机关和领导干部做出样子，下面就会跟着来、照着做。各级领导机关和领导干部，尤其是中央机关和中央国家机关、高级领导干部要强化带头意识，时时处处严要求、做表率。

——《在全国组织工作会议上的讲话》(2013 年 6 月 28 日)，《十八大以来重要文献选编》(上)，中央文献出版社 2014 年版，第 351 页

6－3　新四军里的“白求恩”

案例呈现

在新四军队伍里，曾有一名来自奥地利的医学博士战士。陈毅赞誉他为“白求恩式的共产主义者”“伟大的无私的国际主义战士”。他叫罗生特，本名叫雅各布·罗森菲尔德，出生于奥地利的加里西亚梭堡，毕业于维也纳大学医科，并获医学博士学位。1938 年冬，因反对德国法西斯吞并奥地利，从欧洲辗转来华，在上海法租界里开设了一个小诊所谋生。1941 年年初，罗生特在上海经一名德国的新闻记者介绍，前往新四军部队从事医疗工作。其时，新四军卫生处处长沈其震正在上海筹集医药用品，动员医护人员去苏北参加抗日工作。

沈其震与罗生特取得联系后，在新四军上海办事处的周密安排下，罗生特化装成一名外国传教士，于 3 月 21 日平安抵达新四军军部驻地盐城。刘少奇、陈毅等领导人前往军部招待所，亲切会见了罗生特。罗生特通过短时间的考察，认为新四军医务人员严重不足，当务之急是尽快培养一批医务人才，便向陈毅和新四军卫生部建议开办一所培训医护人员的专门学校。于是陈毅便请罗生特担任了新四军卫生部顾问，立即筹建卫校。此后，罗生特自编教材，定期到卫校讲课，从医学基础理论到生理解剖，从内外科、药理、护理常识到战地救护，他都精心讲解。卫校很快培养了一批医务人才，充实到新四军各部队。

1941 年夏，日伪军对盐阜区发起第一次大规模“扫荡”。为保证罗生特的安全，陈毅特地让罗生特乘军部的小汽艇先行撤离盐城。军部转移到阜宁县陈集停翅港以后，由于日伪的残酷“扫荡”和国民党顽军的捣乱，加上农村经济条件较差，抗日军民的生活极为艰苦。起初，罗生特吃不惯玉米、山芋等杂粮，不习惯睡地铺……生活的艰苦，工作的劳累，使他瘦了许多。这引起了新四军领导人的极大关注。陈毅指示后勤供给部门专门给罗生特配给了一些面粉；罗生特有吸烟嗜好，给他适当增加了津贴。陈毅还送给他一匹从敌人手中缴获来的大洋马，便于他出诊与行军。

军部领导人无微不至的关怀，令罗生特十分感动。他诚恳希望领导不要给他以特殊照顾。他说：“我来这里是帮助消灭法西斯的，不是为了享受的。”他总是把发给他的津贴拿出来买营养品发给新四军伤病员；行军时，他总是把配给他的马让给伤病员和体弱的同志骑。他始终坚持与新四军战士同甘共苦，打成一片。他说：“在新四军这样一支伟大的部队里工作，为中国同志服务，这是我最大的快乐。”罗生特常去新四军各部队巡诊。他一到 3 师，就赶往后方医院，忙着检查伤病员和做手术。有时手术一做就是几个小时乃至十几个小时，经常是一天只吃一顿饭。医疗工作结束后，他还集中医护人员，讲授医疗卫生知识，以提高医务人员的医疗水平。罗生特还热心为根据地群众服务，有时还冒着枪林弹雨，到火线上救护伤员。罗生特的忘我工作精神，赢得了苏北抗日军民的一致赞扬。

罗生特把中国人民的抗战事业当作自己的事业，激情满怀地积极参加盐阜抗日根据地的各项活动。苏北文化协会在盐城成立之时，他应陈毅的邀请，做了题为《关于欧洲文化》的报告。之后他还创作了不少文艺作品，如歌曲《反法西斯进行曲》、诗歌《我们是中国青年》、通讯《仇恨的郁积》等，发表在根据地的报刊上，使根据地军民深受鼓舞。对此，陈毅深为赞赏。1942 年秋，经陈毅和华中局文委书记钱俊瑞介绍，罗生特被批准加入中国共产党，成为中共特别党员。

——资料来源：中共江苏省委党史工作办公室，中共阜宁县委党史工作办公室，阜宁县新四军历史研究会编《卫国干城　新四军将领在阜宁》，长征出版社 2007 年版

拓展讨论

1. 你认为罗生特身上体现了哪些可贵的精神品质？
2. 培养大学生成为具有国际视野的时代新人有何意义？
3. 结合罗生特的精神，谈谈怎样践行和弘扬社会主义道德？

案例解析

从本案例中看出，新四军的事业是正义的事业，而正义的事业总是得到人们的支持，这种支持是没有国界和人种的区别的。到苏北来参加新四军的外国人，罗生特博士是第一人。

正如陈毅曾赞誉罗生特博士“白求恩式的共产主义者”“伟大的无私的国际主义战士”，在他的身上闪耀着极为可贵的品质。在《纪念白求恩》一文中，毛泽东将其概括为：国际主义精神，毫不利己、专门利人的精神，对技术精益求精的精神。白求恩精神早已成为中国共产党人、中国人民宝贵的精神财富。这笔精神财富曾激励成千上万中国人为夺取革命和建设事业而“燃烧自己”。在罗生特博士身上，我们还发现他作为一名医生，为正义事业不惜冒枪林弹雨深入前线，忘我救死扶伤的精神。

从案例中，我们还深切体会到，新四军和地方抗日民主政府始终把人民利益放在第一位。在对敌斗争的艰苦环境中，积极支持地方医疗卫生工作，为群众施诊施药，建立地方医疗机构，推行卫生防疫运动，培养群众卫生习惯，培训地方医疗人员。如当时有一种黑热病在苏北地区流行，病死率极高。新四军三师医务人员冒着被传染的危险，积极投身黑热病防治工作，帮助苏北人民治愈近千名黑热病人。

当前，我国已经进入了新时代新发展的新阶段。案例对当代大学生的重要教育意义还在于：树立和坚定理想信念的重要性。当代大学生应向白求恩式的国际友人罗生

特学习，最重要的就是树立远大的理想和崇高的信仰。他和白求恩一样，为中国反法西斯抗战的无私付出，都源自崇高的为正义事业奉献一切的理想信念。正是有了这种强大的精神支撑力量，他们才能够克服战争的残酷、饥饿甚至随时牺牲生命等艰难险阻；也正是在这种力量的作用下，他们才在治疗技术上精益求精，对革命同志、对人民群众表现出极大的热忱。同时，我们当代大学生还应学习罗生特自主开拓的精神。根据地医疗条件极差，发现新四军缺乏医疗人员，在他的建议下新四军开办了卫生学校。他充分发挥自己的特长，自己编写教材，自制教具，把随身携带的大批医疗器械捐献出来。

今天的大学生要成为时代新人，成为社会主义建设者和接班人，应努力学习榜样，自立自强，勇于开拓创新，开阔国际视野，掌握报效祖国、服务人民的专业本领，培养高尚品德，在学习生活中自觉践行社会主义核心价值观。

教学建议

本案例可用于《思想道德修养与法律基础》课程第一章第二节“正确人生观”、第三节“创造有意义的人生”，《马克思主义基本原理概论》第七章第三节“共产主义远大理想与中国特色社会主义共同理想”，《中国近现代史纲要》第六章第四节“中国共产党成为抗日战争的中流砥柱”，也可用于《毛泽东思想和中国特色社会主义理论体系概论》第十三章第二节“推动构建人类命运共同体”等的辅助教学。

延伸阅读

冲得上去豁得出来彰显新时代白求恩精神

在这场没有硝烟的新冠疫情阻击战中，吉林大学白求恩第一医院在以习近平同志为核心的党中央坚强领导下，坚决贯彻落实党中央、国务院关于打赢疫情防控阻击战的决策部署，精锐尽出，全力以赴，抗击疫情。我院共有 7 批 214 名医护人员驰援武汉，全院员工坚守岗位，以实际行动诠释着新时代白求恩精神。

白求恩精神，不只是一个标志

红色的基因、优良的传统、宝贵的精神在我院代代相传。1939 年，诺尔曼·白求恩亲自参与创建的晋察冀军区卫生学校成立。白求恩去世后，为了纪念他，这所学校更名为白求恩卫生学校，就是吉林大学白求恩医学部的前身。

作为白求恩精神的传人，我院从建院以来就始终与党和人民同呼吸，与祖国和民族共命运。无论是 2003 年抗击 SARS 疫情、2008 年汶川地震救援期间的义无反顾，还是突破肝移植技术、新生儿救治技术的开拓进取，抑或是引进骨科机器人、5G 远程的先发制人，我院始终将人民的生命和健康放在首位，关键时刻冲得上去、危难关头豁得出来。

新冠肺炎疫情暴发后，我院更是举全院之力，送人员、送设备、送技术上火线。6批重症医护精锐队伍、1支国家紧急医学救援队、5辆紧急医学救援车、3批总价值2 000余万元的高端设备及各类急需的医用物资，为一线医护人员提高救治率赢得宝贵时间，打下了坚实基础。

科研攻关，不只是一时的热情迸发

习近平总书记强调，人类同疾病较量最有力的武器就是科学技术，人类战胜大灾大疫离不开科学发展和技术创新。

作为吉林大学附属医院，我院在防疫关键时刻发挥科研优势，主动出击、攻坚克难。医院作为主要参与方，从不同角度开展多个相关项目，针对新冠病毒的研究取得多项突破，先后在国际顶级医学期刊《柳叶刀》和医学预印本网站 medRxiv 上发表相关研究文章；多个"小发明"在武汉一线发挥了"大作用"，为重症医疗队实现智慧医疗和管理奠定基础。

关键时刻的技术创新得益于我院长期坚持建设"研究型、创新型、经营型、服务型、智慧型"医院的"五型发展理念"和一直以来科研创新的体制机制优势。2016年，我院就在全国率先搭建起医工结合和成果转化平台，逐渐与省内外40余家科研院所、高等院校、企业单位在医疗器械、数字化医疗、药物研发等方面建立长期稳定的合作，发挥多学科综合优势，形成了"政产学研医"深度合作的良好格局。

七十载薪火传承，新时代继往开来。在新冠肺炎疫情阻击战中，作为白求恩精神的传承者和践行者，我院医护人员按照"坚定信心、同舟共济、科学防治、精准施策"的总要求，以无惧无畏的胆魄、无私无悔的姿态迎接新冠肺炎疫情防控阻击战的胜利！

——资料来源：华树成、佟成涛《冲得上去　豁得出来　彰显新时代白求恩精神》，光明日报，2020年4月13日

6－4　新安旅行团在苏北

案例呈现

在抗日战争年代，苏北的群众中流行着一句话："盐阜区，三个旅，七旅八旅新安旅。"这里所指的七旅八旅，是新四军三师驻盐阜区的战斗部队，所谓"新安旅"就是当时群众对新安旅行团的爱称，它是我党领导的一支小小的文艺战斗队。

新安旅行团这个革命少年文艺团体，一九三五年十月创建于敬爱的周恩来同志的故乡——淮安，那里有一所人民教育家陶行知支持开办的新安学校。新安小学的我党地下党员，按照上级党的决定，组织了一个最初只有十七个孩子的团体，在原校长汪达

之的照顾下，带着募捐来的五十块钱和一架电影放映机，走向全国，运用文艺武器，向人民进行抗日救亡的宣传工作。

新旅辗转十九省，行程四万里，从淮安出发，历经上海、南京、北京、兰州、西安、武汉、长沙等大城市和广大的城镇乡村，一路上得到周恩来、邓颖超、林伯渠、董必武等中央负责同志的关怀和指导，也得到冼星海、田汉、张瞻等著名艺术家的教育和辅导。政治上和艺术上都日趋成熟，成为当时国内外有影响的著名少年文艺团体。1941 年皖南事变前后，周恩来同志通过八路军驻桂林办事处发来了指示，决定新安旅行团秘密转移到苏北新四军地区。

华中局和军部决定，先立即建立新安旅行团苏北分团。新旅苏北分团当时驻在盐城大街上一个旧式商店里，楼上账房和库房就成了我们的宿舍，楼下柜台内外，就成了我们的课堂和排练场。经过一段紧张的整训后，全团按照陈毅军长的指示，深入到盐城五区农村发动群众。农民群众亲切地叫我们"新安旅"，使我们深刻地体会到新四军和人民的鱼水情，陈明同志写了一首歌，词是彭彬同志写的：

河里的鱼儿要用水养，
老百姓的军队要老百姓来帮，
新四军打仗在前线，
老百姓帮忙在后方，
军民团结一条心哟！
捍卫国土保家乡。

这首歌后来流传全苏北，凡有集会几乎都要唱它。

当年七月，盐阜区组织了暑期学生夏令营，新旅奉调前去协助开展文娱活动，同时进行演出。新旅在苏北根据地开展工作的计划，准备向军部和华中局建议，成立苏北儿童局，负责领导全区少年儿童工作。第二天，张平和张杰、张牧、左林四同志去湖垛军部请示汇报，我留团负责带队。不料他们刚出发半天，湖垛方向就听到阵阵炮声，很快就得到情报，敌人发动了对苏北根据地的第一次大"扫荡"。由于我们同军部失掉联系，夏令营也就地疏散，征得营部领导同意，我们决定星夜转移回盐城五区，在那里群众关系熟悉，便于掩护应敌。

深夜，我们通过敌人炮艇游弋的盐河封锁线，凌晨到达了五区区署所在地，浓密的晨雾中，却听见三里外的北秦庄方向，枪炮声突然大作，从那边逃出的群众得知，原来鲁艺华中分院的队伍遭到鬼子袭击，没有想到张平等四位同志由于半路发生敌情，改随鲁艺一起行动，就在这次战斗中，张平和张杰壮烈牺牲了。当时张平同志方 23 岁，张杰同志方 19 岁。

我当时也只有 17 岁，在五区区委徐荣、陈光和夏林同志的协助下，我带着一支没有武装的少年儿童组成的文艺队伍，同敌伪周旋。敌寇第一次"扫荡"被粉碎了，1942 年春节前后，在陈家集附近的岔头——当时盐阜区党委、行署和军分区所在地，我们意气风发地准备了一台歌舞晚会，向正在召开的华中局扩大会议献礼。我们排演了新创作的舞剧《反法西斯进行曲》和表现新旅从国统区到根据地历史的皮影戏《四万五千里》，还有我们从国统区带来的救亡歌曲和舞蹈。演出后，刘少奇同志和陈军长亲自接见了全体新旅同志。少奇同志同我们用非常通俗的语言，深入浅出地讲了当时政治形势和敌后根据地的任务。陈军长则明确把全华中组织少年儿童的任务交给新旅。

新旅全体组织了工作队分赴阜宁、阜东、涟东、淮安、射阳、建阳等县开展儿童工作和文艺活动。我们坚持出版《儿童生活》《少年画报》《每月新歌》《文娱资料》。苏北的儿童运动轰轰烈烈地开展起来了。

1942 年夏天，苏北根据地正处在严重的青黄不接之时，我们每天只能吃些发霉的山芋干和胡萝卜。1943 年初春，天气还很寒冷，敌寇突然又发动了对苏北地区的第二次大"扫荡"。我们住在用海草临时搭成的低矮棚窝里，在一望无垠的荒滩上，仍然坚持学习，为反"扫荡"胜利准备演出节目。当时，在艰苦斗争的苏北敌后根据地，是根本看不到电影的，于是，我们就搞起早年从湖南民间学来的皮影戏。没有驴皮，就用装香烟的大纸匣拆开来剪纸人，好在当时还有汽油灯，我们先后创作上演了《送公粮》《大萝卜》等剧目，在晚会上演出，部队和群众都称之为"土电影"。首长们看了也都笑得合不拢嘴，孩子们更是喜得不用说了。

教育家戴白桃同志说："新旅在苏北组织了十五万儿童，教育培养了几千个儿童干部，他们的种子遍及在大江南北和淮河流域，他们的影响遍及全国。"

——资料来源：盐城市《新四军重建军部以后》编选组：《新四军重建军部以后》，江苏人民出版社 1983 年版

拓展讨论

1. 讨论新安旅团的实践对新时代青少年发扬艰苦奋斗精神的启示。
2. 结合案例谈谈如何加强新时代青少年爱国主义教育？
3. 大学生如何增强中国特色社会主义文化自信？

案例解析

本案例中的新安旅行团践行了爱国主义教育和"生活教育"的统一。1929 年 6 月 6 日，陶行知应安徽同乡吴俊卿的要求，派晓庄师范学生李友梅（中共地下党员）、蓝九盛、吴廷荣到淮安创办了新安小学，并兼任校长。新安小学是晓庄师范在苏北实践"生活教育"理论的中心学校，教师全无薪金报酬。在 20 世纪 30 年代的旧中国，它是一所完全新型的、革命的学校。1930 年 4 月，晓庄师范的师生因开展反帝活动，遭到南京国民政府查封，革命青年惨遭杀害，陶行知被通缉流亡。晓庄师范被封后，新安小学就中断了经济来源。1933 年 10 月 22 日，校长汪达之创造性地将新安小学 7 名学生组成"新安儿童旅行团"，到上海、镇江等地做了为期 54 天的修学旅行，一边游学一边接

受最直观生动的爱国主义教育。

第一，新安儿童旅行团体现了强烈的爱国主义精神。新安儿童旅行团成为中国第一个少年儿童抗日团体，该团 7 人中年龄最大的 17 岁，最小的 12 岁。他们采取到各大学演说和上街卖报的方法，筹集费用，通过参观工厂、调查帝国主义在上海的租界、凭吊"一·二八"战场等，开展了极其生动的爱国主义教育。他们 17 年 5 万里行程谱写少年入世修学的时代传奇，以修学旅行的独特形式，唤起民众，共赴国难。他们的事迹在当时的教育界、舆论界引起了轰动，成为新中国成立前教育史上的空前创举。

第二，新安旅行团传奇离不开中国共产党的正确领导。5 万里行程，足迹遍及全国 22 个省份。到苏北新四军根据地，1941 年 4 月，陈毅代军长从盐城写信给苏中行署主任兼苏中二分区司令员管文蔚，信中说：将有一批新安旅行团的小战士陆续从上海来军部，周恩来同志曾从桂林"八办"来电嘱军部很好地迎接。管文蔚在苏中热情接待，并派人将他们安全送到盐城军部。这群少年的爱国主义精神得到升华，他们的英勇表现受到了中共中央华中分局的高度赞扬和鼓励。1945 年 3 月，18 万儿童在新安旅行团的组织下加入抗日儿童团。

新安旅行团大力宣传了党在抗战时期的新民主主义文化。新安旅行团以践行新式教育理念和唤醒民族救亡为使命，走过了 17 年辉煌的"长征"。在中国共产党的领导下，新安旅行团完成了从抗战时期的教育团体向革命文艺团体转型，先后在国民党统治区域和根据地大力宣传党的新民主主义文化，践行了"民族解放小号手"的使命，成为近代中国少年儿童运动史上的重要组成部分。

第三，新安旅行团成为宣传新民主主义文化的一支生力军。这一时期新安旅行团宣传的新民主主义文化内容具有鲜明的人民性、大众性，突出特征是革命性。由中国共产党人、先进知识分子和人民群众共同创造的极具中国特色的先进文化，是大众的情感期盼和灵魂托付，蕴含着丰富的革命精神和厚重的历史文化内涵。新四军新军部在盐城进行军事斗争的同时，文化建设极富特色。盐城的地域魅力吸引了大后方，敌占区的青年知识分子和著名文化人纷纷聚拢盐城，投身抗战的文化活动。在刘少奇、陈毅的亲切关怀下，鲁艺华中分院成为华中抗战文化的摇篮。鲁艺华中分院为部队和地方输送了很多文化干部。刘少奇提出，在盐城要广泛地开展新文化运动，这种新文化是抗日的、民主的、大众的。当时，各县都有文工团，乡镇亦有宣传队，到处激荡着抗日歌声，精彩的戏剧每天都在上演。盐城又被称为"敌后文化城"。

在今天这样的新时代背景下，广大青少年应学习新安旅行团，自觉坚持党的领导，听党话、跟党走，坚定"四个自信"，积极弘扬中国特色社会主义文化；学习新安旅行团不被困难所吓倒，不畏挫折，咬定目标，奋力前行；学习新安旅行团，即使在困难的工作条件下，也能够热情地干事创业，追求为社会多作贡献；学习新安旅行团，以人民为中心，在服务人民、奉献人民伟大事业的创造中实现人生价值。

教学建议

本案例可以作为《中国近现代史纲要》第六章第二节“中国人民奋起抗击日本侵略者”、第四节“中国共产党成为抗日战争的中流砥柱”，也可以作为《思想道德修养与法律基础》第二章第二节“崇高的理想信念”、第三章第二节“爱国主义及其时代要求”等的辅助教学。本案例可用于《毛泽东思想和中国特色社会主义理论体系概论》第十章第三节“推动社会主义文化繁荣兴盛”等的辅助教学。

延伸阅读

习近平：坚持以人民为中心的创作导向

社会主义文艺，从本质上讲，就是人民的文艺。毛泽东同志在延安文艺座谈会上指出：“为什么人的问题，是一个根本的问题，原则的问题。”邓小平同志说：“我们的文艺属于人民”，“人民是文艺工作者的母亲”。江泽民同志要求广大文艺工作者“在人民的历史创造中进行艺术的创造，在人民的进步中造就艺术的进步”。胡锦涛同志强调：“只有把人民放在心中最高位置，永远同人民在一起，坚持以人民为中心的创作导向，艺术之树才能常青。”人民既是历史的创造者，也是历史的见证者；既是历史的“剧中人”，也是历史的“剧作者”。文艺要反映好人民心声，就要坚持为人民服务、为社会主义服务这个根本方向。这是党对文艺战线提出的一项基本要求，也是决定我国文艺事业前途命运的关键。只有牢固树立马克思主义文艺观，真正做到以人民为中心，文艺才能发挥最大正能量。以人民为中心，就是要把满足人民精神文化需求作为文艺和文艺工作的出发点和落脚点，把人民作为文艺表现的主体，把人民作为文艺审美的鉴赏家和评判者，把为人民服务作为文艺工作者的天职。

第一，人民需要文艺。人民的需求是多方面的。满足人民日益增长的物质需求，必须抓好经济社会建设，增加社会的物质财富；满足人民日益增长的精神文化需求，必须抓好文化建设，增加社会的精神文化财富。物质需求是第一位的，吃上饭是最主要的，所以说“民以食为天”。但是，这并不是说人民对精神文化生活的需求就是可有可无的，人类社会与动物界的最大区别就是人是有精神需求的，人民对精神文化生活的需求时时刻刻都存在。

第二，文艺需要人民。人民是文艺创作的源头活水，一旦离开人民，文艺就会变成无根的浮萍、无病的呻吟、无魂的躯壳。列宁说：“艺术是属于人民的。它必须在广大劳动群众的底层有其最深厚的根基；它必须为这些群众所了解和爱好；它必须结合这些群众的感情、思想和意志，并提高他们；它必须在群众中间唤起艺术家，并使他们得到发展。”人民生活中本来就存在着文学艺术原料的矿藏，人民生活是一切文学艺术取之不尽、用之不竭的创作源泉。

人民不是抽象的符号，而是一个一个具体的人，有血有肉，有情感，有爱恨，有梦想，也有内心的冲突和挣扎。不能以自己的个人感受代替人民的感受，而是要虚心向人民学习、向生活学习，从人民的伟大实践和丰富多彩的生活中汲取营养，不断进行生活和艺术的积累，不断进行美的发现和美的创造。要始终把人民的冷暖、人民的幸福放在心中，把人民的喜怒哀乐倾注在自己的笔端，讴歌奋斗人生，刻画最美人物，坚定人们对美好生活的憧憬和信心。

——资料来源：习近平《在文艺工作座谈会上的讲话》，新华社，2016 年 10 月 17 日

第七篇　统一战线

新四军从组建之日起，就始终高举抗日民族统一战线的旗帜，广泛团结各方人士致力于共同抗战。在华中地区，新四军面临日伪残酷“扫荡”“清乡”，生存环境异常恶劣；尤其是皖南事变后，国民党对新四军摩擦不断，致使其生存空间日益缩小。面对这一严峻环境，新四军领导人与时俱进，创新统战工作方式，不仅广泛动员国内各阶层群众抗战，而且也致力于对海外华侨、国际爱好和平人士以及在华作战的日本士兵的统战，这为新四军长期坚持华中抗战，并为中国人民抗日战争的胜利夯实了民众基础。

新四军高举抗日民族统一战线大旗，海纳百川、和衷共济，大大丰富了新四军铁军精神的内涵。本篇选取新四军在抗战过程中“驻赣办事处的成立与工作：对国民党友军及上层的统战”“陈毅一进泰州城：对地方实力派的统战”“与樊玉琳相约一起打鬼子：对开明士绅的统战”“尊重文化人：对知识分子的统战工作”“海纳百川：对华侨与各国正义人士的统战工作”“把敌军工作做到对日作战第一线：对敌伪军的统战”等案例，旨在说明中国共产党领导下的新四军在当时以全民族利益为出发点，认真执行抗日民族统一战线，广泛动员国内外一切进步人士支持中国人民正义的抗战事业，这为抗日战争的胜利奠定了坚实基础。

7－1　驻赣办事处的成立与工作：对国民党上层及友军的统战

案例呈现

1938 年 1 月 4 日，在武汉与叶挺一起为组建新四军奔波的项英和张云逸、周子昆等率领新四军军部机关人员离开武汉。6 日，经九江抵达南昌。由于刚到南昌，涉及新四军组建以及对外联络的若干事宜，急需组建办事处以应对纷繁的事务。在项英的主持下，新四军驻南昌办事处（也称驻赣办事处）在距其住处不远的东书院街 2 号危家大屋成立。

成立新四军办事处是当时国共双方商定的结果。南方红军游击队改编为新四军前后，为了加强抗日民族统一战线工作，沟通和国民党当局的联系，负责洽领军饷和筹集、运输军需物资，协助部队集中和处理善后工作等事宜，中国共产党和国民党当局商定，新四军可在各游击队原驻地和南方主要城市设立办事机构。

据此，新四军以南昌办事处为先声，又先后在武汉、福州、温州、湖南平江县、湖北黄安县七里坪、河南确山县竹沟镇，以及长沙、桂林、重庆等地建立了50多个办事处或留守处、通讯处，有的地方也称采购处、联络站、兵站等。皖南事变后，又在上海设立了秘密的上海办事处。这些机构有的是与八路军合署办公，有的是新四军军部直接派人组建，有的是各支队、团组建，有的是地方共产党组织、以新四军名义组建。名称虽有不同，但性质、任务基本一致。新四军和共产党在各地的领导机关，通过这些公开合法的联络机构，广泛开展了抗日民族统一战线工作和抗日救亡活动。

为了推动江西国民党军政当局抗战，中共中央东南分局副书记曾山决心争取团结国民党上层人物。

1938年1月中旬的一天，南昌下沙窝励志社所在地，气氛热烈，高朋满座。新四军驻南昌办事处正在这里举行宴会。曾山与办事处主任黄道作为东道主在大厅笑迎宾客。出席宴会的有江西籍的国民党元老李烈钧、江西省政府秘书长刘体乾，在南昌的各党派负责人。曾山代表中共中央东南分局发表长篇演讲，指出：大敌当前、国共两党和各党派之间应消除成见，以救亡为重，一致团结抗日。曾山的讲话得到与会人士的认同。他们纷纷发表意见，力主合作抗战。

这年春，东南分局副书记曾山指示驻赣办事处积极与江西省政府主席熊式辉联系，建议熊特聘许德珩、罗隆基、王造时、程希孟、彭文应等人组织省参议会，制定抗战时期进步的施政纲领。办事处还主动邀请著名学者和社会名流许德珩、程希孟、王造时、孙晓村、罗隆基、熊芷、雷洁琼、薛暮桥以及李中襄等人参加座谈会，阐述中共统一战线政策和团结抗日主张，鼓励他们积极参加抗日救亡运动。曾山还指示黄道、涂振农等人与国民党江西省党部、江西保安处保持联系。凡是省党部、保安处组织的抗日救亡活动，新四军均派代表参加，以为声援。

——节选自中共江苏省委党史工作办公室编：《新四军统战纪实》，中共党史出版社2007年版，第69—72页

拓展讨论

1. 新四军领导人在各地游击队集中开赴皖南集中整编为新四军后，为什么要求在原地设置办事处？有什么重要的历史作用？

2. 如何正确认识和理解新四军各地办事处在新四军发展史上的重要意义？

案例解析

第二次国共合作实现后不久，在中共中央指导下，南方八省红军游击队与国民党当局通过谈判达成协议，开始下山改编。同时，为了与国民党地方当局继续保持联系，根据新四军领导人的建议，各地游击队决定在与国民党地方政府接近的地方，设置办事处或留守处。南方八省的游击队逐渐集中到皖南整编为新四军后不久，即开赴抗战前线与日军作战。在征得国民党当局同意后，办事处作为新四军在各地的办事机构仍旧存在，以帮助处理善后事宜。

新四军在各地的办事机构，不仅担负为新四军扩兵、输送干部、处理后方事务及开展抗日宣传和救亡运动，更为重要的是要继续大力推进抗日民族统一战线工作。作为新四军在国民党统治区的合法办事机构，“也成为共产党对国民党、民主党派和无党派爱国人士进行统战工作的基地”①。如南昌办事处成立后，通过举行招待会、召开座谈会等形式，邀请江西省国民党高级官员、上层人士，阐述抗日民族统一战线的各项政策。经过不懈努力，江西省国民党政府上层及当地国民党军积极拥护中国共产党的抗日主张，支持新四军的抗日活动。新四军在华中地区对国民党及其军队的统战工作，为新四军坚持抗战、不断发展壮大起到了十分重要的作用。

抗日民族统一战线是无产阶级政党策略思想的重要内容，是中国共产党取得革命胜利的三大法宝之一。新四军和华中抗日根据地开展的统战工作是抗日民族统一战线的重要组成部分，因而也是毛泽东统战思想在华中抗日根据地的创造性运用和发展。当前，我们要继续做好新形势下的统战工作，动员一切爱国力量，为实现“两个一百年”奋斗目标和实现中华民族伟大复兴的中国梦增添力量。

教学建议

在教学过程中，通过南昌办事处开展统战工作的案例，旨在帮助学生深刻理解统一战线在抗日战争中的伟大作用，以及帮助其树立正确的与人交往的价值观，实现人生的奋斗目标。

本案例适用于《中国近现代史纲要》第六章“中华民族的抗日战争”的辅助教学，同时适用于《毛泽东思想和中国特色社会主义理论体系概论》第二章第三节“新民主主义革命的道路和基本经验”的辅助教学。

---

① 中国新四军和华中抗日根据地研究会编：《新四军的组建与发展》，军事科学出版社 2001 年版，第 91 页。

延伸阅读

赠粮予戴换得真心支持

1941 年 3 月，日军对豫鄂地区实行经济封锁，被李宗仁任命为右路游击司令兼独立支队司令的戴焕章，其所部没有粮食和食盐，造成人心涣散，军队混乱。戴焕章毫无办法，只好派人到鄂豫边区党委机关，向新四军五师领导人之一的陈少敏求援。

陈少敏得知这一情况后，指定随枣地委书记余益庵负责这项工作，责成随南县政府具体筹办。结果在很短的时间里，便筹集了一批粮食和食盐，集中在随南曹王庙，然后通知戴焕章部派人运走。

戴焕章派了一个排的人，以“剿匪”为名，来到指定地点领取。不料戴部派来的人，嫌粮食较少，竟然又抢了曹王庙、古城畈一带老百姓的粮食。他们的抢劫行为，激起了随南军民的义愤。古城区中队派出几十条枪，追上他们，一下活捉 20 余人，追回了大部分粮盐、衣物，并将活捉的人员关押在区署，请示随枣地委处理。

随枣地委得知这件事后，赶紧向陈少敏汇报。陈少敏亲自来到关押地点，向干部战士们反复讲解、宣传共产党的抗日民族统一战线政策。随后放出被押人员，并设宴款待有关头目，还派部队护送扣押人员和粮盐到戴部解释、道歉。戴焕章得知这件事的详情后，深为陈少敏的行为所感动，他一方面下令奉还抢来的衣物粮食；同时派人给边区送来了 15 箱子弹和木耳，以示负荆请罪。

——节选自李克申、任儒举《陈少敏妙策统战谱华章》，《铁军纪实》，2013 年第 2 期

7-2　陈毅一进泰州：对地方实力派的统战

案例呈现

1939 年 8 月下旬的一天下午，身着国民党三战区发给的将军服、佩戴少将军衔的陈毅司令，在挺进纵队三支队政治处主任、中共苏北工委书记、江都民众抗日自卫会主任惠浴宇等陪同下，来到泰州国民党鲁苏皖边区游击总指挥部所在地西山寺。

这次，陈毅在挺进纵队司令管文蔚的陪同下，从江南来到挺纵驻地吴家桥以后，听取惠浴宇的汇报，了解了当时泰州、泰兴、江都等地中共县工委的组建情况，及李明扬、李长江（被称为“二李”）的政治动向，韩德勤与李明扬之间矛盾的最新情况。他认为能争取到李明扬的中立，我们就能争取到大部分中间势力，就可能与顽固派韩德勤做最后较量，从韩的手中夺回苏北抗战领导权，领导人民打败日本侵略军，我们就一定会在

斗争中发展壮大，夺取抗战的最后胜利。所以，要加强“联李”的工作，这是重点。陈毅视察了江北沿江地区挺纵阵地后，决定到泰州去会会李明扬。

陈毅认为：“李明扬是国民党元老，北伐时的将领，就怕我亲自去还不够分量，要想争取李明杨支持我们抗日反顽，就是有险也得冒！”经与惠浴宇等协商，陈毅通过惠浴宇同乡、李明扬二纵队司令颜秀五的关系与李明扬联络。当晚，颜秀五接到惠浴宇的便条，带了几个警卫员，就从20里外的九里沟策马赶到吴家桥，来到陈毅的住处。二人寒暄之后，便坐在如豆的油灯下，促膝长谈，气氛很融洽。陈毅热诚的态度感动了颜秀五，他甚至提出加入中国共产党的请求。这次会谈很成功，颜秀五答应为陈毅访泰牵线搭桥，并由颜秀五向李明扬建议，让李明扬邀请陈毅去秦州做客。为了使此事能真正办成，颜秀五遂请了深得李长江信任的“二李”部队的督察处长、与以俞铭璜为书记的中共泰县工委有联系的季恺，与“二李”沟通。

但是，在约定的会见地点——西山寺鲁苏皖边区游击总指挥部副总指挥办公室里，陈毅只见到傲慢无理的副总指挥李长江。李明扬避而不见，陈毅心中有些不悦。年近半百的李明扬是辛亥革命时期的老同盟会会员，资格比蒋介石还老。北伐战争时期曾任国民革命军第三军的师长、副军长，比韩德勤的职位和影响均高得多。他有较强的民族意识，对蒋介石、韩德勤的一些错误政策和排斥异己的做法深为不满。执掌江苏军政大权的顾祝同、韩德勤重用亲信，夺了“二李”“省保安处”正副处长的位子，由韩的嫡系八十九军副军长李守维取而代之；韩还克扣“二李”部队的军饷，收买“二李”的部属，百般压迫甚至几次企图伺机兼并“二李”的部队。“二李”依仗桂系李宗仁的提携，才弄到“鲁苏皖”的番号，暂时保存自己，处于泰州一隅，维持岌岌可危的地位。因此，“二李”与韩德勤的矛盾很深，对共产党、新四军的政治态度与韩德勤等反共顽固派不同。陈毅正是从实际出发，利用“二李”与韩的矛盾，来亲自做争取“二李”工作的。

然而，李明扬老谋深算。他多少有些瞧不起未成气候的新四军，觉得38岁的陈毅比自己小十来岁，级别也不高，仅是个新四军一支队司令员。但是，他又希望在苏北增加一股与日伪和韩德勤相抗衡的力量，便同意发出邀请，因而只派副手李长江出面接待，这样退进皆有后路。

这次，陈毅本想会会李明扬，寻觅苏北抗日的“知音”，谁知乘兴而来，扫兴而回。第二天，当陈毅、惠浴宇一行走后不久，李长江派人到季恺家，通知说李明扬要见陈司令。原来，李长江于翌日早晨在李明扬家报告了接待陈毅的情况，递上了毛泽东、朱德的问候信和陈司令赠送的一副对联。李明扬一看，连声埋怨道：“不好，不好！你怎么不早告诉我呢？陈毅乃朱毛在井冈山的老友，亲自写了介绍信来见我。不见他太失礼，太失礼！你赶快派人去挽留，我要亲自款待他。”

——节选自中共江苏省委党史工作办公室编：《新四军统战纪实》，中共党史出版社2007年版，第211—213页

拓展讨论

1. 全面抗战时期，陈毅积极努力争取李明扬、李长江，体现了以陈毅为代表的共产党人什么样的精神？当代大学生应该从他们身上学习哪些精神？

2. 陈毅对李明扬、李长江的统战工作与"发展苏北"战略有什么关系？

案例解析

1938 年 11 月后，为贯彻中共六届六中全会作出的"发展华中"的战略方针，以及 1939 年春，周恩来与新四军领导人商讨制定的"向北发展，向东作战"的发展方针，陈毅虽处苏南，但对如何发展苏北以坚持长久抗战考虑得最早。他对当时苏北各实力派的军事、政治情况了解得最为详细。为发展苏北，陈毅积极派遣江苏灌南籍的惠浴宇等在江北建立共产党组织，积极发展党员，大力开展统战工作。

陈毅认真分析了当时苏北的形势后指出："今日之苏北，日寇是老大（兵为 3 000 人，占据主要城镇与交通要道，组织万人以上的伪军、伪政权），韩德勤是老二（总兵力号称 10 万，控制苏北大部分地区），'二李'（李明扬、李长江）是老三（总兵力 3 万，堵守住苏北大门），我们新四军（挺进纵队和苏院支队共 3 000 余人），只能是老四。但是，只要我们坚持抗战，尤其是坚持正确的统一战线，就一定会从老四变老三，再变老二，最后跃为第一，把日寇赶出苏北，实现苏北新四军化。"①

遵照中共中央抗日民族统一战线精神，结合苏北各派别的具体情况，陈毅等新四军领导人制定了"灭敌、联李、孤韩"的统战方针。"二李"是中间势力，又是地方实力派，又有抗日的积极性，成为主要的统战对象。陈毅等认识到：通过"联李"以"孤韩"，阻韩反共，使新四军在苏北放手"灭敌"，才能建立和发展抗日根据地。为此，自 1939 年 8 月下旬至 1940 年春，陈毅三进泰州，与"二李"会晤，进行艰苦细致的说服工作，争取上层，开展下层工作，与"二李"建立了一定的统战关系，在苏北中立了"二李"，为此后不久黄桥决战的胜利和建立苏北抗日民主根据地创造了有利条件，谱写了华彩乐章。

本案例反映了以陈毅等为代表的共产党人为坚持抗战，不怕困难、不怕牺牲、一心为民族解放而奋斗的革命精神和奉献精神，这一精神也是新四军铁军精神的重要表现。当代大学生应该积极弘扬新四军铁军精神，与时俱进，不断创新，努力工作，做新时代中国特色社会主义建设者和合格的接班人。

---

① 中共盐城市委党史工作办公室编：《和衷共济——统战谋略卷》，江苏人民出版社 2015 年版，第 3 页。

教学建议

教学活动中通过本案例的学习，让青年学生从理论学习和实践分析中明白中国人民抗日战争的胜利，是包括当时各地方实力派在内的全民族抗战的必然结果。今天，青年学生应明白建设中国特色社会主义的成功必须尽可能动员一切有益于社会主义建设的各界人士。

本案例适用于《中国近现代史纲要》第六章“中华民族的抗日战争”的辅助教学，同时适用于《毛泽东思想和中国特色社会主义理论体系概论》第二章第三节“新民主主义革命的道路和基本经验”的辅助教学。

延伸阅读

陈毅二进泰州城

1939 年 12 月 2 日，这天上午，天气晴朗，寒风凛冽。泰州城的主要街道都打扫得干干净净，街头贴出了一些红红绿绿、令人瞩目的大标语：“热烈欢迎四将军！”“欢迎四将军莅临指导！”不一会儿，远处十来匹坐骑扬起一片烟尘，奔驰而来。李长江很快就看清了，为首的正是几个月前来泰州被自己冷落了的新四军一支队司令员、刚刚升任新四军江南指挥部指挥的陈毅将军。而陪同陈毅的是管文蔚、惠浴宇和挺进纵队政治部副主任陈同生，正好是 4 位，还有 6 名警卫人员。这次，因帮助运弹药成功，陈毅接到了李明扬欢迎他访泰的邀请，这也是陈毅与李明扬再次会晤的绝好机会。

“欢迎四将军！”李长江指挥欢迎队伍适时呼起口号。军乐队鼓乐齐鸣，将陈毅一行引领到西山寺，李明扬则领着百余名官兵已在司令部大门前恭候。见面寒暄之后，陈毅与李明扬一起进到大厅。陈毅第二次进泰州，未因帮运弹药有功而疏忽礼仪，他特意从挺进纵队打日军缴获的战利品中挑选了几件赠送给李明扬、李长江等人。向李明扬赠送一把日本指挥刀，向李长江赠送一匹大洋马，“二李”深表谢意。

中午，“二李”在秦家花园设宴为陈毅一行接风洗尘，由颜秀五等几个纵队司令作陪。与此同时，“二李”还在另一桌招待国民党战地党政委员会鲁苏战区中将委员黄逸峰，李明扬还主动向陈毅介绍了黄逸峰将军。下午，“二李”同陈毅一行在乔家花园秘密会谈。双方磋商后，达成秘密口头协议：

第一，新四军到苏北，可在海安、如皋一带驻防，李部在服装、粮食上给予保障供给。

第二，新四军必须消灭韩德勤在江阳的张少华部，切断三战区顾祝同与韩德勤之间的联络和交通。

第三，韩德勤欲吞并李部，新四军应协助李部攻韩；韩要攻打新四军，李部按兵不动,并在弹药、粮食方面支援新四军,帮助治疗伤病员。

鉴于"二李"有其难处与顾虑,陈毅同意不签订书面协议,不再勉为其难。这个口头协议,陈毅经叶挺、项英报告中共中央批准。

期间,待陈毅如上宾的李明扬,还将蒋介石、韩德勤等反共秘密文件的内容告诉陈毅,再三表白他们决不跟着韩德勤反共。

第二天上午,陈毅等应李明扬的邀请,在李长江的陪同下,来到光孝寺藏经楼前的院子里,为李部军官教导大队训话。英姿勃勃的陈毅犹如一株劲松挺立在凛冽的寒风里,他操着浓厚的四川乡音,从日寇入侵讲到国共合作、全国人民的抗日救亡运动,从八路军、新四军在长城内外、黄河两岸、大江南北浴血抗战,讲到李明扬部参加台儿庄大战的光荣战绩,勉励李部官兵在这场空前的民族自卫战中发挥更大的作用。他说,我们抗战一定能胜利,只要我们团结一致,不论敌人如何凶狠,我们一定能打败这些侵略的豺狼。"只要能加强团结,国家就能有希望;如果不团结,搞分裂,闹摩擦,国家就会灭亡!"陈毅讲话时,腰板挺得笔直,英武逼人,声音洪亮,简明有力,充分显示了新四军将领的英雄气概。

——节选自中共江苏省委党史工作办公室编:《新四军统战纪实》,中共党史出版社 2007 年版,第 215—216 页

7-3　与樊玉琳相约一起打鬼子:对开明士绅的统战

案例呈现

1938 年 6 月 15 日,清晨,江苏句容行香镇樊古隍村。

该村豆腐店老板领着两位身穿灰布军装的军人来见樊玉琳。38 岁的樊玉琳是国民党员,曾任过国民党区长及县政府科长,后辞职回乡任小学教师、校长,是当地有名的开明人士。1937 年 12 月,日军侵占句容。为保乡安民,他与本村进步教师、比自己小 9 岁的樊绪经等发起、组织了一支自卫武装。老板向樊玉琳介绍了昨晚为不惊动樊先生而等在本店的这两位军人。原来,6 月 14 日,陈毅司令员率领新四军一支队抵达茅山,将在这里发动和依靠群众,开展敌后游击战争,开辟茅山抗日根据地,而樊玉琳则是陈毅到达茅山后邀请的第一位地方知名人士。两位战士先敬礼后递上书信,向樊玉琳说明来意。深受感动的樊玉琳拆信一看,开头便称"玉琳兄",顿时心头涌起一股暖流,再往下看,内容是邀请他到茅山乾元观会晤,信的末尾署名是"陈毅"。颇为动情的樊玉琳当即请两位军人坐下,小心探问:"新四军是什么部队?""陈毅是什么人?"由于两位军人都操着浓重的江西、福建口音,问了半天也没有弄明白,只是看了信封上印的番号条戳和连听带猜,方得知这支部队为"国民革命军新编陆军第四军第一支队",

支队的司令员是陈毅。但他并不了解新四军的性质，还以为新四军也是国民党的军队呢。樊玉琳觉得眼前这两位军人和蔼可亲，也颇为文明礼貌，这给他留下了良好的印象。

早饭后，樊玉琳怀着忐忑不安的心情，与家人打了招呼，便随着两位军人一起向茅山走去。到达乾元观时，陈毅司令员迎上前来与樊玉琳亲切握手、互致问候。虽然他俩是初次见面，却似一见如故。只见陈毅神采奕奕、气度非凡、落落大方，令樊玉琳肃然起敬。他俩一阵寒暄之后，便促膝交谈。樊玉琳介绍了当地情况。陈毅从当前国共合作、新四军到江南敌后开展游击战争谈起，分析了国内外的形势，介绍了中国共产党的抗日民族统一战线政策和抗战的前途，还谈到茅山道教、名胜古迹、名人轶事，以及先遣支队了解到的情况，指出当地一片混乱，特邀请樊玉琳一起共同抗日，卫国保家乡。陈毅谈古论今，使樊玉琳大开眼界、深受启发。

在陈毅的启发和感召下，樊玉琳决心为国纾难，毅然参加了新四军，追随陈毅，同心抗日。当天，樊玉琳便与陈毅一起到了宝堰镇，筹办镇江、句容、丹阳、金坛4县人民抗敌自卫委员会，陈毅请樊玉琳作为该会发起人之一。7月7日，陈毅在宝堰镇主持召开了镇、句、丹、金4县各界人士会议，筹备成立4县人民抗敌自卫委员会，樊玉琳被推选为筹委会副主任，后来金坛县茅麓公司经理纪振纲因种种原因只担任挂名主任，实际上由樊玉琳主持4县抗敌自卫委员会的工作。

此后，樊玉琳在中国共产党的抗日民族统一战线政策的影响下，不断提高政治觉悟，积极拥护和支持新四军抗日。1939年夏天，陈毅曾亲自问樊玉琳："你看国民党好，还是共产党好？想不想参加共产党？"

"当然是共产党好！"樊玉琳随口答道，然后又向陈毅汇报："我参加过国民党，怕条件不够。"

不久，由王丰庆、陈洪介绍，樊玉琳加入了中国共产党。1940年，他被吸收为中共苏南特委委员，曾先后担任过苏南第五行政区专员公署保安司令、第一行政分区专员（兼县长）等职。樊玉琳一心抗日，并将两个儿子送到苏北参加革命，变卖自己的财产充作抗日经费，为抗日事业作出了贡献。他由一个国民党旧人员，成长为共产党、新四军的一位领导干部，真可谓茅山地区拥护并实践党的统一战线政策的一个重要典型。

——节选自中共江苏省委党史工作办公室编：《新四军统战纪实》，中共党史出版社2007年版，第93—96页

拓展讨论

1. 樊玉林为什么心甘情愿帮助、支持新四军？

2. 结合樊玉林与陈毅相约打鬼子的故事，谈谈你对实现自己人生目标艰巨性的认识。

案例解析

1938年春夏之交，遵照国民政府军事委员会命令，新四军第一、第二支队东进到苏南地区打击日伪军。陈毅、粟裕率部东进敌后，认真贯彻执行中国共产党关于抗日民族统一战线的策略方针，尽可能团结一切可以团结的进步力量，尤其是积极对当地开明士绅展开了统战工作。

日本帝国主义发动的全面侵华战争，危及整个中华民族的利益，毫无疑问也包括开明士绅的利益。大多数开明士绅具有爱国热情，争取他们加入抗战阵营对于中国人民的抗日战争具有十分重要的作用；而且，面对国民党不积极动员全国民众起来积极抗战的现象，他们严重不满，并愿意为抗击日本帝国主义的侵略作出自己的贡献，因此，开明士绅是抗战阵营中的重要组成部分。

东进开赴到苏南敌后的新四军，由于武器装备不好，国民党不仅不予以支持，而且还尽可能克扣新四军的军饷，给新四军坚持抗战造成了严重危害。开明士绅在当地具有重要的影响力，而且一般都具有比较好的财力，动员他们参加到抗日阵营中，对于解决新四军的经济困难具有十分重要的意义。为坚持抗战，在陈毅、粟裕等领导下，通过拜访、举行宴会、召开座谈会等方式积极开展对开明士绅的统战工作。

习近平总书记指出："青年时代树立正确的理想、坚定的信念十分紧要，不仅要树立，而且要在心中扎根，一辈子都能坚持为之奋斗。这样的有志青年，成千上万这样的有志青年，正是党、国家、人民所需要的。"理想指引人生方向，信念决定事业成败。没有理想信念，就会导致精神上"缺钙"。樊玉林等开明士绅坚信以新四军为代表的中国共产党人所进行的革命事业是为全中国人民谋独立的，因此，他愿意倾家荡产，甚至把自己的孩子送到新四军，来支持新四军的抗战。

教学建议

在教学过程中，可以通过樊玉琳为了支援新四军抗战，不惧怕日本人的威逼利诱，甚至送孩子参加新四军，变卖财产支援革命的故事，使学生明确树立坚定的理想信念的重要性，帮助青年学生坚定远大理想。

本案例适用于《中国近现代史纲要》第六章"中华民族的抗日战争"的辅助教学，同时适用于《毛泽东思想和中国特色社会主义理论体系概论》第二章第三节"新民主主义革命的道路和基本经验"、《思想道德修养与法律基础》第一章"追求远大理想坚定崇高信念"的辅助教学。

延伸阅读

争取海安爱国士绅韩国钧

韩国钧是前清举人，历任知县、劝业道、民政使等职，20 世纪 20 年代曾担任江苏省省长，代理督军等职。1925 年，他因不满北洋军阀的派系斗争，归隐故里。其门生故旧遍布各地，且多在军政界身居要职。

1940 年 9 月 14 日，新四军攻克姜堰后，陈毅在管文蔚的陪同下，亲赴海安，拜访已 88 岁高龄的韩国钧。陈毅简要地向韩国钧介绍了新四军东进抗日的情况，表达了共产党和新四军对他的尊敬之情。韩国钧手书一联相赠：“天心已厌玄黄血，人事难评黑白棋。”并说：“贵军前在苏南，老朽仅闻盛名，而不深悉内蕴，故前联仅作泛泛语。今者目睹贵军所为，故联语较贴切实事。”①三天后，陈毅和管文蔚再次拜见韩国钧，痛陈了日军在南京的暴行，揭露了“当今统治者”的昏庸腐败，斥责国民党顽固派实行对内反共、对外妥协的错误方针，特别是苏北的韩德勤，手中握有大军 10 万，统治范围有千万人民，但不想把敌人赶出国门，却起劲地进行反共反新四军的摩擦，致使苏北局势十分严峻。陈毅建议韩国钧站出来主持正义，召开一次苏北各方代表会议，呼吁各种力量团结起来，一致对敌。韩国钧表示愿意承担这一任务，待与韩德勤、李明扬等联络后，再与陈毅商量具体办法。此后，管文蔚又带着礼品两次赶赴海安，代表陈毅向韩国钧致意，希望促成苏北各方代表会议早日召开。

不久，由韩国钧、朱履先、黄逸峰等人出面召集，扬、泰一带的社会知名人士在海安韩国钧公馆举行了以“停止苏北内战，一致团结抗日”为中心议题的协商会议。之后，又由韩国钧领衔，15 名知名人士联名发出致韩德勤、李明扬、李长江、陈泰运、陈毅的函电，主要内容为：“值此敌寇当前，尤宜保全实力，团结对外，以期扫荡敌氛，收复失地。彼此纵有误会，亦应和平解决，期于改善，方足以奠我民生慰我民望。兹以吾民利害关系，大局安危所系，不得不联合呼吁，希望停战息争，一致抗敌。”②并附有建议书，主张政治解决，不诉诸武力，防区如需变更，也应协商解决。收到函电后，陈毅代表新四军率先表示切实遵办，“二李”复函原则上极表赞同，江苏省税警总团长兼鲁苏战区苏北游击指挥部指挥官陈泰运也表示愿意全部接受，只有韩德勤不予理睬。由于以韩德勤为代表的顽固派坚持反共立场，苏北形势越来越紧张，新四军与韩德勤顽军的决战已不可避免。为了使“二李”保持中立，陈毅决定派管文蔚劝说韩国钧说服李部尽可能避免战争。9 月 25 日，管文蔚带着陈毅的亲笔信去见韩国钧。在韩国钧的说服下，“二李”表示严守中立。

---

① 杜虹主编：《新四军军史珍典》，党建读物出版社 2005 年版，第 163 页。

② 中共江苏省委党史工作办公室编：《新四军统战纪实》，中共党史出版社 2007 年版，第 231 页。

黄桥决战胜利后，新四军苏北指挥部移师海安，陈毅和韩国钧经常在一起议政论文。为了揭露韩德勤的阴谋，陈毅在致韩国钧、黄逸峰以及苏北绅商的信函中建议：召集苏北军事会议，停止摩擦，实现和平，共同分配抗敌任务出动大军，加强对敌伪的打击；召集苏北军民代表会议，容纳民意，彻底治军，澄清吏治，改造苏北，增强抗敌实力。这些建议得到韩国钧、朱履先、黄逸峰等各界人士的支持和拥护。

1941 年 10 月 11 日，中共中央发出《关于对苏北名绅进行统战工作的指示》，要求中原局和新四军“把韩国钧等苏北绅耆的统战工作，看成是党争取民族资产阶级的一部分最重要的任务，把对这个问题的认识提到党的策略原则的高度”。刘少奇一到海安，就在陈毅等人陪同下，拜访了韩国钧，与他商讨抗日救国大计及抗日民主政权建设的问题。

1941 年冬，日寇威逼韩国钧出任伪江苏省省长的阴谋破产后，派兵包围韩国钧住地，韩国钧坚贞不屈，于 1942 年 1 月 23 日忧愤而死。噩耗传来，陈毅代军长决定举行哀悼韩国钧大会。苏北解放区各界进步民主人士与会，沉痛悼念韩国钧先生。陈毅当即作诗一首《闻韩紫石（国钧）陷敌不屈，宛诗以赞之》，诗曰：“赤县神州坐沉沦，几人沉醉几人醒。彪炳大义持晚节，浩然正气励后生。不问党籍攘外寇，相期国是息内争。海陵胜地多风物，文信南归又见君。”此诗由《盐阜报》刊发后，在开明绅士和爱国人士中产生了很大影响。5 月 5 日，盐阜各界在阜宁张庄隆重举行追悼韩国钧先生大会。

——节选自曹景文、唐连英《新四军和华中抗日根据地统战工作研究》，上海人民出版社 2016 年版，第 144—145 页

7－4　尊重文化人：对知识分子的统战工作

案例呈现

新四军和华中抗日根据地特别重视招募知识分子到部队中任职。叶挺被任命为新四军军长后，积极延揽人才，其中包括许多爱国人士、社会贤达和亲朋故旧。如他让在国民党军队中任职的弟弟叶辅平、侄子叶钦和叶育菁来新四军工作。他还邀请朱克靖、林植夫、沈其震、黄序周等来新四军军部工作。一些文化界人士，如钱俊瑞、任光夫妇也在叶挺的动员下，参加了新四军。

新四军副军长项英也积极为新四军招募或聘请人才。1938 年夏，项英去延安开会，来回都经过汉口，他利用空隙，在此招募聘请文化人去新四军工作，其中薛暮桥的夫人罗琼，就是项英招聘到新四军的。在南方诸省从事文化运动的作家、艺术家和文艺青年，如丘东平、陈辛人以及从延安来的聂绀弩等和青年剧作家李增援、青年美术家吕蒙、沈柔坚、涂克等，先后到达南昌、岩寺或泾县参军新四军。

大量知识分子来到新四军和华中敌后抗日根据地后，新四军领导人都委以重任。叶挺任命医学博士沈其震为军医处处长，沈其震又请了辽宁医学院毕业的宫乃泉、崔义田、齐仲植、王聿先来新四军工作。林植夫被任命为敌工部部长，朱克靖被任命为战地服务团团长，白丁(徐白羽)被任命为秘书长，聂甘弩、黄源、薛暮桥、李一氓、朱镜我、林植夫、夏征农、冯达飞等被聘为军刊《抗敌》的编委。薛暮桥、夏征农、罗琼、张崇文、钱俊瑞、石西民、姚耐、陶白、张同海、汪溪、杨瑞年、陈铁军、杜剑秋、朱镜我、冯定、彭柏山等被聘为教导总队的专职或兼职教员。

战地服务团的团长朱克靖，湖南醴陵人，1918 年入北京大学学习，“五四”运动后赴法勤工俭学，北伐战争期间曾任国民革命军第三军的党代表兼政治部主任。南昌起义失败后，朱克靖与共产党组织失去了联系。全面抗战爆发后，他在南昌邂逅叶挺，受邀担任战地服务团团长。他利用自己的特殊身份，积极进行上层统一战线工作。在南昌，他常和省政府主席熊式辉联系；在武汉，他曾会见了冯玉祥、白崇禧、刘伟张等国民党要人。

音乐家任光原本是个自由的音乐人，曾留学法国。1928 年，任光回国后在上海结识了田汉、聂耳、夏衍等左翼文化人士，参加“左联”所属的音乐组织，在上海百代唱片公司担任音乐部主任，从事歌曲创作及电影、戏剧配乐等工作。“九一八事变”后，任光与聂耳、冼星海等音乐家一起，积极创作宣传抗日救亡歌曲，努力开拓左翼电影音乐事业。1939 年，著名导演蔡楚生编导了影片《渔光曲》，任光为其同名主题歌作曲。他还创作了《彩云追月》《打回老家去》《抗敌歌》《大地进行曲》《王老五过年》等系列抗战歌曲。1940 年 3 月，叶挺到重庆向中共南方局书记周恩来汇报工作时，提出调任光到新四军工作。当时，任光在郭沫若领导的国民政府军事委员会政治部第三厅工作。当任光听到这一消息后，毫不犹豫地答应了。7 月，任光随叶挺到达新四军军部，安排在军政治部文化服务处，专门负责音乐工作。到军部后的任光，创作了第一首歌曲——《擦枪歌》，受到广泛的欢迎。1941 年 1 月 13 日，任光在皖南事变的突围战斗中不幸头部中弹，壮烈牺牲。

皖南事变后，新四军代军长陈毅代表新四军和根据地人民向上海抗日文化界发出《请愿书》，欢迎上海文化界人士到根据地来开辟新的文化领域。当得知上海和其他国统区的文化人来根据地路费有困难时，陈毅迅速汇去路费。1942 年夏，著名音乐家贺绿汀应邀来到新四军二师，教大家学习音乐基础知识和理论，并指挥大家唱《游击队歌》《垦春泥》《保家乡》《干一场》《胜利进行曲》，以及大合唱《一九四二年前奏曲》。

——节选自曹景文、唐连英《新四军和华中抗日根据地统战工作研究》，上海人民出版社 2016 年版，第 254—258 页

拓展讨论

1. 简述新四军领导人叶挺、项英、陈毅等对知识分子开展统战工作的概况和取得

的成绩。

2. 新四军领导人尊重文化人，积极开展对知识分子的统战工作，对于新时期做好知识分子的统战工作有哪些借鉴意义？

案例解析

新四军对知识分子的统战工作是根据中共中央有关政策制定的，是全党知识分子工作的重要组成部分。全面抗战时期，中共中央高度重视吸收知识分子在民族解放和建立新中国的伟大作用。毛泽东总结土地革命时期"左"倾路线轻视和打击知识分子的历史教训，为中共中央起草的《关于吸收知识分子的决定》中指出："全党同志必须认识，对于知识分子的正确政策，是革命胜利的重要条件之一。在长期残酷的民族解放战争中，在建立新中国的伟大斗争中，没有知识分子参加，革命胜利是不可能的。因此，一切战区的党和军队，应该大量吸收知识分子加入我们的军队、学校、政府的工作，使他们在战争中、工作中去磨炼，并将具备了入党条件的知识分子吸收入党。"①他与朱德、王稼祥联名致电陈毅等人，强调"对知识分子，只要是稍有革命积极性，不问其社会出身如何，来者不拒，一概收留，为建设广大抗日根据地之用"②。

全面抗战时期，新四军在华中地区所进行的统战工作是全方位的，这其中尤其重视对知识分子的统战。这是因为：一是由于新四军成立之初急需大批干部；二是华中地区历来是文化教育发达地区，有大量知识分子；三是知识分子的民族意识觉醒，再加上新四军本身的组建就是国共合作的产物，而新四军军长叶挺还是非中共党员，这一切都有利于新四军能吸收大量知识分子。

新四军对知识分子的统战取得了重大胜利。大批知识分子积极参加到新四军和华中抗日根据地的医疗、文化、宣传及教育的各个方面，为新四军对敌作战提供了强有力的支持；同时，大批知识分子的加入，提高了新四军这一部队的文化素质，繁荣了华中抗日根据地的教育文化事业，鼓舞了根据地人民群众的抗战热情，大大扩大了新四军的影响。

习近平总书记指出："中华民族历来具有尚贤爱才的优良传统。现在，我们比历史上任何时期都更需要广开进贤之路、广纳天下英才。要实行更加开放的人才政策，不唯地域引进人才，不求所有开发人才，不拘一格用好人才，在大力培养国内创新人才的同时，更加积极主动地引进国外人才特别是高层次人才，热忱欢迎外国专家和优秀人才以各种方式参与中国现代化建设。要积极营造尊重、关心、支持外国人才创新创业的良好氛围，对他们充分信任、放手使用，让各类人才各得其所，让各路高贤大展其长。"③

① 中共中央组织部编：《中国共产党组织工作辞典》，党建读物出版社2001年版，第508页。

② 中共中央文献研究室编：《毛泽东年谱(1893—1949)》，中央文献出版社2013年版，第211页。

③ 习近平：《在同外国专家座谈时的讲话》(2014年5月22日)，《人民日报》，2014年5月24日。

教学建议

本案例展现新四军领导人积极对知识分子进行统战，并获得成功的史实，体现了新四军领导人严格执行党的知识分子政策，体现了党高度重视人才。在教学过程中，可通过本案例加深学生对党的知识分子政策的认识，充分认识党对知识分子的统战在历史发展中的作用。

本案例适用于《中国近现代史纲要》第六章“中华民族的抗日战争”的辅助教学，同时适用于《毛泽东思想和中国特色社会主义理论体系概论》第二章第三节“新民主主义革命的道路和基本经验”、《思想道德修养与法律基础》第一章第三节“创造有意义的人生”的辅助教学。

延伸阅读

苏北文化协会与华中抗日根据地文化建设

新四军和华中抗日根据地十分注重通过文化团结知识分子。1941 年 4 月，来自镇江、启东、如皋、泰兴、泰县、兴化、东台、盐城、阜宁、淮安、涟水等地方和部队代表近 300 人齐聚鲁艺华中分院总俱乐部的会场，召开苏北文协代表大会，代表中有艺术家、诗人、作家、记者，有的来自出版界、教育界、科技界、医药卫生界，有的来自机关、团体、工厂以及各部队。冯定主持大会并致开幕词，陈毅到会祝贺，号召苏北的文化工作者一定要把苏北的文化事业做好。刘少奇在会上做了《苏北文协任务》的讲话，强调文化运动是整个抗日民主运动的一部分，只有推动整个抗日民主运动前进，文化运动才更可能前进，文化的大规模建设才有可能，希望文化人努力参加整个抗日民主运动。

苏北文协代表大会通过了《苏北文化协会第一次代表大会宣言》《苏北文化协会章程》《苏北文化协会工作纲领》。《苏北文化协会工作纲领》提出了十项工作内容：建设民族的民主的科学的大众的文化；争取文化人出版、言论、集会、结社之自由，反对文化上的专制政策；开展大众文化运动，如识字教育，建立抗战室、讲演台、民众剧场等；建立传播新文化运动的发行网、流动书店、流动图书馆、流动展览和放映、流动公演等；创办培养新文化干部的学校、短期训练班、讲习会等；扩大文协组织，团结各界的文化人，并保护其利益。

苏北文代会经民主协商，推举钱俊瑞、夏征农、许幸之、薛暮桥、王阑西、冯定、丘东平、何士德、孙克定、戴平万、陶官云、唐采庭、赵敬之等 25 人为第一届理事会理事，钱俊瑞为理事长。

苏北文协成立后，举办过各种讨论会、讲演会、研究会，介绍和推荐会员的作品在各种刊物上发表，鼓励会员进行创作、研究活动。协会优先向会员供应刊物图书，为没有职业的会员介绍工作。苏北文协还创办了《实践》杂志，创刊号上主要有钱俊瑞的《我们要说些什么呢》、白桃的《论学生救国会》、许晴的独幕连环剧《胜利》等。

——节选自曹景文、唐连英《新四军和华中抗日根据地统战工作研究》，上海人民出版社2016年版，第260—261页

7－5　海纳百川：对华侨与各国正义人士的统战工作

案例呈现

抗战期间，坚持敌后抗战的新四军，积极向国际社会宣传，动员海外侨胞和国际友人支援中国的抗战。

同根同源同心，动员华侨抗战。新四军的抗日主张，得到了旅居海外的华侨同胞的广泛支持。他们不仅为新四军募集经费和物资，不少华侨干脆回国参加新四军，直接投身抗战。在盐城重建军部后新四军统一佩戴新臂章“N4A”，臂章的设计者之一就是抗战爆发后回国参加抗战的南洋华侨、鲁迅艺术学院华中分院美术系教员庄五洲，他是众多回国参加新四军抗战华侨中的代表。

接受外国记者实地采访，向国际社会宣传新四军抗战和根据地建设。1941年，陈毅邀请德国作家兼记者汉斯·希伯访问盐城。希伯考察了根据地的民主政治建设情况、盐城参议会和减租减息政策的实施情况，研究了新四军在盐城贯彻执行统一战线的政策以及这些政策对推进抗战的效果。在采访之后，希伯陆续在《美亚评论》上发表《重访新四军根据地》《在亚洲的日本战线之后》等文章，并出版了《中国团结抗战中的八路军和新四军》一书，打破国民党舆论封锁，使国际社会更加了解新四军抗战的困难和伟大功绩。

营救美国援华飞行员，造就中美抗战佳话。抗战时期的美国驻华空军第四航空队是人们熟知的“飞虎队”，他们与中国建立联合大队共同打击日本侵略者。一些被日军击中的美军战机，时常坠落在华中根据地境内。新四军维护反法西斯国际统战大局，无私营救美国飞行员。1944年8月20日，盐阜独立团营救了赛伏爱等5名在建湖境内坠机的美国飞行员，新四军三师领导人黄克诚、张爱萍亲自接待他们。获救的美军少校赛伏爱在参观根据地后提出了双方合作抗战的建议，他说：“共产党领导的新四军在敌人面前收复这样多的土地，使人民过着自由的生活，是非亲见难以想象的。我们享受敌后新四军的周密保护和优厚招待，充分表现了敌后军民对美国人民的友好态度。我们认为，新四军具备与美国合作抗日的基础。我们回去将建议美国政府与你们取得联系。”回到后方，美国飞行员向上级报告了脱险过程和在新四军根据地的见闻，引起驻华美军总部的重视，从而促成了1944年驻华美军总部派观察组赴延安考察。

组织朝鲜青年为抗日和世界反法西斯战争服务。抗战中，三师和根据地的朝鲜籍战士日益增多。他们在广泛的国际统一战线政策下，与中国军民并肩作战，发挥他们在中国抗战中的特殊作用。朝鲜籍战士王信虎曾担任新四军三师八旅作训科副科长、科长、团参谋长和抗大五分校教育长职务。1942 年 5 月，“朝鲜青年联合会苏北分会”在阜宁召开成立大会，师长黄克诚亲自参加大会，代军长陈毅发来贺信。不久，朝鲜青年联合会苏北分会改称朝鲜独立同盟苏北分盟，后又成立义勇军。1944 年 1 月，朴正龙等四名朝鲜青年冒险从上海来到阜宁参加新四军。许多精通日语的朝鲜籍战士，在战场上发动对日本侵略者的政治攻势，策动日军中的朝鲜士兵战场倒戈，有力削弱了日军的战斗力。1943 年，在盐阜区反“扫荡”斗争中，苏北同盟和朝鲜义勇军与根据地军民一起与日军作战，取得了反“扫荡”的最后胜利。

——节选自中共盐城市委党史工作办公室编：《和衷共济——统战谋略卷》，江苏人民出版社 2015 年版，第 4—5 页

拓展讨论

1. 新四军为什么要展开对华侨和海外各国人士的统战？又是通过哪些策略展开的？

2. 新四军对华侨与海外各国人士的统战对新四军坚持抗战起到了什么作用？结合本案例，谈谈青年大学生在今后的工作中应如何正确处理与他人的关系，如何面对人生中的困难与挫折？

案例解析

依据中共中央关于统战的方针政策，为扩大国际反法西斯统一战线，新四军领导人十分重视海外华侨与加强联络国际友人，建立友好关系，以便得到他们的支援，同时也可以让世界人民了解中国人民抗战的正义事业。

华侨是中华民族的重要组成部分，素有爱国的优良传统。当全面抗战爆发后，华侨以毁家纾难的报国情怀、前仆后继的英雄气概、不畏牺牲的献身精神，投身于伟大的抗日战争，与祖国人民共赴国难，结成举国御敌的坚强力量。为了争取华侨的支持，新四军领导人派去大量人员远赴华侨比较集中的地区——东南亚等地，广泛宣传中国共产党及其领导下的新四军英勇抗击日寇的事迹，呼吁爱国侨胞在人力、物力和财力上给予积极支持。新四军对华侨的统战工作取得了重要成绩。全面抗战期间，华侨回国参加抗战的人数约有 4 万人，其中参加八路军的约有 400 多人，参加新四军的华侨，据估计大约有 500—700 名。爱国华侨积极踊跃募捐筹款，支援祖国抗战。新加坡、马来西亚、菲律宾、安南、暹罗、缅甸等地的爱国华侨，积极从物力、财力方面支援祖国。1938 年 10 月，南洋 45 个华侨团体的 164 名代表在新加坡开会，成立了南洋华侨筹赈

祖国难民总会，由著名华侨领袖陈嘉庚先生担任主席。

同时，新四军还热情邀请接待国际人士前来华中新四军抗日根据地考察，全面宣传新四军英勇抗战的事迹。针对国民党内部分人对外宣传新四军“游而不击”的污蔑，新四军军部和各支队（皖南事变后为各师）积极邀请和接待国际友好人士，如美国记者埃德加·斯诺、史沫特莱，战地记者杰克·贝尔登，以及德国记者汉斯·希伯，英国记者杰·布鲁斯等，到华中抗日根据地采访。通过上述记者的宣传报道，国际社会和国统区人民真正了解到身处抗日最前线的新四军抗战的真实历史，打击了国民党内对新四军的污蔑之词，为新四军赢得了国际社会的普遍赞誉。

在新时代建设中国特色社会主义伟大实践中，为实现“两个一百年”目标和中华民族伟大复兴的中国梦，我们要按照习近平总书记关于统战工作的要求，充分认识“统战工作是全党的工作，必须全党重视，大家共同来做”。

教学建议

本案例展现了新四军领导人不怕困难，与时俱进，不断扩大统战对象，成为新四军坚持华中抗战，并不断发展壮大的重要原因。在教学过程中，可通过本案例帮助学生了解统战工作在社会发展中的重要作用，引导当代大学生努力在今后的工作中团结一切可以团结的人，处理好与他人的关系，促进自己和社会和谐发展。

本案例适用于《中国近现代史纲要》第六章“中华民族的抗日战争”的辅助教学，同时适用于《毛泽东思想和中国特色社会主义理论体系概论》第二章第三节“新民主主义革命的道路和基本经验”、《思想道德修养与法律基础》第一章第二节“正确的人生观”的辅助教学。

延伸阅读

组织朝鲜青年，积极开展抗日工作

1938 年 7 月，武汉八路军“办事处”与移驻武汉的朝鲜各抗日团体进行联络、协商，成立了“朝鲜民族战线联盟”，吸收朝鲜各在华团体参加，并在汉口成立了“朝鲜战地服务团”，从事抗日宣传活动。根据周恩来的建议，朝鲜抗日志士又于同年 10 月 10 日成立“朝鲜义勇队”，积极开展对日本侵略者的武装斗争。

日本在发动侵华战争期间，强行征集朝鲜青年，并武力驱使其到中国战场上作战。在日军部队中，日本军人经常虐待和压迫朝鲜士兵，稍有反抗就会被任意处死。因此，朝鲜籍士兵对日本侵华战争总是坚持不合作态度，不甘为日本侵略者卖命。他们与新四军作战时，或是消极作战，或是寻机逃离日军而投奔新四军。在新四军的帮助教育下，这些朝鲜籍士兵很快成长为坚强的反法西斯战士。他们在新四军和华中抗日根据地多从事日文翻译,或开展对日军的政治宣传。

1941年前后,华中境内的新四军各部队中朝鲜籍战士逐渐增多,在新四军第三师和苏北根据地的朝鲜抗日志士有王信虎、金锡润、李成镐、卢希弼、李曰溶、安国柱、李德武、金安文、崔树健等。1942年春,陈毅对新四军敌工部部长刘贯一和三师师长黄克诚等人说,我们要战胜日本侵略军,必须执行中央的统一战线指示,建立广泛的国际统一战线,并且要和受日本奴役的东方弱小民族、殖民地人民紧密团结,并肩作战。他要求黄克诚认真做好三师部队中朝鲜同志的统战工作,把他们组织起来,充分发挥他们自身在中国抗战中的特殊作用。根据黄克诚的指示,三师敌工部与王信虎、李成镐等酝酿筹建了"朝鲜青年联合会苏北分会"组织。王信虎,20世纪30年代初来中国,1933年考入中央军官学校后,他改名为王信虎。1937年,他被送到延安抗日军政大学学习。1940年10月,他作为军事教员随八路军第五纵队南下苏北。新四军第三师组建后,他在师敌工部工作,主要负责侦察、审俘、破译等工作。后来,他曾担任过新四军三师八旅作训科副科长、科长、团参谋长和抗大五分校教育长等职务。在苏北期间,他参加过盐阜地区反"扫荡"作战,黄营战斗、单家桥战斗,以及讨伐伪军徐继泰等战役战斗。他还翻译过日军的《步兵射击教程》,作为抗大第五分校的教材。

1942年5月,朝鲜青年联合会苏北分会在阜宁成立。新四军第三师领导人黄克诚等参加了"朝鲜青年联合会苏北分会"成立大会。大会推举王信虎为会长,金锡润、李成镐为分会委员。会议通过致陈毅代军长、三师师部和盐阜区行政公署的信,以及苏北分会成立宣言。苏北分会的成立,标志着在苏北敌后增添了一支新生的国际抗日队伍,在华中敌后战场上,朝鲜人民的抗日援华斗争也从此揭开了新的一页。5月20日,陈毅给王信虎、李成镐等发来贺信,表达了对朝鲜抗日志士的殷切期望。1942年6月1日,《盐阜报》全文刊载了陈毅的贺信。朝鲜青年联合会苏北分会成立不久,华北朝鲜青年联合会在延安召开大会,决议将青年联合会改称"朝鲜独立同盟"。苏北分会随之改称为朝鲜独立同盟苏北分盟。

新四军一师中的朝鲜抗日志士于1943年年底建立朝鲜独立同盟苏中分盟。苏中分盟负责人之一的程叶文,他曾在苏联西伯利亚上过学,后到中国上海当日文教员,继又来到苏中抗日根据地,先在四分区工作,后担任了新四军某部的敌工部部长。

活动于淮北、淮南和浙东抗日根据地内的朝鲜志士,也先后组建了朝鲜独立同盟组织。华中敌后的朝鲜人民反日斗争初具规模后,根据朝鲜独立同盟执行委员会的指示,1944年年初,朝鲜抗日组织,在淮北半城召开朝鲜独立同盟第二次盟员大会,决定以苏北、淮北分盟为基础,建立"朝鲜独立同盟华中分盟",同时组建朝鲜人民的抗日武装——"朝鲜义勇军华中支队"。淮北抗日根据地各界代表及反战同盟淮北支部负责人出席了成立大会。在成立大会上,彭雪枫做了《中朝两民族携手并肩作战》的报告。大会通过了同盟章程及斗争纲领,公推李成镐为华中分盟主任,并兼任朝鲜义勇军华中支队队长,金润锡为支队组织委员,孙达为支队宣教委员。在义勇军华中支队建立过程中,新四军和华中根据地各界给予其大力支持,提供了必要的武器和装备,华中支队在成立之际，还特发《致新四军全体指战员书》，他们把根据地称为自己的第二故乡，表示要与新四军战士一起保卫抗日民主政权。

朝鲜抗日组织成立后，通过各种形式开展对日本军队中的朝鲜士兵、沦陷区朝鲜同胞的宣传争取工作，促进朝鲜同胞的觉悟与觉醒。朝鲜青年朴正龙等受抗日组织的宣传，几经周折，冒险从敌占区上海投奔苏北根据地参加新四军就是突出的一例。朴正龙、李钟圭、黄灿健和李致浩4人在朝鲜沦为日本的殖民地后，先后流亡到上海。但上海亦在日寇的蹂躏之下，沦陷区人民的生活苦不堪言。他们打听到苏北一带有朝鲜人组织的抗日武装队伍，1944年1月，他们离开上海，一路上躲避过敌人的盘查，终于来到抗日根据地。其后，他们被护送到新四军三师师部。三师和朝鲜独立同盟苏北分盟、日人反战同盟苏北支部分别召开了欢迎会。2月，他们被批准加入新四军。他们发表宣言说："我们4人从充满着矛盾和欺骗的腐败社会里逃出来，决心和敌人无情斗争到底，扫除社会上的污浊！"①

——节选自曹景文、唐连英《新四军和华中抗日根据地统战工作研究》，上海人民出版社2016年版，第298—300页

7-6　把敌军工作做到对日作战第一线：对敌伪军的统战

案例呈现

宽待俘虏　改造战俘

新四军政治部借住在农民家里，日军战俘的住处紧靠着敌工部部长林植夫的住房。日军战俘处处感受到新四军这支部队军民一致、官兵一致、军纪严明、政治文明。林植夫经常找他们谈话，问起他们的家庭、父母，说明这场战争日本一定会失败、中国必将胜利的道理，并请他们给日本家中写信。香河正男怕信被日军拆阅，林植夫说"绝对保证不出问题"。家信由军敌工部交给香港来的陈先生带到香港后，用航空信寄往日本。家人果然得到了他们健在的信息，他们心灵受到一次震撼。

香河正男还清楚记得，在军部林植夫还请别的精通日语的人对他们进行谈话教育。这其中有日本明治大学留学生、后任新四军第一师敌工部部长的陈超凡，日本早稻田大学留学生谢镇军；日本明治大学留学生、后任新中国第三任驻日大使的宋之光，以及留学日本的陈辛仁、鲍汉清。在敌工部不仅有大量的日语书，还有苏联、法国的文

① 中共江苏省委党史工作办公室编：《新四军统战纪实》，中共党史出版社2007年版，第369—370页。

学全集如高尔基的《母亲》、日文版的《资本论》等。香河正男说:"我深深地为《钢铁是怎样炼成的》一书所感动。"

留在军部的一批日军战俘经过教育,转变了战争立场,开始了他们的新生。为配合敌工部宣传,香河正男、田畑作造分别以日军陆军第三师团辎重兵和陆军军属名义联合署名,写了一份日文传单《告诉我们兄弟们》,以新四军"官兵平等"和"享受到人间的温暖"现身说法,反思这场大肆屠杀中国人民同时给日本同胞带来死亡和痛苦的战争,号召日本士兵"反对这场战争!把枪口对准军阀和它们的走狗"。这是新四军敌工部第一张由日本军人写的日文反战传单。1940 年 2 月,香河正男、后藤勇、滨中政志等 5 位日本人在云岭新四军军部正式宣誓参加新四军,从此他们由"国际友人"转为"同志"。

皖南事变后日本同志与新四军并肩战斗

1940 年年底,随着江南战场的形势朝着有利于新四军的方向发展,蒋介石开始步步"围剿"新四军,发起了震惊中外的皖南事变。他要江南新四军北撤至江北。深知蒋介石的敌工部部长林植夫已经从许多迹象中隐隐感觉国民党反动派可能要对新四军下毒手了。军部决定部队分三批北撤调动时,林植夫当即决定军部的日本同志香河正男、后藤勇、滨中政志、冈本进等人立即第一批先行出发(1940 年 12 月 4 日,他们出发之时,后藤勇因生病耽搁下来)。1941 年 1 月 4 日,军部最后北撤时,政治部与军部机关一起行动,林植夫将后藤勇带在身边,保护他的安全。北撤的新四军 9 000 余人在茂林遭到了国民党 7 个师 8 万多人的包围和截击。从 1 月 7 日至 14 日,新四军陷入重重包围,弹尽粮绝。包围政治部和教导队的蒋军 108 师手举白旗跑出来说要请新四军派一位代表去商量办法。危急时刻,林植夫决定用自己无党派的身份出来解救部队。然而这竟是国民党的阴谋。一到谈判点,林植夫虽经一番怒斥辩论,却立即被卸下武器,扣押收容所。踏进收容所他看呆了,政治部李子芳、黄诚等重要领导人及政治部的一些处长等许多熟人悉数被捕。林植夫由于不肯写悔过书,被视为"顽固分子",被囚禁在上饶集中营长达 5 年。

在皖南事变后,日本同志始终与共产党领导的新四军不离不弃,并肩战斗,保持坚定的一致,令敌工部部长林植夫深深为此而自豪。新四军日本战友香河正男、滨中政志、冈本进等在新四军第一批北上途中,恰遇皖南事变爆发,千余人的队伍遭国民党重兵包围、追击。一次行军途中在被伪军拦截之际,香河正男等 3 人利用自己是日本人的身份,巧妙地化装成日军军官,消灭了拦路伪军的一个小分队,使大部队得以顺利通过。这支先遣队艰难辗转江南历时近半年,寻找通往苏中新四军之路。这年初夏,香河正男等 3 人终于在新四军的接应下,和他们的老战友、老领导在苏中团聚了。令林植夫感动的还有后藤勇。记得茂林突围已经 4 天了,军政治部的林植夫等领导又累又饿,军部命令就地休息。这时,后藤勇带有日本饭盒,就煮了一盒米粥请大家吃。皖南事变后藤勇不幸被俘,被收容在战士中,幸而他长得又黑又壮,又会说中国话,最后逃出了虎口。他没有放弃抗日的决心,与100多名被打散了的新四军人员一道,终于到了江北,又回到了新四军革命队伍中。这几位日本同志经历了革命斗争磨炼,后来都成为坚定的抗日先锋,在新四军组织下,组成"日本人民反战同盟",在华中地区与延安日共领导的"日本人民反战同盟"并肩抵御日本侵略军,直至抗日战争最终胜利,有的还为新中国的建设作出了贡献。

——节选自《林植夫:把敌军工作做到对日作战第一线》,http://dangshi.people.com.cn/n/2012/0827/c85037-18842460-1.html

拓展讨论

1. 林植夫是怎样开展对日军统战工作的?取得了哪些实效?

2. 林植夫开展对日军统战工作,体现了新四军将士什么样的宝贵品质?当代大学生应该从哪些方面传承新四军铁军精神?

案例解析

对敌工作的总目标是瓦解日本在华作战的军队,建立反对日本侵略者的统一战线,共同打击日本帝国主义。因而,对敌工作也成为新四军党政军建设中一个重要环节。分化瓦解敌军,是抗战时期新四军对敌斗争的一个重要手段。新四军从开赴敌后抗战之日起,就十分注重对侵华日军与伪军的分化瓦解工作,各部队均设有对敌工作的敌军工作部。尤其新四军在盐城重建军部后,进一步加强了敌军工作。

新四军对敌工作主要涉及三个方面,即武装斗争、政治攻势、优待俘虏。新四军对敌工作成绩显著,它加快了抗日战争胜利的步伐,使多国人民尽早摆脱了战争的泥潭。为积极开展敌伪军工作,新四军努力建立健全敌伪军工作机构,并展开强大的舆论宣传攻势。1941年10月25日,华中局发出了加强敌伪工作的专门指示,要求各级党委和各师政治部成立军政统一的敌伪工作委员会,将根据地辖区内一切敌伪工作统一领导起来。同时,把对敌宣传作为分化瓦解敌军的重要环节,对武装斗争起到配合作用。

新四军创新统战策略,不怕牺牲,敢于斗争,努力扩大统战对象,争取革命胜利的英雄主义精神,是铁军精神的生动体现。爱国主义是新四军铁军精神的核心。新四军对日伪军的统战工作,是新四军大力践行爱国主义精神的最好的实践之一。全面抗战时期,新四军高举爱国主义旗帜,积极开展对侵华日军士兵的统战工作,使日本侵略者内部出现分化,最终使其归于失败。至于伪军,他们作为中国人,死心塌地背叛国家民族的坏分子是极少数,大多数是受了日本军国主义的欺骗利诱和强制逼迫,或一时为了谋求生活出路。日军的歧视压迫不能不引起他们的愤懑,日军对中国人民的屠杀掠夺也不能不引起他们的反感。爱国主义的旗帜对他们具有极大的感召力和吸引力。

"我们都是中国人""中国人不打中国人",这些最简单不过而又饱含着民族之情的口号,常常能使伪军幡然悔悟,投向新四军。

教学建议

本案例展现了新四军积极开展敌伪军工作的真实情形。在教学过程中,可通过本案例引导当代大学生谈谈他们对新四军开展的海外统战工作有什么认识,他们对爱国主义是怎样理解的?

本案例适用于《中国近现代史纲要》第六章"中华民族的抗日战争"的辅助教学,同时适用于《毛泽东思想和中国特色社会主义理论体系概论》第二章第三节"新民主主义革命的道路和基本经验"的辅助教学。

延伸阅读

利用伪属做伪军与伪组织人员的工作

伪军、伪组织中的不少中下层人员在根据地都有家属和亲友,做好伪属人员的统战工作,不仅可以有效防止与断绝伪方利用伪属对根据地进行侦察破坏,而且能达到分化瓦解伪军、伪组织人员的目的。华中各抗日根据地对伪属进行了普遍的调查和登记工作。中共苏中区党委敌工部还规定:由政府统一制发登记表,一式三份,乡、区各留一份,一份上交县,以便统计并随时开展工作。登记前由各区、乡、村进行深入动员,注重激发伪属的民族意识与正义感,消除其顾虑,同时说明对伪方人员的宽大政策,使伪属能和根据地军民一起挽救其子弟或丈夫。在广泛调查登记的基础上,动员伪属争取伪军和伪组织人员,让他(她)们利用各种方法,如送鞋子、送鸡蛋进据点当面劝说;制发"通行证",由伪属暗中送交伪方人员动员其自新、反正;开展"叫夫索子"运动,使众多伪属联合起来,出现了瓦解伪军的热潮。这种群众性、广泛性的分化瓦解伪军、伪组织人员的活动,收到了很好的效果。

为了削弱日伪军力量,新四军在华中地区积极策动伪军和伪组织人员反正。1939年3月底,李先念率部从灵山冲的大寺口出发南下,挺进鄂中大悟山主峰北面的周家畈。李先念得知这里是游击大队参谋周志坚的家乡,便指示周志坚去周家畈附近的李家咀,摸清刚受日军委派的伪区长李道怀的情况。周志坚回来后向李先念汇报说:李道怀愿意接受中国共产党的抗日主张,愿为抗战出力。根据瓦解敌伪的原则,李先念决定收编这股伪军,给李道怀一个"独立游击支队特务大队大队长"的名义,责令他戴罪立功,以观后效。1939年7月,李先念又决定做争取驻安陆青龙潭的伪军周叔屏部队的反正工作。周叔屏在抗战爆发后收捡国民党溃兵丢下的枪支,拉起了一支队伍,后被国民党安陆县长彭炳文收编并委任为"游击大队长"。后来,周叔屏对彭炳文的排挤不满，把队伍拉了出来。这时，在青龙潭的日伪政权也想控制周部，并任命他为“皇效保安组”组长，但周对日寇的残暴罪行痛恨至极，并不愿事敌。正在周叔屏处于彷徨苦闷之际，李先念派周志坚主动与他联系，申明共产党的抗日主张。1939 年 7 月 23 日，周叔屏高举义旗，率部 300 人参加了新四军。

1940 年 9 月，“江抗”东路指挥部派参谋杨知方返回家乡沙洲锦丰镇，做其同父异母哥哥杨行方的统战工作。杨行方在抗战初期拉起武装，先后被忠义救国军和日伪军打垮，留下 70 多人，后打起伪商团的旗号，以图保住家业，称霸一方，经过杨知方近一个月的教育争取，加上“江抗”全力进驻锦丰的压力，杨行方率部反正，被编为阴沙人民抗日自卫常备队。谭震林赞扬杨部反正“给日寇利用伪军巩固后方的政策以严重的打击”，指示各地“应广泛地号召群众起来积极地广泛地开展伪军工作”①。

——节选自曹景文、唐连英《新四军和华中抗日根据地统战工作研究》，上海人民出版社 2016 年版，第 198—199 页

① 中共苏州市委党史工作办公室编：《苏州抗日斗争史话》，古吴轩出版社 2005 年版，第 178 页。

第八篇　文化建设

抗日战争时期，毛泽东主席曾经在一次讲话中指出："没有文化的军队是愚蠢的军队，而愚蠢的军队是不能战胜敌人的。"这句名言生动精辟地阐明了人民军队文化建设的重要作用和战略意义。诞生于抗日烽火中的新四军自建军伊始，就高度重视部队的文化建设，经过长期不懈的努力，造就出了一支知识水平高、文明素养高的新型人民军队。中国特色社会主义进入新时代，我们在新的历史起点上推进社会主义文化建设，当代大学生既是当前的生力军，又是未来的接班人，通过学习新四军文化建军的一个个鲜活案例，可以接受洗礼、凝聚自信、汲取养分，为新时代中国特色社会主义文化建设和实现中华民族的伟大复兴贡献自己的力量。

8－1　新四军抗大九分校在战斗中坚持教学

案例呈现

1942 年春季，海(门)启(东)地区战斗较少，苏中大队到达垦牧公司后，有了一个稍为安定的环境，并且靠近师部(师部驻海复镇)，这是开展教学工作的较好时期。5 月，师部根据华中局的决定，将抗大苏中大队正式改称为抗大九分校。校长由一师师长粟裕兼任，张日清同志任教育长，谢云晖同志任政治处主任，姜茂生同志任副教育长，刘亚奇同志任副主任。校部设政治处进行政治工作；军教室兼参谋室，平时进行教育，战时组织作战；政文室平时进行教育，战时协助政治处进行政治工作。此外还设立队列股、供给股医务所、电台。全部工作人员只有 60 余人。这时原抗大苏中大队的五个队已结业。又新编七个队：一个连级军事队，一个连级政治队，一个参谋训练队，一个青年学生队，一个地方武装队，两个专业队(电台训练队、会计训练队)。此外，师卫生部的医务干部训练队也附属于九分校，全校共 600 余人。

5 月 20 日左右，抗大九分校配合兄弟部队拔除启东县的向阳村、南阳村两个伪军据点。6 月 7 日，九分校第三队配合师部特务营奔袭启东县永昌镇伪化顽军时，三队队长毛梅卿在战斗中牺牲。

6月15日，敌南浦旅团抽调日军1500余人，纠集伪军2000余人，分九路“清剿”我苏中四分区，情况十分严重。抗大九分校奉命突破封锁北上，从吕四港附近的三甲镇入海。在海上生活时，各队分散在船上组织军事、政治和文化学习。在这种情况下，集中上课已不可能。主要以分散自学为主，教员分散下队，对学习中遇到的问题，组织分组讨论和辅导。大家白天坐在舱里，船在夜间航行。每天吃的是用元麦面炒的干粮。吃了后，多数人便秘肚胀，感到很难受。过了几天，船上淡水吃完，只好用海水和着炒面粉充饥，味道又苦又咸，难以下咽。渔民们冒着敌人“扫荡”的风险，在海上与大家同舟共济，克服困难。有时，他们还把舱里的鱼分给大家吃。潮落时，学员们也下海滩抓些蛤蚌。

学校度过了十多天艰苦的海上生活，在东台琼港附近登陆。登陆后，一直在大丰、盐东的海边地区活动。9月间，一师二旅参谋长杜屏同志调任九分校教育长，原教育长张日清同志离校。

大丰、盐东的海边地区荒凉贫瘠。那里的土地因有盐碱，不长粮食，草也长得很稀少。当地的老百姓很穷困，吃的是大麦面拌野菜的面糊汤，住的是矮小的泥坯屋，炉灶、猪圈、鸡窝都在一个屋里。夜里行军到那里，大家就在猪圈、鸡窝旁铺上干草睡觉，“鸡犬豕”人畜杂居。11月已是初冬，濒海地区气候特别寒冷，大家穿的还是单衣，有的甚至赤脚露臂。晚间常常一个班或半个班挤睡在一起，地上铺了草，身上也盖草，靠上下的草和相互的体温御寒，有时干脆起来跑步做操，用不停地活动提高自身的热量。抗大九分校长期处在行军流动之中，生活极不安定。新四军军部决定，暂去阜宁一带休整。当一切准备工作就绪后，全校就向北行进，11月初到达军部驻地附近的阜宁顾家集，住在镇南的蒋家机米厂。

——资料来源：徐充、熊汗青《在战火中锻炼成长的抗大九分校》，北京新四军暨华中抗日根据地研究会编《铁流6——新四军文化工作专辑》，北京：解放军出版社2002年版

拓展讨论

1.“抗大精神”是新四军铁军精神的重要体现和组成部分，通过阅读案例正文，尝试用简练的语言概括“抗大精神”的主要内涵。

2. 作为当代大学生，应当如何在当前的学习、生活和将来的工作中继承和发扬“抗大精神”？

3. 在新时代应当如何把“抗大精神”融入高校的教育教学活动中，推动中国特色社会主义高等教育事业沿着正确的方向持续健康发展？

案例解析

中国人民抗日军事政治大学，简称为“抗大”，是中国共产党在抗日战争时期创办

的培养军事和政治干部的学校。抗大总校于1936年在陕北正式创建,初期的学员主要是当时中国工农红军的中高级干部,后来开始招收从全国各地奔向陕甘宁革命根据地的爱国青年。在抗日战争期间,抗大总校曾转战于陕西、山西、河北等省份坚持办学,并在各敌后抗日根据地创办了多所分校。抗大是一所独特的大学,它没有固定的校园,没有图书馆,没有实验室,甚至没有稳定的教学环境,但它在九年的光辉历程中为抗日战争和中国革命培养了一批又一批的军政人才。1937年新四军建军之时,很多军政骨干都是抗大初期的毕业学员,后来,新四军在开展抗日武装斗争、创建敌后抗日根据地的过程中,又相继创办了几所抗大的分校。案例中的抗大九分校,正是粟裕领导的新四军第一师,于1942年5月在苏中抗日根据地的启东创办的,这个案例材料生动、鲜活地记述了抗大九分校在战斗中坚持教学的光辉历程,其中所反映的"抗大精神"是新四军铁军精神的重要体现和组成部分。

教学建议

"新四军抗大九分校在战斗中坚持教学"的案例比较全面地展示了"抗大精神"所蕴含的红色基因和璀璨光芒。案例正文一开始就明确指出,抗大九分校是根据中共中央华中局的决定,在新四军第一师的直接领导下创办的,充分体现了抗大具有坚定正确的政治方向;在案例中,抗大九分校在极端困难和艰苦的条件下坚持办学、广大学员一边刻苦学习,一边参加战斗,充分体现了抗大艰苦奋斗的工作作风和勇于担当、不怕牺牲的革命精神;在案例中,抗大九分校成功地粉碎了日伪军的"扫荡",突破了敌人的封锁线,转移到海上坚持教学,充分体现了抗大灵活机动的战略战术和务实高效的战时教学方法。本案例可用于《中国近现代史纲要》第六章"中华民族的抗日战争"第四节"中国共产党成为抗日战争的中流砥柱"中的第四部分"抗日民主根据地建设"的辅助教学,该部分教材正文在"文化建设和干部教育"中提到了"中国人民抗日军事政治大学(简称'抗大')"的创办,但未对抗大进行具体的介绍,本案例是对该部分教材的有机补充,可以让学生对抗大和"抗大精神"有具体、直观的了解和认识。

"新四军抗大九分校在战斗中坚持教学"的案例也可以用于《形势与政策》课的辅助教学。作为新时代的大学生,应当从"抗大精神"所蕴含的红色基因中汲取精神养分,传承和发扬好红色传统。在2020年新型冠状病毒肺炎疫情防控的关键时期,按照党中央统一部署,全国高校推迟春季学期开学时间,根据教育部"停课不停学"的要求,全国各地的高等学校在延期开学期间发挥"互联网+教育"的作用,通过各种形式和渠道开展线上教学,努力把疫情影响降到最低,全力满足广大学生接受教育的需求。新型冠状病毒肺炎疫情防控是一场"没有硝烟的战争",当代大学生应学习新四军革命先辈们"在战斗中坚持教学"的伟大精神,以饱满的热情和最佳的状态投入到延期开学期间的线上教学和疫情结束后的学习生活中去。《形势与政策》课在进行新型冠状病毒肺炎疫情防控相关专题的教学中,可以运用本案例激发广大学生心灵上的震撼和情感上的共鸣，指出新四军抗大九分校在战争的艰苦环境下坚持“海上办学”，创造了中外教育史上的奇迹，作为新时代的大学生绝对没有理由消极懈怠，应当继承和发扬新四军革命先辈们的优良传统，在疫情防控的特殊时期和今后的学习、生活和工作中刻苦努力、奋发有为，为实现中华民族伟大复兴的中国梦贡献自己的力量。

依托“新四军抗大九分校在战斗中坚持教学”的案例组织《中国近现代史纲要》课的实践教学。根据教育部2018年印发的《新时代高校思想政治理论课教学工作基本要求》，高校思想政治理论课应当严格落实实践教学的学分，实践教学作为课堂教学的延伸拓展，重在帮助学生巩固课堂学习效果，深化对教学重点难点问题的理解和掌握。因此，“新四军抗大九分校在战斗中坚持教学”的案例除了可以用于思想政治理论课相关课堂教学的辅助教学外，还可以用于组织实践教学。有条件的高校，可以依托本案例组织学生实地参观中国人民抗日军事政治大学第九分校旧址纪念馆。抗大九分校旧址位于江苏省启东市海复镇东南中学的校园内，该旧址占地面积4 500平方米，是一组四合院式砖木结构的历史建筑群，原来是由近代著名实业家张謇于1920年出资建造的垦牧高等小学校舍，共有房屋74间，总建筑面积2 350平方米，1942年，新四军抗大九分校在此成立。抗大九分校旧址于2002年被公布为江苏省第五批省级文物保护单位，2015年，为纪念世界反法西斯战争及中国抗日战争胜利70周年，抗大九分校旧址纪念馆经修缮布展后正式对社会开放，馆内设有抗大九分校历史陈列《东南烽火》，主要内容包括四个部分：(1) 抗大——铸造民族栋梁的熔炉；(2) 新四军——衍生抗大九分校的源泉；(3) 启东——培育抗大九分校的热土；(4) 抗大九分校——“一面学习，一面战斗”的学校。目前，“抗大九分校旧址”纪念馆已成为国防大学“抗大研究中心”重要纪念场馆、江苏省爱国主义教育基地和江苏省德育教育基地。通过实地参观抗大九分校旧址纪念馆的情境体验，有助于学生加深对抗大和新四军“抗大精神”的了解和认识，激发情感上和思想上的共鸣，更好地传承和弘扬红色基因和铁军精神。

延伸阅读

新四军抗大五分校的战斗历程

为培养抗日军政干部人才，适应苏北抗战的需要，同时吸引更多的热血青年投身抗日事业，在苏北抗日根据地开辟伊始，刘少奇、陈毅等领导人即决定以“江北军政干部学校”“苏北抗日军政干部学校”以及“八路军第5纵队教导队”为基础，建立中国人民抗日军事政治大学第五分校。

1940年11月该校在盐城成立，陈毅兼校长，赖传珠兼副校长，冯定任副校长兼政治部主任，谢祥军任教育长，副教育长谢云晖，训练部部长薛暮桥，教员有江岚、吴蔷、朱讯、姚耐、陶白等。抗大五分校共有学员2 000多人，分设六个大队，每个大队有300多人。学员中有一部分是来自部队的连、营级干部和少数团级干部，大部分是本地的和从上海、杭州等地来根据地的进步知识青年。学习结业后，学员们被分配到部队、地方或回原单位工作。

“新四军要在盐城办抗大啦!”这一消息如同一股强劲的暖风一下子驱散了盐阜大地冬日的寒冷，四面八方的百姓奔走相告，传递着这一喜人的信息，村头张贴的招生简章前挤满了兴奋的人群。

1941 年 1 月，抗大五分校第一期开学，学员近 1 500 人。战时的抗大学校条件十分艰苦，尤其是为了对付敌人的“扫荡”，常常行军转移，上课没有黑板，就借用老百姓的门板，没有笔记本，就发些白报纸、光连纸自己订，行军间隙，背包当板凳，膝头当课桌。学生除了学政治还要学军事，以步兵操练为主，队列、射击、刺杀、擒拿、翻越障碍等基础课都要学。每天天不亮就吹号起身，不准点灯，大家全靠摸黑打绑腿和背包，集合号一响就跑步到操场，这一切都为培养学员适应战争环境。抗大一律实行供给制，为了改善学员伙食，校部发动大家利用学习战斗间隙开荒种菜，逐步做到蔬菜自给。师生待遇一样，民主平等，大家的学习积极性都很高，在反“扫荡”转移途中，师生们还经常和敌人展开遭遇战。

抗大五分校开学后，陈毅、刘少奇等新四军领导人十分重视教学工作。皖南事变后，为了使学员及时了解事变的真相和党中央、毛泽东主席对于打退国民党第二次反共高潮的严正立场与斗争策略，陈毅在百忙中特地来分校作形势报告，刘少奇也不止一次给学员讲党的建设、党员修养等。学员们的学习内容十分丰富，有马列主义基础知识、时事政策、民运工作和毛泽东的军事著作等，每个大队分政治队和军事队，学习的内容各有侧重。抗大五分校后来还出版了《社会发展史》《中国革命问题》等书籍。

1941 年 2 月 6 日上午，抗大五分校内，沉浸在一片祥和、紧张的学习训练氛围中的学员们突然接到通知：日军来盐城轰炸了，随即，校部司号员吹响紧急警报。不一会儿，大家就听到从东南方向传来“隆隆”的飞机声。

这时，陈毅派来的中队长谭训手持驳壳枪，飞快地指挥学员们到麦田里卧倒隐蔽。顷刻间，敌机已到了盐城上空，轰！轰！一颗颗炸弹从飞机上坠落，校园内外顿时硝烟弥漫，轰炸声震耳欲聋。过了好一会儿，轰炸声渐渐远去了，学员们赶紧从隐蔽处站起来，关切地寻找同伴，但见不少同学都受了伤、挂了彩。校部附近的房屋多处被炸弹炸坏，四处一片狼藉。二大队张朋同学头部中弹，血流满面，昏倒在地，幸好被前来察看轰炸现场的陈毅等及时发现。陈毅见小张头上流血过多，立即请奥地利医生罗生特给他包扎抢救。陈毅静静守候在急救现场，直到张朋同学苏醒，并看着张朋睁开双眼才松了口气，对身边的教育长谢祥军说：“派人送他回家好好休养，等伤好了再归队。”

看着血流满面的同学，目睹断壁残垣的家园，陈毅愤怒了，他振臂一挥：“同学们，日本强盗又欠下我们一笔血债！面对敌人的挑衅，我们应该怎么办？”“打倒日本侵略者！”“誓死保卫家园！”同学们群情激愤，齐声高呼，其声撼天动地。

1941 年 6 月，抗大五分校第一期学员已结业离校，第二期学员刚开学，敌人对盐城发动大“扫荡”，学员奉命撤离盐城，向盐城以东的南洋岸、盘湾、龙王庙等地疏散转移。7月，日伪从东台、兴化、射阳分几路“扫荡”盐阜区，抗大1 000多师生在副校长洪学智率领下，从盐城往海边转移，部分师生在南洋岸与“扫荡”的日伪军发生遭遇战，在盘湾的师生亦受到日伪军的袭击。在突围中，师生们表现十分英勇顽强，他们个个奋勇当先，英勇杀敌，这次战斗牺牲了20多人。

此后，抗大五分校的师生继续向东台县的沿海和兴化县的水网地区疏散转移。同年8月，根据地军民粉碎了日伪的大“扫荡”，师生又回到了盐东县境内。9月，冯定带一个大队到苏中区，成立了抗大九分校，洪学智带其余五个大队到阜宁县与新四军军部会合。刘少奇和陈毅接见了全体师生。

1942年1月，根据中共中央军委、中共中央华中局、华中军分会和新四军军部的决定，抗大第五分校改称“华中抗大总分校”，负责领导新四军各师的抗大分校和随营学校及教导队的干部培训工作。总分校仍由陈毅兼校长和政治委员，赖传珠兼副校长，韩振纪任副校长。总分校除自己办学，还经常通过会议、文件、电报等形式交流各分校的办学情况和经验，进行具体的教学业务指导。原抗大五分校抽出部分干部和教员，在盐阜区又新成立了抗大五分校，归属新四军第3师领导。

1942年冬，日军准备再次进犯，新四军军部机关主动离开盐阜区，向淮南转移，1943年年初抵达盱眙县黄花塘，总分校也从阜宁转移到牛柿湾，这时军部决定“精兵简政”，总分校的干部、教员和学员，全部分配到各师去，于是总分校便宣告结束。

1945年5月，为了对付日寇对盐阜区发动的“拉网大扫荡”，3师的抗大五分校也暂时停办了，学生全部结业，分配到各地去工作。到这年9月抗战胜利后，校部改为盐阜独立旅，分校至此完成了它的历史使命。

抗大五分校及华中抗大总分校，从建校到停办，在盐阜地区共办班五期，不仅为根据地军队和地方培养了近万名抗日军政干部，对根据地的军队建设发挥了极大的促进作用，它以崭新的办学方法和教学新风，为华中抗日根据地教育事业的发展开了一代新风，成为根据地教育史上的一段重要内容。

——资料来源：中共盐城市委党史研究室编《苏北有个盐城——盐城抗战史话》，北京：中共党史出版社2005年版

8-2　新四军的文艺摇篮——鲁艺华中分院

案例呈现

1940年12月25日，《江淮日报》刊登了一则鲁迅艺术学院华中分院的招生启事。也许是鲁艺华中分院的特殊魅力，也许是在苏北突然冒出这么一个文化院校，这一启事很快吸引了苏北根据地的大量热血青年。报考点笑语声声，热闹非凡，给平日里沉

寂的小城平添了许多生气。

在盐阜根据地刚开辟不久，刘少奇的秘书刘彬召集孟波、丘东平、陈岛、莫朴、孙湘等人，传达了少奇的指示。大意是说苏中、上海和大后方有许多青年知识分子要来，需要考虑办几所学校，一个是抗大五分校，一个是鲁艺华中分院。并且宣布到会的同志即为鲁艺华中分院的筹备委员。以后筹委会又开过两次会议，分别由刘少奇和彭康主持，讨论了系科设置、干部配备以及选定院址等工作。刘少奇、陈毅对分院的筹备工作均非常关心。他们经常听取筹委会汇报，并就一系列具体问题作出指示，特别是主要干部的名单都由刘少奇提名。刘少奇还决定把抗敌剧团合并到鲁艺分院，以加强鲁艺分院的干部力量。

1941 年 2 月 8 日，鲁艺华中分院——这个苏北敌后新文化的摇篮终于诞生了。

立春虽过，严寒未消。在这个雪后初晴的日子，已成为鲁艺分院院部的一所简单的贫儿院银装素裹。南面墙上挂着莫朴创作的一幅画，画面为鲁迅指引着一群青年向前，上面写着："鲁迅的方向，就是中华民族新文化的方向。"楼下会场正面挂着分别由莫朴、戴英浪、吴耘等画的马恩列斯像。

成立大会将要在这里举行。据孟波回忆："下午 3 时左右，成立大会开始，刘少奇、陈毅到会讲话，博得了全场热烈的掌声。丘东平报告了筹备经过，最后刘彬宣布负责人名单。当读到院长由刘少奇兼任时，全场又一次响起了热烈的掌声。"

鲁艺华中分院的组织情况是这样的：

文学系主任陈岛，教授戴平万、林珏、蒋天佐、戈茅、丘东平(兼)，中队长许铭，指导员毛健；戏剧系主任刘保罗，教授许晴、邵惟、许幸之(兼)、刘汝醴(兼)，中队长张丙炎、指导员袁万华；音乐系主任何士德，教授章枚、孟波(兼)；美术系主任莫朴，教授许幸之、庄伍洲、刘汝醴、戴英浪(兼)。音乐、美术两系合为一个中队，中队长田平，指导员王学冉。普通班主任孟波，中队长陈友仁，指导员屈成梁。少年队队长郎林，指导员刘桂英。院部教导主任丘东平，教务科长孟波(兼)、副科长戴英浪，大队长汪星、副大队长胡辛人，军事教官王培臣。党总支书记兼教导员孙湘，总支委员丘东平、孟波、何士德、袁万华、李锐。实验剧团团长孟波，副团长刘保罗。

院部在原贫儿院旧址，是一幢二层楼砖木结构的建筑。二楼是文学系的教室，楼下是戏剧系的教室，教室里有一个自己动手用土堆成的小小的舞台，供学员做小品之用。这里也是集会场所，正面墙上挂着由许幸之、莫朴、庄伍洲、刘汝醴画的高尔基、莎士比亚、贝多芬和达·芬奇的像。楼对面是一排平房，分别为音乐系、美术系的教室和院部、教务科的办公室。

所有的教室都没有课桌椅，学员每人发一张小板凳，坐着听课，一块小木板搁在膝盖上记笔记，行军时将木板和小板凳扎在背包上背着走。

当时教学器材非常缺乏，美术系没有石膏像，就把庙里的小菩萨搬来涂上石灰，作为练习素描的模特。音乐系只有一架旧风琴、几只口琴和几件民族乐器，还有一个自己用火油箱做的低音二胡。戏剧系学化妆时用的是自己调制的土油彩，实习演出的服装道具都是临时借用的。文学系的图书资料也很少。

鲁艺虽说有几间教室，实际上无法容纳众多的学员。贫儿院西边靠盐河一带坟堆很多，又有一小片树林，于是就成为各系和普通班经常上课的地方。敌机来袭时就用坟堆做隐蔽场所，一解除警报就继续上课。师生们常唱这样的歌："坟堆是我们的课堂，瞎着眼的敌机，你别猖狂……"日程安排上，上午主要上专业课，下午上政治、军事、文艺理论等公共课和专业课，晚间自修。

鲁艺分院的学员来自四面八方，除来自华中各抗日民主根据地和上海外，还有来自国民党统治区大后方的重庆、桂林等地的，还有侨居海外的爱国青年，也跋涉千万里，通过重重封锁，冒着生命危险投奔盐城。他们到鲁艺一穿上新四军的军装，莫名的自豪感就油然而生。

鲁艺的课堂教学与艺术实践是紧密结合的。鲁艺实验剧团和各系师生经常在大众剧场演出，有时还到部队、农村和学生中去演出。在不到半年的时间内，他们即演出了《皖南一家》《重庆交响乐》《惊弓之鸟》《一个打十个》《王玉凤》《撤退以后》《人约黄昏后》《扬子江暴风雨》《反投降》等剧，在根据地文化活动中影响甚大。

当时，除戏剧系的师生经常演出外，音乐系的学员常到连队或学校中去教歌，美术系的学员常到外面画墙头画和到街头开画展，文学系的学员常写报道、出墙报、写街头诗。这些活动既宣传了抗日，发动了群众，也提高了广大学员们的艺术素养和实践能力。

鲁艺华中分院汇集了大江南北的无数优秀青年，他们在这所文化摇篮里学习生活，陶冶情操，锻炼成长。他们伴随着根据地建设的风风雨雨，历经艰苦的考验、战火的洗礼，经受艰难坎坷和种种磨炼。

——资料来源：中共盐城市委党史研究室编《苏北有个盐城——盐城抗战史话》，北京：中共党史出版社2005年版

拓展讨论

1.“鲁艺精神”是新四军铁军精神的重要体现和组成部分，通过阅读案例正文，尝试用简练的语言概括“鲁艺精神”的主要内涵。

2.毛泽东主席曾经在一次讲话中称赞鲁艺说：“我们有两支军队，一支是朱总司令的，一支是鲁总司令的。”把以鲁艺为代表的革命文化队伍，与以朱德为总司令的八路军、新四军相提并论。结合案例，谈一谈应当如何评价革命文艺工作在抗日战争期间发挥的巨大作用和重要贡献？

3.作为当代大学生，应当如何在当前的学习、生活和将来的工作中继承和发扬“鲁艺精神”？

案例解析

鲁迅艺术学院，简称为“鲁艺”，是中国共产党在抗日战争时期创办的，培养军队文艺干部和抗战文艺工作者的一所综合性文学艺术学校。1938 年，鲁迅艺术学院在陕北延安正式成立，毛泽东主席亲自为鲁艺作了“抗日的现实主义、革命的浪漫主义”的题词。在抗日战争的艰苦环境下，虽然物质生活和办学条件极端困难，但鲁艺在短短七年的时间里，培养了一批又一批的革命文艺骨干，其中有许多学员后来成为享誉中外的艺术家。在抗日战争期间，鲁艺的师生和文艺工作者以饱满的政治热情和旺盛的革命斗志投入到革命文艺的创作中，深入群众、拥抱时代、反映生活，《延安颂》《黄河大合唱》《兄妹开荒》《白毛女》《南泥湾》等一批脍炙人口、经久不衰的艺术经典在鲁艺诞生。1941 年，为加强华中敌后文化工作和文艺干部的培养，新四军在江苏盐城创办了鲁迅艺术学院华中分院。这个案例材料生动、鲜活地记述了鲁艺华中分院在苏北敌后创建，成为新四军文化摇篮的历程，其中所反映的“鲁艺精神”是新四军铁军精神的重要体现和组成部分。

教学建议

“新四军的文艺摇篮——鲁艺华中分院”的案例比较全面地展示了“鲁艺精神”所蕴含的红色基因和璀璨光芒。案例正文中指出，鲁艺华中分院是由时任中共中央中原局书记刘少奇倡议设立的，新四军的主要领导人刘少奇、陈毅对鲁艺华中分院的筹备工作都非常关心，分院的主要干部的名单都由刘少奇提名，分院正式成立后刘少奇还亲自兼任院长，在创建之初，鲁艺华中分院就提出了“鲁迅的方向，就是中华民族新文化的方向”的响亮口号，这些都充分体现了鲁艺在办学过程中始终坚持党的领导，坚持正确的政治方向。在案例中，鲁艺华中分院在极端困难和艰苦的条件下坚持办学、坚持创作，充分体现了鲁艺艰苦奋斗的工作作风、不怕牺牲的革命精神和文艺报国的崇高理想。在案例中，鲁艺华中分院坚持课堂教学与艺术实践紧密结合，广大师生走出校园、深入基层开展文艺实践活动，宣传抗日、发动群众，充分体现了鲁艺坚持为人民服务的宗旨，扛起“人民的文艺”旗帜的责任与担当。

本案例可用于《中国近现代史纲要》第六章“中华民族的抗日战争”第四节“中国共产党成为抗日战争的中流砥柱”中的第四部分“抗日民主根据地建设”的辅助教学，该部分教材正文在“文化建设和干部教育”中提到了“鲁迅艺术学院（简称‘鲁艺’）”的创办，但未对鲁艺进行具体的介绍，本案例是对该部分教材的有机补充，可以让学生对鲁艺和“鲁艺精神”有具体、直观的了解和认识。此外，该部分教材中提到：全民族抗战开始以后，大批知识青年冲破国民党的封锁线奔赴抗日民主根据地，“中共中央及时作出大量吸收知识分子的决定，把发展抗日的革命文化运动提上重要议事日程”①。对照在本案例中提到的相关内容，“鲁艺分院的学员来自四面八方，除来自华中各抗日民主根据地和上海外，还有来自国民党统治区大后方的重庆、桂林等地的，还有侨居海外的爱国青年，也跋涉千万里，通过重重封锁，冒着生命危险投奔盐城。他们到鲁艺一穿上新四军的军装，莫名的自豪感就油然而生”，可以让学生加深对于抗日民主根据地文化建设历史背景的认识和理解。

依托“新四军的文艺摇篮——鲁艺华中分院”的案例组织《中国近现代史纲要》课的实践教学。有条件的高校，可以依托本案例组织学生实地参观华中鲁迅艺术学院烈士陵园。该园坐落于江苏省盐城市建湖县庆丰镇东平村，是为纪念鲁艺华中分院在抗日战争中牺牲的烈士而建立的。1941 年 7 月，日伪军纠集优势兵力，向新四军军部驻地盐城发动了大规模的“扫荡”，鲁艺华中分院师生根据新四军军部的指示进行转移，分两队撤出盐城，其中一队由鲁艺华中分院院部、文学系和美术系师生组成，二队由戏剧系、音乐系和普通班师生组成。1941 年 7 月 23 日，二队师生 200 多人，由院务委员孟波、教导主任丘东平、戏剧系主任许晴率领，转移到盐城西乡北秦庄（今属建湖县），7 月 24 日凌晨，由于汉奸的告密，二队师生被日伪军包围，经过浴血奋战，部分师生成功突出重围，但丘东平、许晴等 30 多名师生壮烈牺牲，62 人被俘，50 多人被冲散。1984 年，当地人民政府在上级部门支持下，筹资在烈士牺牲地附近建立了华中鲁迅艺术学院殉难烈士纪念碑及烈士陵园，后来又在陵园内建设了华中鲁艺烈士纪念馆。2015 年，华中鲁迅艺术学院烈士陵园被列入首批国家级抗战纪念设施、遗址名录和江苏省省级抗战主题爱国主义教育基地名录。通过实地参观华中鲁迅艺术学院烈士陵园的情境体验，有助于学生加深对鲁艺和新四军“鲁艺精神”的理解和认识，激发情感上和思想上的共鸣，更好地传承和弘扬红色基因和铁军精神。

延伸阅读

继续飘扬的“鲁艺”旗帜

1941 年 8 月，日军在苏北实现了点线的占领，苏北抗日根据地整体被分割，苏北、苏中两战略根据地的交通联系被阻断。面对这样严酷的现实，华中局和新四军军部在总结反扫荡斗争经验教训的基础上，适时地转变了战略指导思想。由原来在苏北进行大规模的军事、经济、政治、文化等各方面的建设，形成高度的指挥中心，转变为化整为零、变集中为分散，形成灵活机动的组织机构。领导机关亦由城镇转向农村，以适应敌后游击战争的环境。在敌后这样严峻的形势下，再办像鲁艺、抗大这样大规模的学校已不适应。为此军部决定停办鲁艺分院及其实验剧团，解散抗大五分校。《江淮日报》

① 本书编写组：《中国近现代史纲要》，北京：高等教育出版社，2018 年版，第 168 页。

亦已停刊，一些文化工作部门也进行了精简分散。

8月15日，刘少奇、陈毅在联合署名给中央的电报中说："（敌）扫荡以后，地区狭小，学校工厂一部受损，已不能全部恢复。因此我们已作如下决定：抗大五分校及鲁艺分开，由1师、3师办理，工厂亦分给3师及1师办理。党校突击教育一二月后毕业，分发各地工作。"

这一决定是在总结了血的教训的基础上作出的，可以说是十分理智的、清醒的、正确的。鲁艺解散后，无疑消失了过去那种红红火火、轰轰烈烈的文艺运动的声势，然而由于文化工作者把重点放到了农村，面对更广阔的舞台，文化工作者开始了更加细致、更加扎实、更加普及的新的起步。

鲁艺分院解散后，一部分师生仍归军部领导，成立了以何士德为团长的军鲁工团。下设文学、美术、戏剧、音乐四个组，分别由何士德领导音乐工作，蒋天佐领导文学工作，莫朴领导美术工作，后调邵惟任副团长并领导戏剧工作。军鲁工团比较侧重于音乐工作，为此，军部又调贺绿汀教授到该团。在何士德、贺绿汀以及音乐组的共同努力下，军鲁工团创作并演出了大量的音乐节目。其中由陈毅作词、何士德作曲的《新四军军歌》，成为该团的保留节目。军鲁工团在从事根据地音乐创作的过程中，注意向民间学习，收集地方民歌，创作了大量适合根据地特点的好的歌曲，深受群众喜欢。同时，戏剧组的同志注重研究地方剧，创作群众喜闻乐见的作品。文学组、美术组的同志则出墙报、出油印刊物、写墙头诗、搞木刻、画连环画、办民众画廊、为农民速写画像、演出影子戏等。在盐阜区民间流行一种年画，叫"牛印"，贴在牲畜槽头，祝愿六畜兴旺。美术组的同志利用这一形式，在1942年春节刻了许多新的"牛印"，加进抗战、生产等内容，拓印后送给农民。美术组组长吴耘还画了新门神，印出后送给农民，张贴在门上，受到农民群众的欢迎。

1942年4月，新四军鲁工团撤销文学、美术两个组，蒋天佐、莫朴、吴耘等大部分同志先后调出。这里特别要提及的是吴耘。他离开军鲁工团后，先后调新四军1师、7师及地方工作，新中国成立后终身从事美术工作，成为我国著名的美术家。1941年至1942年他创作的版画《快收快打快碾》《推行战时公约》《把废铜烂铁捐给新四军造枪炮打敌人》《不让鬼子来抢粮》及报头画《盐阜妇女》等，被选载在人民美术出版社1980年为纪念他逝世而出版的《吴耘美术作品选》一书中。

新四军鲁工团还担负着为军队、地方培养和输送艺术干部的任务，人员一直有进有出。先后调进军鲁工团的有抗大五分校、6师十六旅、盐阜区、延安鲁艺及上海等地来的同志。文学组和美术组的同志大部调出后，全团人员继续增加。不久，将戏剧组和音乐组改为戏剧队和音乐队。

为了开展连队的文化活动，活跃连队的文娱生活，向兵学习，为兵服务，军鲁工团的同志到警卫军部的军特务团工作了几个月。一股是由一到两个音乐队和戏剧队的同志到一个连，教文化、教唱歌、教演戏，搞创作和培养连队文娱骨干。军鲁工团的同志与战士们打成一片，做游戏、谈心、学操练、收集战斗故事、学习英雄模范事迹等，受到连队干部战士的欢迎。

军鲁工团在每一次演出中，享有盛誉的是大合唱。他们先后演唱过《新四军军歌》《黄河大合唱》《渡长江》《游击队歌》《垦春泥》《我们是战无不胜的铁军》《黄桥烧饼歌》《勇敢队》等。在戏剧方面演出过《红鼻子参军》《军民进行曲》等歌剧，还演出过临时编写的话报剧，民间形式抗战内容的《小放牛》和由延安鲁艺来的刘茵创作的《真正的病人》等小戏。1942 年 10 月，军鲁工团又组织人员到连队和农村工作，他们为推动基层的文化工作发挥着积极的作用。如戏剧队的杨奚到 6 师五十二团工作，他在连队教唱歌、出墙报、排节目、教识字、打篮球、做游戏，成天和战士们在一起。他和战士谈心，参加班务会，收集情况，反映意见，参加干部查铺查哨，赢得了干部战士的赞誉。他们称杨奚为"多才多艺""我们呱呱叫的文化教员"。

军鲁工团在艺术上还经常同一些别的文艺团体相互交流，切磋技艺。有一次，军鲁工团与八路军一一五师战士剧社在苏北汇合，他们相互演出，观摩学习班，交流经验。一一五师战士剧社演唱了《沂蒙山好》等民歌，演出了一些反映战士生活、战斗气氛，乡土气息十分浓郁的小戏。他们的演出对军鲁工团树立为兵服务、向兵学习的指导思想，向民族民间文艺学习，创作士兵和农民喜闻乐见的作品等方面都有着较好的帮助。

1942 年 12 月下旬，日伪军将对盐阜区进行第二次大扫荡，军部决定将所有非战斗部队迅速分散。军政治部宣传部长钱俊瑞与军鲁工团团长何士德商定，立即通知分散到部队和地方工作的男女团员回团集中，宣布军部的决定。全团除留几个团员随军部转移外，其余的可根据自己的实际情况到部队、地方或大后方等地工作，保留新四军军籍。新四军鲁工团人员分散后，贺绿汀、何士德、邵惟等辗转到了延安，有几个同志到了上海和大后方，其他同志分别到了新四军 1 师、2 师、4 师、6 师、7 师和盐阜、淮海等地，用艺术作武器继续战斗。

——资料来源：中共盐城市委党史研究室编《苏北有个盐城——盐城抗战史话》，北京：中共党史出版社 2005 年版

8－3　新四军苏北抗日根据地的"墙头诗运动"

案例呈现

战争在改变着人们，塑造着人们。盐阜根据地军民在抗战中不仅觉醒起来、振奋起来，而且在生活观念上发生了深刻的变化，产生了新的向往与追求，文化生活则成为一种必不可少的内容。在文化生活中，诗歌又显得异常活跃。

古体格律诗词在苏北有一定的社会基础，而且苏北历史上不乏吟诗填词之人。但

古体格律诗词毕竟框框条条较多，不便于为广大群众掌握。因此在苏北诗歌协会成立后，葛健吾、戈茅、辛劳、林山等一批新诗歌倡导者积极在苏北提倡新诗歌，在他们的努力下，新诗很快便为苏北军民所接受。

皖南事变后，诗人许幸之以满腔的悲愤和火热的激情写下了一首在苏北很有影响的新长诗《革命要用血来完成》。诗是这样开头的："打起你的战鼓吧，同志们，举起你的战旗，用你们的歌声喊出你们的悲愤。"诗人接着如泣如诉地叙述着新四军坚持敌后抗战、英勇杀敌、成绩昭著的史实，谴责了国民党顽固派同室操戈，以使亲痛仇快的罪行。最后呼吁："我们要用血和泪和铁的斗争，粉碎任何的民族阴谋和组织任何阴谋的敌人。战鼓配合战旗，战旗配合歌声，歌声配合战斗……革命要用血来完成，浴血就是革命的象征。"

可是，诗人们渐渐地又不满足于新诗歌的通俗，短小和易于朗诵，因为这些还不能更大范围地拓宽诗歌的市场，还不能使诗歌在更广大的范围内为广大群众接受。于是墙头诗便在盐阜区应运而生。

墙头诗最早诞生在陕甘宁边区，它的特点就是把短小、精练、通俗的诗句写上墙上，群众一目了然，一听就能记上，宣传效果直接。以后，墙头诗又被推广到桂林、重庆等地。在苏北最早热心于墙头诗的是诗人向阳，他率先创作了墙头诗登在报纸上，当时群众见了颇为新奇。以后他写了一篇题为《开展"街头诗"和"墙头小说"运动》的文章，发表在 1941 年 5 月的《江淮日报》上。文章说："将一种诗或一种小说写在纸上，贴到大街通衢上，使大众可以随时阅读，这不仅是一件非常经济的事，同时也是使文学深入大众的一种最好的办法。"《江淮日报》又零星地刊载了一些墙头诗作品，不久又专辟了《街头诗运动专号》，发表了《自卫队》《都来参加妇救会》等 8 首街头诗。此后，墙头诗或街头诗形式受到更加广泛的注意，大批文化人按捺不住激情，写出一首又一首新的短诗，然后抄在纸上贴上墙，有的则把报纸上刊载的墙头诗抄录下来贴上墙。苏北诗歌协会的同志则干脆把 20 余首诗歌直接写在湖垛镇的墙壁上，内容围绕反扫荡，号召军民做好准备，齐心合力粉碎敌人扫荡。这是苏北最早写在墙上的墙头诗，其特点是"人们走在路上也可以读到新诗篇"。然而由于当时面临着紧张的反扫荡斗争，因而刚起步的墙头诗仅仅形成一个雏形，随即就因为紧张的斗争形势而处于停滞状态。直到 1942 年，根据地形势相对稳定，加之反扫荡斗争过程中，苏北诗歌协会解散以及许多报纸、杂志停刊，诗歌失去了活动中心和与大众见面的媒介，于是墙头诗重新得以恢复，更加受到诗人及大众的重视和青睐，逐步形成了在苏北地区流行、普及并颇有声势的墙头诗运动。

盐阜区的墙头诗运动是与两位极力推崇者与实践者的努力分不开的。一位是陈辛劳，抗战前，他在中国诗坛上就享有声誉。1940 年，他离开国统区加入新四军行列。翌年春，抵苏北根据地任鲁艺华中分院文学系教授。

陈辛劳在皖南时曾写过一首万言长诗《捧血者》，聂绀弩为此专门写了文章发表在《东南月刊》上，给予充分的肯定和较高的评价。但新四军政委项英在一次军人大会上公开批评这件事说："辛劳为什么要写那么长的诗，现在谁有那么多的时间去读他那万言诗？聂绀弩为什么还要吹捧他？难道要鼓励大家写万言诗吗？"项英的批评虽说是尖锐了一点，却颇有道理。诗人必须正视战争环境这样一个社会现实，否则就变成了自我呻吟。因此陈辛劳到盐阜区后，吸取了过去的教训，他一边教学，一边实践，创作了一些贴近生活的短小易懂的新诗，如《人牛太平》《新十四行》《谁》等，深受欢迎。陈辛劳由此一发不可收，干脆拎着一个石灰桶，带着鲁艺的学生在盐城大街小巷书写他的新作。如："日本法西斯，不过是只小狗，四年来在中国，到处挨揍。法西斯的寿命，现在只剩下个蜡烛头，先埋了它，这只日本法西斯小狗！"这首《先埋了它》的诗，仅8句，前后紧扣，朗朗上口，行人只要在墙前停留片刻，就能记熟。群众为此亲切地称之为"街头诗"。为了发动大家都来写新的"街头诗"，陈辛劳结合自己的感受，写了一篇论街头诗的文章，说："街头诗是战斗的、宣传的、深入群众最尖锐的形式，它是短剑，它是大斧。"他认为："作为一个诗人，不仅要能打诗歌的正规战，而且要能打诗歌的游击战(街头诗)。街头诗是诗的一种形式，不是广告，不是标语，不是莲花落，也不是分行的论文或分行有韵的传单。"陈辛劳对墙头诗倾注了极大的热情，他在《街头诗短论》中很有见识地说："如果使诗歌走向大众化，写出能为大众所需要、所喜欢的诗歌，必须从街头诗做起，这是诗歌大众化的先锋。"

另一位墙头诗倡导者是林山，他是广东人，是从延安调来苏北敌后的。1941年夏，他从上海来苏北时，党的地下交通安排他与另一位同志为一组，化装成小商人。在到达长江北岸港口，经过日军和汉奸的岗哨时，因林山是广东人，讲话会露出破绽，故而盘查时一言不语，由别人代为回答，总算过了关卡。到了苏北根据地后，这位诗人憋不住了，尽情畅谈欢笑，庆贺安全抵达目的地。从此，他即与苏北墙头诗结下了不解之缘。为了推动苏北墙头诗的开展，林山撰文分析了苏北开展墙头诗运动的主观条件(诗人的努力)与客观条件(群众运动的开展，大众政治文化水准提高)都已具备，因而"是发展街头诗的理想地区，街头诗运动应该在这里大大地开展起来"。他还说："假使苏北的诗歌组织者和诗歌的工作者都动员起来，认真地经常地来写街头诗，大胆地有组织地走向街头，走下乡村，把诗歌写到或贴到一切可以写可以贴的地方去，假使各方面都能给以应有的帮助，我敢断定，街头诗运动一定很快就会开展起来的。"后来事实的发展，确如他希望和预言的那样，墙头诗在苏北盐阜区很快便开展起来了。

林山认为墙头诗是诗歌走向大众，成为大众诗歌的切实的做法。为此，他甚至想"一个人拎一桶石灰水，带一支毛笔，跑遍盐阜区，把盐阜区乡村土地庙上都写上他的诗篇"。可见他的热情之高。事实上，林山对墙头诗的贡献确实是很突出的，他写的《蝗虫与皇军》《鸡伴黄鼠狼》《若要不死》等墙头诗，在当时颇受欢迎。他的诗将思想性、艺术性融合在一起，在中国现代文学史上占有一席之地。由唐韬、严家炎主编的《中国现代文学史》在评价林山的墙头诗时说："对日寇的'三光'政策和狡诈阴谋以及虚弱动摇的思想作了尖锐的揭露。比喻巧妙，对比鲜明，是这些小诗的基本特点。"

林山还发起和组织了"墙头诗画社"，出了一本《墙头诗画集》，收入28首墙头诗，还配了6幅画。这种把墙头诗与插画结合起来的方式，就成了一种新的文艺作品形式——诗配画，从而更具艺术吸引力。

除林山、辛劳以外，还有诸如艾寒松、陈允豪、钱毅等也为墙头诗的发展作出了很大努力。1942年，新四军军部驻阜宁陈集，诗人们便以陈集小街和附近周围村庄为墙头诗阵地，搞得十分活跃。军师鲁工团也跟着行动起来，他们活动到哪里，便把墙头诗带到哪里。他们不仅把墙头诗写在校园墙上或写在纸上贴上墙，而且还在住地附近办起"墙头诗专栏"，或在黑板报上定期出刊墙头诗。这样，不论在集镇或农村，凡是有墙可用的地方，都有墙头诗。墙头诗又很快被编入课本，成为学校教育和成人教育的教材。此举更促进了墙头诗的普及。

墙头诗是作为一种宣传武器和文学形式出现的，它为抗战服务，为根据地建设服务，不受纸张和印刷条件的限制，有墙即行，在战争环境中容易存在和发展。同时，墙头诗又由于其具体生动、通俗易懂、短小精悍而有着无限的生命力。苏北墙头诗反映的内容较广泛，包括生产、民兵、参军、战斗等诸多方面。有些诗表达的意思一目了然，读起来朗朗上口，一听就懂。如"鬼子来了——受罪，伪军来了——开柜，新四军来了——开会""好铁要打钉，好汉要当兵，大家参加新四军，赶走鬼子享太平""主力一到，伪军吓得直跳，主力一攻，伪军个个送终"等。当时，每一首新的墙头诗上墙，就被群众围着，以先睹为快，可见影响之大，效果之好。

作为诗歌的一种形式，墙头诗在盐阜根据地如此繁荣、普及和深入群众，这是亘古未有的事。其作用可以用当年墙头诗的参与者陆维特在《苏北墙头诗运动的回顾和瞻前》文中的一段话来说明："因为它用了教导人民、反对暴虐、反对仇敌、引向光明、引向胜利的诗句，培养人民高贵的灵魂，因为它运用了接近人民大众的诗歌形式，容易为人民接受。如果说要举出由于受墙头诗的影响而发生了哪些效果，我却没有这个具体材料，但我们可以这样说，有些墙头诗已变为流行的歌曲，如《来了新四军》已作为人民爱护新四军的语言。它提出了我们从事大众诗歌运动的一种创作形式与风格，它证明了这是大众诗歌运动一条可走的路。"

事实证明，墙头诗作为一种独特的文学形式，在巩固和保卫抗日民主根据地中发挥了独特的作用。

——资料来源：中共盐城市委党史研究室编《苏北有个盐城——盐城抗战史话》，北京：中共党史出版社2005年版

拓展讨论

1. 新四军苏北抗日根据地的"墙头诗运动"成为群众喜闻乐见的文学形式，在巩固和保卫抗日民主根据地中发挥了独特的作用，其根本原因是什么？

2. 当代大学生是文艺作品的重要受众群体，结合案例，谈一谈新时代的文艺创作应当如何在坚持正确导向的前提下产生更多人民群众喜闻乐见的作品？

案例解析

新四军苏北抗日根据地是抗日战争时期，刘少奇、陈毅、粟裕等领导新四军在淮(阴)海(州)地区和盐(城)阜(宁)地区建立的抗日民主根据地。苏北抗日根据地位于江苏、山东、河南、安徽四省之间，是联结中国共产党领导的两支抗日武装八路军和新四军的枢纽，具有极其重要的战略地位。皖南事变以后，1941 年 1 月在盐城重建新四军军部，中共中央华中局也在盐城成立，苏北抗日根据地成为华中敌后抗战领导机关所在地。此后，日伪军纠集重兵对苏北抗日根据地发动了多次大规模进犯，苏北军民在中共中央华中局和新四军军部的领导下，加强根据地建设，多次粉碎了日伪军大规模的“扫荡”和“蚕食”，在极端困难的情况下坚持、巩固和发展了抗日根据地，最终迎来了抗日战争的伟大胜利。在敌后抗战的艰苦环境中，苏北抗日根据地的新四军文艺工作者们在党的领导下坚持文艺创作，秉持为人民大众、为工农兵、为抗战服务的文艺宗旨，深入实践、深入群众、深入生活，创作出一大批人民群众喜闻乐见的革命文艺作品，丰富了根据地军民的精神生活，鼓舞了士气、凝聚了人心，为巩固抗日民主根据地，争取抗日战争的最后胜利发挥了重要的作用。这个案例材料生动、鲜活地记述了新四军文艺战线在苏北抗日根据地开展的“墙头诗运动”，其中所反映的新四军文艺精神是新四军铁军精神的重要体现和组成部分。

教学建议

新四军苏北抗日根据地的“墙头诗运动”的案例是新四军文艺精神的生动体现。首先是服务大众、服务抗战的文艺宗旨。案例正文中提到，“墙头诗是作为一种宣传武器和文学形式出现的，它为抗战服务，为根据地建设服务”，新四军苏北抗日根据地“墙头诗运动”的倡导者之一林山也认为“墙头诗是诗歌走向大众，造成大众诗歌的切实的做法”。其次是深入实践、深入群众的创作方式。新四军的文艺工作者们在战争的艰苦环境中，坚持深入实际、深入基层开展文艺创作，在抗日民主根据地对敌斗争和文化建设的实践中探索出了“墙头诗”这样的创作方式，正如案例正文中提到的，墙头诗“不受纸张和印刷条件的限制，有墙即行，在战争环境中容易存在和发展”“不论在集镇或农村，凡是有墙可用的地方，都有墙头诗”。第三，生动活泼、雅俗共赏的作品风格。墙头诗能够在苏北抗日根据地繁荣普及、深入群众，是“由于其具体生动、通俗易懂、短小精悍而有着无限的生命力”“表达的意思一目了然，读起来朗朗上口，一听就懂”，这种为人民群众喜闻乐见的作品风格，在抗日战争的艰苦环境中得以不断发展、蔚然成风。本案例可用于《中国近现代史纲要》中编第六章“中华民族的抗日战争”第四节“中国共产党成为抗日战争的中流砥柱”中的第六部分“中国共产党的自身建设”的辅助教学，该部分教材正文在“整风运动和实事求是思想路线在全党的确立”中阐述了 1942 年 5

月毛泽东在延安文艺座谈会上讲话的主要精神，并提到“在讲话精神的鼓舞下，革命的文艺工作者深入实际、深入群众，创作了一大批为人民大众喜闻乐见的优秀作品”[①]。本案例是对该部分教材的有机补充，可以让学生对抗日战争时期的革命文艺战线有具体、直观的了解和认识。

新四军苏北抗日根据地的“墙头诗运动”的案例也可以用于《形势与政策》课的辅助教学。学习贯彻习近平新时代中国特色社会主义思想是高校“形势与政策”教育的首要任务，2014 年 10 月 15 日，习近平主持召开文艺工作座谈会并发表重要讲话，回答了事关我国文艺繁荣发展的一系列带有根本性、方向性的重大问题，并对新时代的文艺工作作出了全面部署。《形势与政策》课在相关专题的教学中可以结合本案例来学习习近平总书记“在文艺工作座谈会上的讲话”精神。当代大学生现在是文艺作品的重要受众群体，将来是社会主义文艺事业的接班人，应当继承和发扬新四军的革命文艺精神，按照习近平总书记“坚持以人民为中心的创作导向，创作无愧于时代的优秀作品”的要求，坚定文化自信，弘扬中国精神，践行社会主义核心价值观，为推动中华文化繁荣兴盛，实现中华民族伟大复兴贡献自己的力量。

延伸阅读

新四军苏北抗日根据地的革命音乐

（盐阜区）行署主任曹荻秋说：“教唱一首歌曲，抵得上一堂政治课。”在苏北，音乐已不单纯是艺术，而是抗日的利器。

1941 年的中秋之夜，一轮明月挂在天空，洒下一片皎洁晶莹的月光。在苏北阜宁县周门的老黄河岸边，一群年轻人和文艺工作者正围聚一起，欢度这敌后根据地明朗的月夜。炊事员给每人发了一块自制的月饼，大家一边吃着，一边在拉节目。穿着一套中山装的著名音乐家贺绿汀在“贺教授来一个”的拉歌声中，笑眯眯地站起来，拿着一个小瓷碟，边敲边唱起：“春天里来百花香，朗里朗里格朗里格朗，和暖的太阳在天空照……”

这是盐阜根据地一幅多么美丽的音乐生活图画，歌声创造了一种氛围，恬静、和谐、充满意境，又洋溢着抗日的激情。

在根据地文化生活中，最简便易行，最大众化，最为群众喜闻乐见的，也最有战斗力的，就是抗日的歌曲。因此歌曲在苏北抗日军民之中被高度重视和大力提倡，成为最早普及的一种文艺形式。在部队与地方中广泛开展的歌咏活动，成了鼓舞军民抗日士气的有力工具。歌曲在苏北根据地确实受到了广泛的欢迎，因而其效果也特别显著。

① 本书编写组：《中国近现代史纲要》，北京：高等教育出版社，2018 年版，第 174 页。

抗战时期，盐阜区专门成立了歌咏协会。该协会的任务为“加强苏北音乐工作者和各部队、各地方、各群众团体密切联系”，并强调，“所创作的音乐作品应兼顾到军队和群众，提高军民觉悟、战斗情绪，加强胜利的信心，激发起积极参加抗日民主根据地的工作热情”。因此盐阜的音乐工作者除了组织军民高唱全国广为流传的抗战歌曲如《打回老家去》《黄河大合唱》《松花江上》《怒吼吧，长江》等以外，还以苏北军民抗战的素材，创作出不少抗战新歌曲，如《新四军万岁》《苏北进行曲》《保卫夏收》《缴公粮》《军民团结一条心》《中华民族好儿女》《当兵把仇报》《民兵歌》《打胜仗》等，在根据地广为传唱，激发了群众的抗战热情。

盐阜根据地军民在传唱抗战歌曲的同时，歌唱的艺术也在不断提高。新创作的歌曲，开始多半是齐唱，以后逐步发展到几个声部，而且歌的风格也由千篇一律的进行曲节奏，发展到抒情风格以及含有抑扬顿挫的节奏变化。苏北抗战歌曲的发展提高，主要得益于在苏北有一批著名音乐家，如贺绿汀、何士德、孟波、章枚等以及张天虹、吕冈之、刘亚、冯智、陈明、王洛夫等一批音乐工作者。他们的辛勤努力，使《战斗》《轻骑队》《我们要爱护苏北》《盐阜之歌》《一条心》《天快亮了》等大量反映根据地火热斗争生活和具有地方风味的音乐作品在苏北问世。

根据地需要歌声，没有歌声就不能体现抗日军民充满着胜利信心、洋溢着乐观情趣的精神风貌。为此，音乐工作者在部队、农村多次组织联欢晚会、新年晚会、春节慰问、专场音乐演唱会等活动。其演唱的歌曲有《黄河大合唱》《新四军之歌》《军民进行曲》《九一八大合唱》《一九四二年前奏曲》《垦春泥》《游击队之歌》《黄桥烧饼歌》《我们是战无不胜的铁军》等，同时还演唱包括《农村曲》《红鼻子参军》《小放牛》等在内的歌剧。

由于歌咏不受条件限制，易于普及推广，因而在苏北文化发展过程中，歌咏活动显得异常活跃。八路军5纵队进抵阜宁县后，即派出同志做地方工作，他们就是通过组织儿童教唱革命歌曲和在群众会上自己带头唱歌开始的。当时教唱的歌曲有《黄河大合唱》中的《河边对口曲》《风在吼》，以及民歌《月儿渐渐高》等。事实上，歌咏已成为部队开辟根据地、发动群众、联系群众的一种有效手段。同时部队本身亦十分注重歌咏活动，在开饭或开会等活动时，都有先唱歌的传统习惯。而且还经常组织拉拉队拉歌，有独唱、合唱，此起彼伏，十分热闹。当时在部队唱的多是一些旋律比较激昂、节奏比较明快的歌曲，比如《新四军军歌》《父子岭上》《我们本是一家人》《反投降小调》《上战场》等。在高亢的歌声中，部队士气振奋，斗志昂扬。

部队激昂嘹亮的歌声对地方也形成冲击和震动，地方党政机关也广泛采用歌咏这一形式来鼓舞群众的抗战士气。1941年成立的苏北歌咏协会和之后成立的湖垛支会以及淮安县音乐协会等音乐组织专门负责推动此项工作。在他们的积极努力下，在极短的时间内，盐阜根据地即歌声四起，机关、部队、乡村、学校无一不充满歌声。激昂嘹亮的旋律展现了苏北军民崭新的精神风貌。

在苏北的歌咏创作中，词曲作者十分注意贴近根据地发展的脉搏。由李增援作词、章枚谱曲的《黄桥烧饼歌》吸收了苏北民歌曲调的特色，歌词通俗、生动、朗朗上口，曲调活泼、欢快，群众喜唱，流传亦广。歌词第一段是：“黄桥烧饼黄又黄，黄桥烧饼慰劳忙哎。烧饼要用热火烤，军队要靠老百姓帮。同志们呀齐努力，多打胜仗多缴枪……”

李增援，曾就读于山东曲阜师范、北平华北大学、上海美术专科学校、南京国立戏剧专科学校，学生时代就投身革命活动，1928 年加入中国共产党。抗战爆发后，李增援在武汉参加正在筹备的新四军，成为新四军战地服务团的最早成员之一。他积极从事抗战戏剧文艺的编、导、演活动和剧团的组织领导工作，成为活跃在军旅舞台上的一颗耀眼的明星。他创作了不少优秀的作品，热忱地讴歌正义的战争、革命的战士和人民群众所创造的光辉业绩。1940 年 9 月，陈毅指挥部队攻取姜堰，粉碎了韩顽的堡垒封锁政策。李增援被“勇敢队”的英勇事迹深深打动，满怀激情地写下了《勇敢队》的歌词，经作曲家章枚谱曲后成为适合多人演唱的大型歌曲。

《红鼻子参军》是一个布景极其简单的广场小歌剧，是李增援继 1939 年年底参与编剧、导演的著名三幕话剧《繁昌之战》之后的戏剧代表作，也是服务团到了苏北以后创作的，在苏中和苏北地区流传最广、影响最大的剧目。剧情内容写的是“红鼻子”和“张大嘴”两人都想参加新四军，而他们的妻子的态度却截然相反。红嫂子深明大义、支持丈夫去当兵；而张大嫂则处处阻挠，不让丈夫去当兵。剧情由此展开，情节紧凑，语言诙谐幽默，引人入胜。许多青年农民看了戏后，深受启发与教育，主动报名参加新四军。

1940 年 11 月 23 日，总指挥部战地服务团的同志在紧张地排练节目，以欢庆元旦。时任剧团副主任的李增援更是忙个不停。盐城民俗有过年挂红灯的习惯，李增援从中得到了启发，便和战友司徒扬一起切磋，写出了一组大型的新颖别致的表演唱《大红灯》的歌词，由作曲家沈亚威谱曲，服务团进行实地排练。1941 年元旦，《大红灯》在盐城华中新四军、八路军总指挥部大礼堂首次演出。随着激越而优美的乐曲，工农商学兵数十人一起上场，手提红灯，走上舞台，边唱边舞，红灯闪耀，满台歌舞，十分热闹。根据沈亚威的提议，在演出时将照明汽灯全部蒙住，一盏盏红灯笼，层层叠叠，远远望去，宛如一座灯塔，蔚为壮观。顿时，台上台下，群情激奋，热气腾腾，将抗日军民的革命激情推向了高潮。这是一次极为成功的创作和演出，歌曲也很快流行于苏中与苏北。

盐阜区的音乐工作者还创作了《打胜仗》《民兵歌》《满天星》《三八小调》《大红花》《王老三》《上战场》《军民是一家》《送粮歌》《打倒汉奸汪精卫》等群众喜爱的歌曲。由于这些歌曲的作者走大众化道路，为大众而作，歌曲富有地方韵味，群众爱唱，也容易唱。

在这里，音乐已不是少数人欣赏的艺术品，它已成为根据地军民表达思想感情和增强斗争意志的武器。

为推动音乐创作，传播抗日的新歌曲，在盐阜区所办的各类报刊杂志都注意刊载歌曲，另外还出版了《新音乐》《先锋歌集》《每日新歌》《每周新歌》等音乐刊物，这也是盐阜区音乐活动广泛开展的重要因素之一。

激昂的抗战歌声，给盐阜平原灌注了生机，增添了欢快的气氛。同时，歌声亦鼓舞着斗志，抒发着战斗豪情。从到处响起的嘹亮歌声中，既能感受到盐阜军民为了民族的尊严，为了保家卫国而舍生忘死、浴血奋战的革命精神，又能感受到一种无坚不摧、一往无前的力量。

——资料来源：中共盐城市委党史研究室编《苏北有个盐城——盐城抗战史话》，北京：中共党史出版社2005年版